La Tunisie périphérique oubliée

Histoire et Perspectives méditerranéennes
Collection dirigée par Jean-Paul Chagnollaud

Dans le cadre de cette collection, créée en 1985, les Éditions L'Harmattan se proposent de publier un ensemble de travaux concernant le monde méditerranéen des origines à nos jours.

Déjà parus

Mohand AÏT AHMED, *La Grande Kabylie, Arabisation coloniale et histoire fragmentaire,* 2019.
Mehenni AKBAL, *Archives algériennes de la France coloniale, Réflexion sur la valeur de l'administration communale,* 2019.
Tahar KHALFOUNE (dir.), *Mélanges en l'honneur de l'historien Gilbert Meynier*, 2019.
Sofiane BOUHDIBA, *Jeunes de Tunisie*, 2019.
Chérifa SIDER, *Traumatisme psychologique et suicide en Algérie*, 2018.
Hassan BANHAKEIA, *La littérature de voyage en Afrique du Nord*, 2018.
Gibson NCUBE, *La sexualité queer au Maghreb à travers la littérature*, 2018.
Jacques BINOCHE, *L'Algérie et sa représentation parlementaire, 1848-1962*, 2018.
Saâdia AGOURAY, *Mobilités spatiales à Casablanca. Caractéristiques, mécanismes et impacts*, 2018.
Sofiane BOUHDIBA, *Six millions de femmes*, 2018.
Hosni KITOUNI, *Le désordre colonial, L'Algérie à l'épreuve de la colonisation de peuplement,* 2018.
Houria ALAMI MCHICHI, *Un autre regard sur les migrations, Expériences du Maroc*, 2018.
Antoinette CHAUVENET avec Faïza CHERFI et Marie-Claire MICHAUD, *La promotion des droits humains en Algérie*, 2017.
Catherine GUILLAUMOND, *Cuisine et diététique dans l'occident arabe médiéval. D'après un traité anonyme du XIIIe siècle, Étude et traduction française,* 2017.

Adel Bousnina

La Tunisie périphérique oubliée

Essai sur le développement local, la marginalisation et les disparités territoriales

L'Harmattan

Du même auteur

Population et développement en Tunisie, L'Harmattan, Paris, 2015

Quelques aspects du développement en Tunisie, Edilivre, Paris, 2014

Le chômage des diplômés en Tunisie, L'Harmattan, Paris, 2013

Le littoral et le désert tunisiens. Développement humain et disparités régionales en Tunisie, L'Harmattan, Paris, 2012

5-7, rue de l'École-Polytechnique – 75005 Paris
www.editions-harmattan.fr
ISBN : 978-2-343-18884-3
EAN : 9782343188843

« Au plan national comme au plan mondial, la ligne de partage est nette entre les gagnants et les perdants de la modernisation. Dans nos pays, la répartition des fortunes et des revenus est de plus en plus inégale. »

Jürgen Habermas

« Nous vivons dans un monde indivisible où les riches ne peuvent plus ignorer les pauvres. »

Amartya Sen

À l'âme de nos chers : Arij, Ines et Hichem

Aux enfants de Gaza et à la population palestinienne

Aux peuples syrien et irakien

À tous les opprimés et à tous les marginalisés dans ce monde

À Mon père et à ma mère

À ma femme Souad et à mes chers enfants Nsira et Oumeyma

À mes frères et à mes sœurs

À toute ma grande famille

À mes amis et à tous ceux qui me sont très chers

Je dédie ce modeste travail

(Sousse, 14 janvier 2019)

Remerciements

Je tiens à remercier mon cher professeur, Monsieur Mongi Bchir, qui m'a guidé et orienté dès mes premiers pas dans la recherche (depuis mon master en 2001). Qu'il trouve ici l'expression de tout mon respect et de toute ma gratitude.

Je dois remercier aussi mon cher ami Saber Mathlouthi pour ses commentaires judicieux.

Enfin, je ne peux pas oublier les enquêteurs (notamment les étudiants de la licence et du master) et les enquêtés qui, à travers leur amabilité de vouloir répondre à mes questions, m'ont permis de mener ce travail à bout.

INTRODUCTION GÉNÉRALE

I. Introduction

Ce travail s'inscrit dans la continuité de notre projet de recherche sur le développement en Tunisie, focalisé sur différentes dimensions du développement : dans des travaux antérieurs, nous avons centré l'intérêt sur la dimension économique et spatiale, puis sur le chômage et l'insertion professionnelle, ensuite sur la problématique sociale et politique et enfin sur la dimension démographique du développement.

Dans cette recherche, la dimension locale du développement est prépondérante et ce pour de nombreuses raisons. Si dans des recherches antérieures, nous avons montré l'importance des disparités régionales et du déséquilibre menaçant l'avenir du pays avec « le littoral et le désert tunisiens », l'étude approfondie des indicateurs de développement montre l'importance des inégalités au niveau intrarégional et au sein des gouvernorats les plus développés du pays, ce qui montre la primauté de la problématique locale. Pour analyser cette problématique et afin de montrer les différentes caractéristiques du développement local en Tunisie, nous allons centrer notre étude sur *les chapitres et les axes suivants* :

- dans le premier chapitre, on procédera à une synthèse très rapide des principaux concepts et des principales approches du développement local ;

- le deuxième chapitre est focalisé sur les indicateurs du développement local par délégation ainsi que l'étude des disparités locales qui sont très importantes en Tunisie ;

- dans le troisième chapitre, on va calculer et analyser les indicateurs synthétiques de développement local par délégation, en utilisant notamment deux méthodes principales : l'analyse factorielle (l'ACP ou l'analyse en composantes principales) et *surtout l'indice du BIN ou l'indice du bonheur intérieur net par délégation ;*

- pour le quatrième chapitre, on va calculer les indices synthétiques de développement humain, ou les *IDH synthétiques*, dans les différentes délégations de la Tunisie. Puis, on va procéder à *l'analyse des principaux facteurs et des différentes causes et explications des inégalités locales ;*

- enfin, le dernier chapitre sera consacré à *l'enquête* et à l'analyse des représentations et des perceptions de la population et des acteurs développementistes sur divers aspects relatifs à la problématique du développement local en Tunisie.

II. La problématique du développement local en Tunisie

Dans des recherches antérieures, nous avons montré qu'en dépit de l'amélioration sensible des indicateurs du développement humain dans toutes les régions en Tunisie (grâce à l'accroissement de l'IDH et à la régression de l'IPH), les disparités interrégionales demeurent considérables et l'inégal développement régional reste épineux. Cette inégalité est attestée par la persistance de la même typologie régionale (depuis des décennies) qui favorise les gouvernorats littoraux au détriment des zones intérieures. Nous sommes à même d'affirmer qu'il y a plusieurs Tunisies dans le même pays distinguant « la Tunisie développée » et la « Tunisie sous-développée » et on peut parler (à l'instar de J.F.Gravier) d'un déséquilibre menaçant l'avenir du pays avec « le littoral et le désert tunisiens »[1].

Mais l'étude minutieuse et approfondie des indicateurs de développement montre l'importance des inégalités non seulement au niveau interrégional mais aussi et surtout au niveau intrarégional et au sein des gouvernorats les plus développés du pays, ce qui montre la primauté de la problématique locale.

Si l'on prend les deux régions les plus développées, en l'occurrence Tunis et Sousse, les statistiques récentes confirment les constatations sus-invoquées[2] :

- pour la Capitale, certains indicateurs sont très significatifs : le taux de pauvreté est de 2 % à Cité El Khadra contre 18 % à Sidi Hassine ; le taux d'analphabétisme est de 5 % à El Menzah contre 25 % à Sijoumi (et 20 % à Sidi Hassine) ; le taux de chômage est de 4 % à El

[1] Bousnina Adel, *Le littoral et le désert tunisiens. Développement humain et disparités régionales en Tunisie,* Edition l'Harmattan, Paris, Décembre 2012.

[2] Voir, pour plus de détails, Ministère du Développement Régional et de la Planification, *L'indicateur de développement régional,* Tunis, Septembre 2012.

Menzah contre 25 % à Sijoumi et 24 % à Djebel Jelloud ; les différents indices nous donnent un indicateur de développement régional de 922 à Bab Souika contre 317 à Sijoumi ;

- pour Sousse, les différents indices sont aussi très éloquents : le nombre des familles nécessiteuses est inférieur à 4 mille à Sousse Jawhra contre près de 35 mille à Sidi Elheni et 26 mille à Kondar ; le taux d'analphabétisme est de 10 % à Jawhra contre 36 % à Sidi Elheni (et 30 % à Kondar) ; le taux de chômage est de 7 % à Hammam Sousse contre plus de 20 % à Enfidha ; les différents indices nous donnent un indicateur de développement régional de 680 à Sousse Jawhra contre 297 à Sidi Elheni.

Dans les régions intérieures en général et dans certaines délégations de Kasserine et de Sidi Bouzid en particulier, ces indicateurs sont nettement inférieurs à la moyenne nationale. À titre d'exemple :

- pour Kasserine, le taux de pauvreté, qui est au niveau national de près de 14 %, est supérieur à 40 % à Hassi Ferid et à plus de 35 % à Sbiba, Alyoun et Majel Bel Abbes ; le taux d'analphabétisme (qui est au niveau national de près de 25 %) est égal à près de 60 % à Hidra et à plus de 40 % à Hassi Ferid et Sbeitla ; le taux de raccordement au réseau d'assainissement (qui est au niveau national de près de 45 %) est inférieur à 2 % dans la plupart des délégations ; le taux de raccordement à l'eau potable (qui est au niveau national de près de 98 %) est inférieur à 10 % à Hassi Ferid et Alyoun ; les différents indices nous donnent un indicateur de développement régional de 437 à Kasserine Nord contre 04 à Majel Bel Abbes, 005 à Alyoun et 000 à Hassi Ferid (qui occupe le rang 264, c.-à-d. le dernier rang de toutes les délégations sur le territoire tunisien) ;

- pour Sidi Bouzid, la situation est quasiment identique à celle de Kassrine : le taux de pauvreté est égal à 35 % à Jilma et plus de 32 % à Mezzouna, Souk Jedid et Menzel Bouzaiene, le taux d'analphabétisme est supérieur à 40 % à Jilma et Menzel Bouzaiene, le taux de raccordement au réseau d'assainissement est inférieur à 2 % à Souk Jedid, Menzel Bouzaiene, Regueb… Le taux de raccordement à l'eau potable est inférieur à 10 % à Souk Jedid et à 20 % à Regueb ; les différents indices nous donnent un indicateur de développement régional de 309 à Sidi Bouzid Ouest contre 112 à Menzel Bouzaiene et 04 à Souk Jedid.

En utilisant l'analyse factorielle, l'indicateur de bien-être montre que la quasi-totalité des délégations de Kasserine et de Sidi Bouzid ont un score négatif. Il en est de même pour la plupart des délégations des régions intérieures (à titre d'exemple, pour le gouvernorat de Béja, Goubellat enregistre un score de -1.07 ; pour le gouvernorat de Jendouba, Ain Draham a un score de -1.29 ; pour le gouvernorat du Kef, Sakiat Sidi Youssef enregistre un score de -1.5 ; pour le gouvernorat de Siliana, Bargou a un score de -1.3 ; pour le gouvernorat de Gafsa, Belkhir enregistre un score de -1.9).

Même pour les régions littorales, plusieurs délégations ont un score négatif (à titre d'exemple, pour le gouvernorat de Bizerte, Sejnane enregistre un score de -1.3 et Djoumine a un score de -1.1 ; pour le gouvernorat de Mahdia, Hebira a un score de -1.1 ; pour le gouvernorat de Sfax, Bir Ali Ben Khlifa enregistre un score de -0.7)[3].

---

[3] Bien entendu, ces indicateurs concernent 2012 (Cf. pour plus de détails, le rapport sus-cité du Ministère du Développement Régional et de la Planification). On doit souligner que les données statistiques utilisées dans notre ouvrage concernent surtout le dernier recensement de 2014 (les données par région et par délégation ont été publiées en 2016).

Chapitre I

Le développement local : les concepts et les principales approches

I. Les nouvelles dimensions du développement et l'importance de l'espace et du territoire

I.1. Les nouvelles dimensions du développement

En étudiant les limites des approches « traditionnelles » du développement, plusieurs spécialistes ont mis l'accent sur l'importance de l'aspect multidimensionnel du développement et sur l'intégration de nouvelles dimensions développementistes.

À cet égard, la contribution *d'Amartya Sen* est essentielle et prépondérante. Comme l'a souligné Elsa Assidon, *Sen cherche les voies d'une refondation multidimensionnelle du développement : celui-ci est défini comme un « processus d'expansion des libertés dont jouissent les individus*. On déterminerait ainsi les objectifs du développement sans les confondre avec les moyens qui ensemble recouvrent la suppression des principaux facteurs qui s'opposent aux libertés : la pauvreté aussi bien que la tyrannie, l'absence d'opportunités économiques comme les conditions sociales précaires, l'inexistence de services publics autant que l'intolérance ou la répression systématique exercée par les États autoritaires »[4].

Dans ce cadre, la notion de liberté est fondamentale, et Sen a essayé de définir un ensemble de cinq catégories de libertés instrumentales : libertés politiques, facilités économiques, opportunités sociales, garanties de transparence et sécurité protectrice, indispensables à la réalisation du développement, que celui-ci soit considéré d'un point de vue élargi (développement humain, empowerment, etc.) ou étroitement économique (PIB par habitant). D'une certaine manière, on peut considérer que le système de Sen est complet et cohérent, dès lors que les perspectives substantialiste et instrumentale sont rendues compatibles d'un point de vue pratique. Et ce système a permis de renouveler les débats de l'économie du développement et donner de nouvelles bases aux tenants d'un

[4] Assidon Elsa, 2002, *Les théories économiques du développement,* Éditions La Découverte, Paris, 2002, pp. 104-105.

développement respectueux des droits et libertés des individus. Sen a contribué ainsi à la formation d'un climat intellectuel qui conduit les experts du FMI à écrire aujourd'hui que les droits de l'homme et la stabilité macroéconomique sont loin d'être incompatibles[5].

Par ailleurs, et outre la dimension de liberté, l'aspect multidimensionnel du développement doit prendre en considération la problématique de l'espace et du territoire. Dans l'analyse économique traditionnelle, les différences spatiales proviennent, soit de caractéristiques physiques ou climatiques, soit de phénomènes de domination, soit en tant qu'espaces caractérisés par une certaine dotation des facteurs qui fonde la théorie de la spécialisation internationale ou/et la mobilité des facteurs… Dans tous les cas, l'espace est une *donnée passive*, mobilisée dans les analyses pour expliquer la répartition spatiale des activités économiques. En plus, ces analyses procèdent d'une *vision statique* dominée par une approche mécanique du rôle joué par l'espace dans l'économie. Dans ce cadre d'analyse, ces conceptions se sont articulées autour de deux idées majeures : la polarisation et surtout *la domination* : cette idée s'appuie sur *l'existence d'inégalités* entre milieux (urbain/rural), entre secteurs (formel/informel), entre régions (sud/nord)[6].

Bien entendu, en analysant cette idée de « domination », la théorie « centre - périphérie » occupe une place centrale. Selon les termes de Belhedi, les espaces se trouvent hiérarchisés selon un rapport centre-périphérie qui véhicule l'inégalité. J.Friedman réfute la thèse de convergence : le fait indiscutable est que la convergence régionale ne survient pas automatiquement au cours de l'histoire d'une nation, suite à la concentration (au centre) des activités avancées, à la qualité de son environnement, aux économies encore importantes, aux préjugés en défaveur de la périphérie qui se paupérise… Au centre du problème, on trouve la domination des sociétés innovatrices qui maîtrisent leur développement. L'espace offre une image de décalages, fruit de strates antérieures de mode d'organisation. L'espace est, par nature, l'expression d'inégalités entre modes de production dominants et dominés, entre zones dominantes et zones

[5] Prevost Benoît 2005, *Les fondements philosophiques et idéologiques du nouveau discours sur le développement,* Centre d'Etude des Marchés et des Inégalités, Université Montpellier 3, pp.6-7.

[6] Bedoui Abdeljelil, 1999, La place du développement local endogène dans l'économie du développement, *Revue Tunisienne de Sciences Sociales RTSS* n°119, CERES, Tunis, 1999, pp.107-110.

dominées (Aydalot) appelées centres et périphéries où le centre apparaît comme l'espace d'origine du mode de production dominant et en expansion, alors que *la périphérie c'est le siège des anciens modes de production détruits* et qui n'ont laissé subsister que des éléments épars que le centre utilisera à son profit[7].

I.2. L'importance de l'espace et du territoire et les théories du développement territorial et endogène

Avec l'échec de plusieurs modèles et politiques de développement et l'accentuation et l'aggravation des disparités régionales et locales, notamment avec la négligence des besoins réels des régions et des localités, il y a eu un certain renouveau des différentes sciences de développement où l'on cherche à mettre avant *la dimension endogène territorialisée du développement.* Selon Bedoui, cette nouvelle approche s'appuie sur les considérations suivantes[8] :

- elle considère que le local ou le territoire rend mieux compte du phénomène d'unité culturelle et d'adaptation collective ;
- *le territoire devient une variable cruciale et centrale pour expliquer les dynamismes économiques relatifs aux différents espaces.* Les conditions historiques et culturelles et les caractéristiques socio-économiques jouent un rôle important, *leur diversité explique en grande partie les différences de trajectoire de développement ;*
- le développement local est un processus de transformation sociale dans lequel interviennent et *s'imbriquent des facteurs économiques, culturels, institutionnels et organisationnels ;*
- il y a des *espaces où les synergies d'acteurs sont plus fortes qu'ailleurs ;*
- au niveau local, il y a des régulations spécifiques qui régissent les comportements et qui aboutissent à des formes plus intenses de valorisation des richesses ;
- il y a une *hiérarchie des espaces* qui n'est pas figée et qui évolue conformément à l'évolution du tissu économique ;
- le développement local endogène est une dynamique qui met en évidence l'efficacité des relations et de la coordination non

---

[7] Belhedi Amor, 1996, *Développement régional, rural, local*, Cahiers du CERES, Série Géographique n°17, CERES, Tunis, 1996, pp.28-29.

[8] *Dans le chapitre consacré aux explications et aux facteurs de l'inégalité locale, certains éléments (de ces considérations relatives à l'espace) seront vérifiés (confirmés ou infirmés) selon le gouvernorat et la délégation concernée.*

exclusivement marchandes entre les hommes pour valoriser les richesses dont ils disposent ;

- dans ces approches, la région (ou l'espace local) n'est plus considérée comme une portion de la nation que l'on étudiait avec les instruments de la macroéconomie. Au contraire, *des localisations spécifiques dessinent une géographie plus complexe qui nécessite une investigation propre et approfondie ;*
- l'espace n'est pas un simple support d'une concentration d'activité, il est espace territoire. Le territoire est le point de rencontre entre les acteurs du développement ;
- avec cette nouvelle approche, le territoire devient une composante permanente du développement et les acteurs sociaux le moteur central de ce dernier[9].

Ainsi, la théorie du développement endogène est l'une des approches les plus importantes qui ont essayé de montrer l'apport fondamental de cette dimension « endogène territorialisée » du développement. Cette théorie se présente comme une approche territoriale du développement (from below) s'opposant au développement fonctionnel (up-down) beaucoup plus qu'une théorie de la croissance régionale. Le développement endogène apparaît comme une critique des principes de l'économie de marché comme a-territoriale gommant ce qui est local et communautaire. Le développement autocentré ou « agropolitain » selon Friedman est l'inscription territoriale des besoins fondamentaux : *il est territorial, communautaire et démocratique.* Il s'agit d'un développement territorial orienté vers les besoins fondamentaux (basic needs) : nourrir, loger, éduquer, employer… si bien que ce sont les besoins internes qui vont orienter la croissance et non plus la demande extérieure, un développement communautaire (participatif, démocratie) s'appuyant sur la valorisation des ressources locales (matières, traditions, qualifications), intégré (global et intégratif)[10].

La dimension politique joue, à ce titre, un rôle principal, elle se traduit par des propositions en termes de politique publique prenant conjointement en compte la logique de développement territorial et la gestion des externalités positives et négatives. Le développement endogène consiste non plus à se baser sur l'attractivité mais à construire une base locale d'activité, en misant sur des facteurs non

---

[9] A. Bedoui, 1999, *Op.cit*, pp.113-115.
[10] A. Belhedi, 1996, *Op.cit*, p.30.

mobiles (à l'inverse du capital financier). L'action publique (du local au supranational) vise à valoriser l'innovation, les initiatives locales, les facteurs endogènes spécifiques… Stratégies endogène et exogène, ne se construisent pas de stricte façon antagoniste et n'existent pas à l'état pur, chaque territoire les associe de différentes manières[11].

Dans ce cadre, ces théories du développement endogène régional vont intégrer les dimensions politique et socioculturelle à la dimension économique. Besoins culturels et identité communautaire (collective ou de groupe), prise de décision et participation politique sont alors introduites au cœur de l'analyse. Ces modèles vont donner une importance capitale à l'innovation du milieu et de l'espace. On cite souvent « *La théorie des milieux innovateurs* » qui s'articule autour des trois axes décrits par Crevoisier : le paradigme technologique (rôle des techniques dans la transformation du système économique, l'innovation est perçue comme un processus de différenciation face à la concurrence), le paradigme organisationnel (il rend compte des facteurs qui facilitent ou non les relations entre les acteurs) et le paradigme territorial (il rend compte des propriétés du territoire en ce qui concerne le regroupement de certaines ressources, savoir-faire, compétences, capital et la présence d'acteurs requis dans le processus d'innovation). Certains territoires sont donc pourvus d'un savoir-faire propre généré par l'activité économique et les différentes institutions de formation présentes[12].

Encadré n° 1. Le développement endogène[13]

Le développement endogène est né avec la nécessité de freiner les inégalités du développement dans l'espace et de territorialiser le développement. L'approche du développement endogène a fait l'objet de nombreuses contributions théoriques au cours des vingt dernières années de la part tant des économistes, des géographes que des sociologues et elle est issue de multiples courants théoriques qui se sont développés à la fois dans les pays du Sud et dans les pays du Nord où les espaces périphériques sont souvent en voie de dévitalisation. La théorie du développement endogène relève du paradigme du développement par le bas et s'inscrit dans une approche essentiellement territoriale du développement. Philippe Aydalot affirme

[11] Lamarche Thomas, 2003, *Territoire : développement exogène, développement endogène et hétéronomie,* Forum de la régulation 2003 (Texte polycopié).

[12] Perret Cécile, 2011, Des modèles de croissance aux théories du développement territorial endogène : vers une prise en compte du capital social, *Note de Recherche n° 11-05,* Mars 2011 http://hal.univ-grenoble-alpes.fr/hal-00995429

[13] Source : Tremblay Suzanne, 1999, *Du concept de développement au concept de l'après développement : trajectoires et repères théoriques*, Université du Québec à Chicoutimi, Décembre 1999, pp.24-25.

ainsi que le développement endogène est « une approche territoriale du développement plus qu'une théorie de la croissance économique » [...].
Dans les pays du Nord, le concept de développement endogène a notamment été élaboré par John Friedmann. Ce dernier parlait de développement agropolitain ou de développement autocentré ; d'autres auteurs (Stöhr, Weaver, Sachs, Planque, Guigou, Bassand) ont également contribué à la définition de ce nouveau type de développement. Ainsi, ces différents auteurs ont parlé de développement par le bas (Clyde Weaver), de développement décentralisé (Bernard Planque), ou de développement ascendant (Michel Bassand). De plus, la prise de conscience environnementale et l'élaboration de théorie comme celle de l'écodéveloppement, énoncée entre autres par Ignacy Sachs, a influencé aussi la théorie du développement endogène.
Selon les principes de Friedmann, le développement endogène *est territorial, communautaire et démocratique*. Ainsi, le territoire est à la base du développement ; c'est dans un espace particulier que le développement s'incarne et prend sa source. Il est le fruit de chacune des composantes territoriales d'un espace, c'est-à-dire les composantes : naturelle, culturelle, économique et sociale. Il est communautaire puisqu'il fait appel à la participation de la population et démocratique puisqu'il suppose des structures démocratiques pour sa mise en œuvre.
À ces principes de base, d'autres caractéristiques se sont ajoutées. Le développement endogène est basé sur les besoins fondamentaux des personnes (alimentation, logement, éducation, travail) et non sur les besoins de la croissance du marché. Il est axé sur la valorisation des ressources locales au plan des ressources naturelles, en matière de la culture locale ainsi qu'au plan des savoir-faire locaux. Le développement endogène est un développement qui se veut intégré, qui s'effectue à petite échelle, qui peut parfois proposer une forme d'autarcie sélective. Le développement endogène s'effectue parfois dans un contexte d'économie informelle, c'est-à-dire une économie souterraine non comptabilisée et en dehors des normes de l'économie officielle.
Le développement endogène a connu lui aussi de nombreuses applications dans le monde, dans les pays en voie de développement, mais également dans les pays dits développés, notamment en France où le désir de « vivre au pays » a alimenté les travaux de chercheurs français ainsi que la politique de *décentralisation* française pour tenter de dynamiser le développement des petites communautés locales [...].
Ainsi, le concept du développement endogène semble être en rupture de ban par rapport au concept de développement économique classique basé sur la croissance de l'économie extraterritoriale. Il constitue en ce sens une réponse aux problèmes mis en relief par l'analyse centre-périphérie. Pour sa part, Gilbert Rist situe aussi le concept de développement autocentré comme une tentative pour objectiver de façon cohérente des principes et des modes de vie qui ont existé depuis le début de l'humanité. Selon lui, cette formalisation s'effectue par rapport « au paradigme du développement fondé sur la croissance, l'accumulation, l'acquisition d'avantages liés à la concurrence, les gains du commerce international et l'exploitation des situations dominantes ». Selon lui, le fait que des pratiques de développement millénaires doivent être formalisées démontre « l'ampleur de l'hégémonie idéologique » du paradigme de développement dominant.

Par ailleurs, et en analysant les différentes dimensions territoriales du développement local endogène, on doit souligner que la gouvernance territoriale joue un rôle crucial dans la réussite des différentes politiques développementistes. Ce terme de gouvernance territoriale est défini et entendu de manière diverse et parfois contradictoire. La question est de savoir aujourd'hui comment développer une relation de causalité entre ce concept et le développement local dans une démarche qui se veut collective et endogène, inclusive et participative. Lamine Mandiang rappelle qu'il existe une dynamique commune dans l'usage de ce terme. Ainsi, pour la plupart de ceux qui l'emploient, il désigne un mouvement de ''décentrement'' de la prise de décision, avec une multiplication des lieux et des acteurs impliqués dans cette décision. En effet, la question de la gouvernance territoriale renvoie au développement local et se situe dans le contexte historique de l'implication croissante des acteurs locaux (privés, publics, associatifs, etc.) dans les dynamiques de développement et leur capacité à se mobiliser et à se prendre en charge. Ainsi, la gouvernance peut être vue ici comme la manière dont les sociétés développent des règles, des processus et des comportements nécessaires à leur survie et à leur accomplissement. Une bonne gouvernance territoriale se fonde sur les trois éléments : la responsabilité, la transparence et la participation[14].

Le succès de cette gouvernance territoriale dépend de plusieurs facteurs et de nombreuses conditions, entre autres : impliquer les acteurs locaux ; favoriser le développement du capital territorial immatériel (savoir-faire, règles de confiance, etc.) ; rechercher et encourager des synergies et les « effets d'apprentissage » entre les acteurs ; assurer les relations environnement technique marché. Une telle politique se différencie des dispositifs qui sont centrés sur le subventionnement des coûts de production ou de réduction fiscale. Autrement dit, l'ambiance générale, les facteurs d'environnement l'emportent sur les aides financières directes ou indirectes. Pour le développement local, les premières sont ce que P. Veltz a appelé des sucres lents, alors que les aides financières seraient des sucres courts[15].

---

[14] Haddad Mohamed et Bouzaida Mohamed Amir, 2013, Développement local et gouvernance territoriale : Enjeux et perspectives post-révolution, *Journal of Academic Finance (J.A.F.)* Vol. 1, 2013, pp. 46-47.

[15] Parodi Maurice, 2005, Économie sociale et solidaire et développement local, *RECMA, Revue Internationale de l'Économie sociale* n°296, Paris, 2005, p.30.

Encadré n° 2 : Le développement territorial[16]

France ou Maghreb, Nord ou Sud, pour la première fois depuis l'époque de la colonisation, les pays semblent se trouver face à des dynamiques similaires : celles de la mondialisation. Les défis semblent être les mêmes : adapter les économies et sociétés face à des marchés libéralisés et à la mobilité globale des firmes. Aussi, les réponses au changement fondamental des conditions du développement, au Nord comme au Sud, paraissent-elles être les mêmes : ouverture économique volontaire ou forcée (au Sud, à travers les programmes d'ajustement structurel), retrait de l'État par rapport aux logiques du marché et découverte unanime du territoire, à l'échelle infranationale, comme « l'espace d'action publique, de mobilisation politique et de changement économique ». Un changement fondamental dans la conception du développement, généralisé cette fois-ci et non restreint à une certaine communauté scientifique, comme ce fut le cas pour le développement local, s'est réalisé : celui du rattrapage du retard des nations à « l'intégration des territoires » dans les flux et réseaux mondiaux. Bien que la notion de développement local continue à être utilisée, certains auteurs et acteurs du développement passent à celle du développement territorial pour des raisons non explicitées, mais consistantes.

Le premier argument à avancer est que le développement local est trop connoté, autour d'un développement économique autocentré. À l'ère de la mondialisation et du libre-échange, le développement local doit désormais être pensé en articulation avec d'autres échelles. Cette ouverture aux marchés introduit la nécessité pour les territoires d'être compétitifs en ajustant production et vente sur les marchés extérieurs.

La seconde différence réside dans l'émergence de nouveaux modes de gouvernance. Dans le contexte de la décentralisation et de l'affirmation de la société civile en tant qu'acteur du développement, le territoire n'est plus le monopole de l'État ou des acteurs politiques. D'autres acteurs le revendiquent pour régler leurs problèmes, qu'ils soient d'origine économique, sociale ou environnementale. Le développement territorial s'appuie sur une double notion de territoire : le territoire « donné », issu de l'histoire administrative des pays, en opposition au territoire « construit ». En parallèle à l'émergence de politiques de contractualisation visant à accompagner les processus de développement à l'échelle infranationale, la gouvernance désigne « une production de règles par des acteurs en vue de réguler le système économique, productif, social, etc. ». Elle place la coordination au cœur des processus de développement, les acteurs ayant une plus ou moins grande capacité à se grouper pour créer leurs propres organisations, règles et normes, face à des problèmes à résoudre localement.

La troisième différence tient au fait que les acteurs ne visent plus l'allocation optimale de ressources dont seraient dotés initialement les territoires, mais la création de ressources territoriales. Ce processus de création se fait en valorisant les potentiels spécifiques des territoires, c'est-à-dire les avantages relatifs qui

[16] Source : Kirsten Koop, Pierre-Antoine Landel et Bernard Pecqueur, 2010, Pourquoi croire au modèle du développement territorial au Maghreb ? Une approche critique, *EchoGéo* [En ligne], 13 | 2010, mis en ligne le 20 septembre 2010, consulté le 04 décembre 2018. URL http://journals.openedition.org/ ; pp.4-5.

distinguent le territoire par rapport à ses concurrents potentiels (ce processus de spécification s'illustre par exemple dans le cas des labellisations de produits agroalimentaires en appellation d'origine). Ceux-ci vont alors « promouvoir une stratégie haute de développement reposant sur des ressources spécifiques ou latentes produites par des acteurs locaux et dédiées ». C'est à partir de ces ressources spécifiques que les acteurs du territoire vont rechercher une compétitivité par la différenciation, à partir de qualités spécifiques, en parallèle à une mobilisation systématique des patrimoines et identités locales.

Ainsi, le développement territorial se différencie du développement local au travers de trois traits essentiels : l'ouverture des marchés, la construction de systèmes de gouvernance élargis à d'autres acteurs et la mobilisation de ressources spécifiques.

II. Le développement local

II.1. Le développement local : le concept et les définitions

La définition du concept « développement local » n'est pas une tâche facile, puisque le concept lui-même possède (selon les termes de Boutin-Kuhlman) autant de définitions qu'il y a d'auteurs ou de champs disciplinaires. En effet, cette notion de développement local souffre souvent de l'absence de définition par ceux-là mêmes qui l'utilisent ou l'étudient. Tantôt regardé comme objet, tantôt pensé comme sujet, le développement local pourra être (selon les auteurs) un processus, un état, une politique, un résultat, une méthode... voire une nouvelle idéologie. Selon les époques, les champs et les auteurs, il sera employé comme synonyme de « développement par le bas », « développement endogène », « développement rural », « développement régional », « développement territorial », « autodéveloppement », « développement autocentré », « développement agropolitain », etc. Quant à l'échelle, elle sera celle du « local », du « territoire », de « l'espace vécu », de « la région », de la « microrégion », du « pays », etc. Une plongée dans la bibliographie fait rapidement apparaître au mieux la polysémie du développement local, au pire le flou sémantique qu'il recouvre. L'absence de consensus sémantique ou conceptuel n'a cependant pas empêché à l'expression d'être largement partagée[17].

[17] Boutin-Kuhlmann Raphaël, 2013, *Qu'est-ce que le développement local ? Synthèse bibliographique sur la définition du concept de développement local,* Synthèse réalisée dans le cadre du mémoire de recherche sur le thème de la contribution de l'agriculture biologique au développement local (Master 2 recherche Études rurales, Lyon 2) sous la direction de Philippe Fleury, Lyon, 2013, pp. 3-12.

Selon Xavier Greffe, le développement local devrait se situer à *la jonction de ces approches ascendantes et descendantes.* En fait, il s'agit d'un « processus de diversification et d'enrichissement des activités économiques et sociales sur un territoire à partir de la mobilisation et de la coordination de ses ressources et de ses énergies. Il sera donc le produit des efforts de sa population, il mettra en cause l'existence d'un projet de développement intégrant ses composantes économiques, sociales et culturelles, il fera d'un espace de contiguïté un espace de solidarité active »[18].

La primauté du milieu et des ressources locales et l'importance du développement « à partir de la base » montrent nettement la relation étroite avec la dimension endogène du développement. Selon certains auteurs, *le développement local découle directement du concept du développement endogène*. Michel Boisvert assimile le développement endogène et le développement local et il affirme ainsi :

« Ce courant [en parlant du développement endogène], mieux connu sous le nom de développement local, est le seul qui mette autant d'accent sur le milieu comme facteur de développement, opposant une planification ascendante *(par le bas)* aux stratégies habituelles de type descendant *(par le haut).* »[19]

C'est pour cette raison, d'ailleurs, que plusieurs chercheurs montrent l'importance des stratégies ascendantes du développement local, en analysant les « approches solidaristes » du développement. À cet égard, la théorie de W.B. Stohr (développement "par le Bas") propose un développement endogène qui consiste en un transfert des décisions du "haut" - autorités centrales - vers le "bas" - acteurs locaux, désormais plus responsables et conscients de leur rôle sur leur propre milieu. Un tel projet passant par une meilleure définition de la stratégie locale, une plus grande "irrigation financière" locale et par une promotion de l'innovation au sens large. Il s'inscrit donc plus dans une optique "développementaliste" que dans une optique "spatialiste". Pour X. Greffe, il y a complémentarité des développements par "le haut" et par "le bas", il définit différentes conditions pour mettre en place une politique de développement local : le projet doit être tout à la fois économique, social et culturel ; sans que l'échelle régionale ne soit nécessairement fixée par des règles administratives - un "Pays de pays" ; mais être circonscrit de telle

---

[18] Greffe Xavier, 1984, *Territoires en France,* Economica, 1984, p.146.
[19] S. Tremblay, 1999, *Op.cit*, p.25.

sorte qu'il soit approuvé et de la responsabilité de tous les acteurs locaux ; il doit en outre coexister avec un système productif d'échelle macroéconomique nationale ; la formation et l'information - "savoir-faire" et "faire savoir" - doivent y être coordonnées[20].

Dans ce contexte, deux approches principales englobent les différents courants relatifs au développement local :

- il y a d'abord l'approche du développement économique local axé sur la mise sur pied d'initiatives concertées par des partenaires œuvrant au niveau du territoire local. Le développement local est décrit comme une perspective centrée sur la revitalisation des communautés locales et sur l'amélioration des conditions de vie des populations selon des initiatives qui sont mises en œuvre à la fois par et pour les populations locales ;
- une autre approche de développement local est celle du développement communautaire. Cette approche est centrée sur une vision globale et sociale du développement et fondée à la fois sur les solidarités et les initiatives à l'échelle de la communauté locale, de façon à contrer les effets du développement libéral et des interventions ou des non-interventions de l'État. Cette approche est considérée par certains auteurs comme un processus organisationnel conduisant vers des objectifs de développement culturel, social et économique. On comprendra que, dans cette approche, la notion de développement est globale et inclut autant les dimensions sociales, culturelles qu'économiques[21].

Outre l'aspect multidimensionnel du développement local, ce concept donne une importance capitale au plan local et régional (par rapport au plan national) et accorde surtout une place centrale au rôle des régions et des localités. Selon les termes de Kolosy, les régions sont un des échelons territoriaux du découpage juridique de l'espace national. Elles jouent un rôle primordial dans la planification et dans l'aménagement du territoire. Leur impact sur le développement local est réel. La région s'affirme dans les faits comme l'échelon de référence du développement industriel, de certains services, comme niveau administratif de coordination et d'action. L'intervention économique locale est donc considérée comme étant de la compétence de la région, à laquelle les départements et les communes auront

---

[20] Buda Rodolphe, 1992, *Dynamique urbaine et développement économique local : une revue de la littérature,* November 1992, Online at http://mpra.ub.uni-muenchen.de/3774/MPRA Paper No. 3774, posted 2. July 2007.

[21] S.Tremblay, 1999, *Op.cit*, p.26.

vocation à s'associer. Entre les enjeux nationaux et les réalités locales, la planification appuie les leviers locaux du développement, en faisant participer les acteurs locaux à l'élaboration du plan régional, et en aidant à la formulation de projets de développement local. Vers le haut, la région est le niveau de référence des politiques nationales. Vers le bas, elle peut constituer le niveau de cohésion des projets infrarégionaux et permettre d'articuler et de donner un sens commun à des initiatives multiples[22].

La primauté de cette dimension territoriale et l'importance de l'échelle locale montrent que le développement local peut être défini comme une démarche qui consiste à privilégier les initiatives multiples socio-économiques et écologiques des acteurs publics et privés à l'échelle d'un territoire donné (espace) visant l'amélioration des conditions de vie. Elle insiste particulièrement sur la prise en compte des traditions productives locales et des valeurs culturelles des réalités locales qui restent réceptives aux changements technologiques et à la modernisation. En d'autres termes, c'est la contribution qu'un territoire ou espace apporte au mouvement général du développement. Ainsi, les territoires (espace géographique, social, administratif et économique) ne sont plus simplement le produit des dynamiques économiques centralisées, mais ils deviennent des éléments structurants de l'économie et de la société ; capables de former des milieux innovateurs, des systèmes productifs performants, le foyer de nouveaux produits…[23]

Ces différentes définitions du concept « Développement local » montrent l'existence de plusieurs points fondamentaux et essentiels :
- il n'y a pas de modèle unique de développement local,
- il s'appuie sur les forces endogènes du territoire,
- il intègre des dimensions sociales, culturelles et économiques,
- il implique une stratégie participative et une responsabilisation des citoyens envers la collectivité,
- *la proximité* est un atout majeur car elle s'appuie sur une bureaucratie allégée, elle implique la participation d'un nombre élargi de groupes de population et favorise des synergies entre eux,

---

[22] Katalyn Kolosy, 2006, Le développement local : réflexion pour une définition théorique du concept ; http://www.globenet.org/archives/web/2006/www.globenet.org/horizon-local/perso/defloc.html

[23] Smati Abdelbaki, Nature du développement local et rôle des collectivités locales dans son financement, *Revue Recherches économiques et managériale* – N° 5/ Juin 2008, pp.83-85.

- si cette multidimensionnalité reste une référence forte du développement local, il n'en demeure pas moins que les acteurs locaux sont contraints de prendre en compte des contextes plus vastes (région, national) pour s'offrir des ressources techniques, financières et humaines accessibles supplémentaires au lieu de compter uniquement sur celles disponibles localement[24].

La conception sus-invoquée de la proximité est primordiale à plus d'un titre. Selon plusieurs chercheurs, elle renvoie à *la philosophie de l'action ou de « L'agir »*. José Arocena reprend la définition du développement local sous un angle philosophique lié à la capacité d'innovation et de prise de risques :

- mobiliser une population de nouveaux acteurs par des réseaux de soutien ;

- mener une action de concertation qui favorise des relations de partage entre acteurs autour d'un consensus pour créer une logique interinstitutionnelle transversale ;

- exercer une activité critique et innovatrice fondée sur une « sortie du métier » et une « transgression » du porteur de projet. Ainsi, l'élu qui s'engage dans une action de création d'activités agit au-delà de la logique d'un simple contrôle politicien pour se retrouver coresponsable des institutions créées[25].

Dans ce même cadre d'analyse, le développement local peut s'avérer ainsi comme un processus social dont les finalités sont diversifiées et les objectifs sont multiples :

- développer les ressources humaines, physiques et financières d'une collectivité,

- intégrer le développement économique et social à l'échelle de la collectivité,

- améliorer la qualité des services, l'environnement de la collectivité et sa capacité de régler ses problèmes socio-économiques,

- orienter le changement et faire profiter la collectivité des investissements sociaux,

- favoriser les activités de planification et de prise de décision de bas en haut,

---

[24] *Ibid,* p.84.

[25] EL Moujadidi Noufissa, 2007, IDE, Croissance économique et développement local durable : quelles relations et quelles perspectives ? Colloque international : *Enjeux économiques, sociaux et environnementaux de la libéralisation commerciale des pays du Maghreb et du Proche-Orient,* 19-20 octobre 2007 Rabat – Maroc, pp.15-16.

- favoriser l'autodétermination de la collectivité et permettre la maîtrise des décisions économiques de base, dont celles touchant l'emploi, l'investissement et la localisation,

- encourager l'autonomie collective (collective self-reliance)[26].

Par conséquent, les différentes approches et les définitions du développement local montrent *l'importance de l'aspect pluridisciplinaire du concept*, il s'avère subséquemment que le développement local ressort d'une définition empirique empruntant à *la sociologie, l'économie, la science politique et la géographie*. Cette définition met en avant plusieurs éléments également déterminants : le lieu, les partenaires multiples issus des secteurs (public, privé et associatif) et les méthodes collaboratives autour d'un projet fédérateur. Ainsi, le développement local décrit-il des stratégies intégrées territorialisées mobilisant un grand nombre d'acteurs locaux sous forme de partenariat, en vue d'atteindre à court terme une amélioration des conditions de vie et de travail pour les populations locales et s'inscrivant à plus long terme dans la recherche d'un changement structurel. Son succès s'explique par sa capacité à répondre à des problèmes de proximité, en mobilisant au mieux les ressources locales (humaines et financières) et les ressources externes accessibles (financement public ou privé) de manière à tracer une voie de mieux-être et de prospérité éventuellement reproductible et exportable[27].

En somme, on trouve une multiplicité des définitions du concept « développement local », des définitions qui prennent en considération l'aspect multidimensionnel du concept et qui montrent parfois des perceptions et des représentations différentes, focalisées tantôt sur l'aspect technique ou politique tantôt sur la dimension culturelle :

- *la perception culturelle* faisant appel à des valeurs comme la subsidiarité, la créativité et la solidarité, cette stratégie implique le plus souvent un changement de culture à la fois de la communauté, ainsi que du gouvernement central et des agences de développement internationales. Le développement local implique, entre autres, d'axer les efforts sur l'individu. La personne est au centre du développement, il s'agit donc de renforcer le capital humain. L'expérience montre

---

[26] *Ibid*, p.16.

[27] Marjorie Jouen, 2011, Le développement local en Europe. Bilan et perspectives après la crise, *Les Brefs de notre Europe n°21*, janvier 2011, pp.1-2.

qu'il existe une étroite interrelation entre la croissance économique d'un pays, *l'existence d'un cadre démocratique et les conditions de développement des régions les plus pauvres des pays*[28],

- *la perception politique et technique* : certaines définitions mettent plutôt l'accent sur des éléments techniques, d'autres insistent sur la volonté des acteurs et donc sur des aspects plus politiques : une perception « technique » : le développement local est un processus qui vise à améliorer la situation d'un territoire des points de vue économique, social, environnemental et culturel à partir de l'analyse des intérêts, des besoins et des initiatives des différents acteurs locaux (publics et privés) et par la mise en place d'actions cohérentes et concertées entre ces acteurs ; une perception « politique » : le développement local est la volonté politique de certains acteurs de changer la situation du territoire sur lequel ils vivent en entamant un processus et des actions en vue de construire un projet d'avenir du territoire intégrant les différentes composantes économiques, sociales et culturelles[29].

Encadré n° 3 : Les problématiques du développement local [30]

On peut distinguer plusieurs approches du local, la définition du local et son découpage en dépendent fortement :
* L'approche physico-écologique met l'accent sur la notion de milieu physique et d'homogénéité morpho-formelle débouchant sur un découpage physique de l'espace en unités locales comme le bassin-versant, la clairière...
* L'approche culturelle privilégie la communauté, sa culture, ses traditions, son histoire et ce qu'elle a de spécifique donnant lieu aussi à un découpage en unités culturelles et socioculturelles
* L'approche sociopolitique privilégie le pouvoir territorial et à ce niveau une communauté se définit et existe avant tout par et à travers le pouvoir qu'elle a sur son espace.
Le développement local vise à réduire, remplacer ou compléter le rôle de l'État selon les cas à travers la décentralisation, un rôle plus accru dévolu aux acteurs

[28] Ministère de l'Industrie, de la Petite et Moyenne Entreprise et de la Promotion de l'Investissement, 2011, *Développement local : Concepts, Stratégies et Benchmarking,* Série Politique économique et développement, Rapport n°1, Alger, Septembre 2011, pp 7-8.
[29] Ministère du Développement Régional et de la Planification, 2012, *Stratégie d'amélioration de la gouvernance et du développement local en Tunisie*, Novembre 2012, pp.14-16.
[30] Source : Belhedi Amor, 1999, Problématiques du local. Développement et aménagement, Actes du VII Colloque maghrébin de Géographie, mars 1996, publié dans la revue de l'AGT, *Géographie & Développement*, 15-16, 1999, pp. 69-84.

locaux, aux ressources et aux valeurs locales. Il est le fruit d'initiatives locales et de l'administration pour mettre en valeur des compétences souvent anciennes (savoir-faire local, capacité d'apprentissage) et des ressources locales sous-exploitées dans une démarche participative et d'autonomisation (individuelle, collective et spatiale) selon un processus ascendant de développement permettant à la population de prendre en main son avenir dans une logique de mobilisation et de citoyenneté active. Il permet de créer, dans la société locale, une dynamique multidimensionnelle et multifactorielle permettant de réaliser un projet de développement global, autocentré, endogène et intégré.

On peut distinguer au moins *trois problématiques du local* qu'on essaiera d'élucider dans les paragraphes suivants : territoriale, idéologique et méthodologique.

1. La problématique existentielle et territoriale : Spatialité et territorialité

Le paradigme existentiel sous-tend le local dans la mesure où il constitue le cadre de vie intime et proche de l'individu et de la collectivité relavant des sphères de la quotidienneté et formant l'espace de vie, l'espace relationnel de base. C'est une problématique qui se fonde sur la territorialité, différente de celle de spatialité.

2. La problématique idéologique et le localisme

Sur un autre plan, le localisme correspond à un mouvement revendicatif qui s'est développé à la suite du nivellement des spécificités, des mécanismes de normalisation du pouvoir central et des formes de négation même de l'identité par les pouvoirs extra-locaux et extraterritoriaux. Il correspond ainsi à une véritable idéologie qui s'est développée dans les interstices de l'idéologie centralisatrice, il accorde des vertus éminentes à la gestion de la vie locale par les habitants eux-mêmes et à l'autonomie locale.

3. La problématique technique et méthodologique. De la dévalorisation à la revalorisation du local

* Au niveau intellectuel, le ton était aux schémas globalisants de développement et d'aménagement et on combattait même le localisme au nom de l'unité nationale, de l'intérêt national et collectif et des dangers du régionalisme. C'était le temps des industries motrices, des schémas socialisants, de la planification centrale et des organisations territoriales...

* Au niveau technique, c'est le ton à la centralisation, la normalisation des schémas et le développement sectoriel des compétences ce qui laisse peu de place aux locaux et donne l'essentiel des pouvoirs aux instances techniques : la grande hydraulique, les pôles de développement, les bâtiments civils (lycées, hôpitaux), l'habitat rural, les offices et les sociétés nationales sont autant de champs de redéploiement du pouvoir central et des formes de recul du pouvoir local au nom de l'efficience technique.

* Au niveau socioculturel, la centralisation et la normalisation passent par le transfert du pouvoir et du savoir du citoyen, qu'il soit paysan ou artisan, vers le technicien et la bureaucratie avec une véritable dévalorisation des savoirs faires populaires, des cultures et des techniques locales agricoles, culinaires, construction, petite hydraulique... Ces cultures passent pour être désuètes, archaïques qu'il convient d'abandonner alors qu'elles ont été elles-mêmes le fruit d'un long processus d'adaptation entre l'individu, la communauté et le cadre de vie au biais du technique et du culturel.

La réconciliation du local peut s'opérer grâce à la réhabilitation du cadre de vie, du social et de la gestion démocratique de l'espace en donnant plus de poids et de crédibilité aux collectivités territoriales. Ces collectivités expriment souvent le centralisme de l'État qui s'est donné les moyens de sa politique d'encadrement et on peut se demander parfois si elles sont l'instrument d'une différenciation

territoriale et d'une relative autonomie des territoires ou plutôt l'outil de la normalisation et de la domination du local par le central voire le mondial ?
À une logique de centralisation-redistribution doit succéder une logique de décentralisation-recentrage qui assure la régulation centre-périphéries, la prise en compte du cadre et de la qualité de vie et de l'aménagé.

II.2. Le développement local : les caractéristiques, les enjeux et les conditions

II.2.1. Les caractéristiques et les dimensions

En dépit de la diversité des définitions et des divergences entre les chercheurs, l'étude du concept de développement local fait ressortir un consensus autour d'un certain nombre de caractéristiques. Selon Boutin-Kuhlman, il s'agit de neuf caractéristiques principales :
- le développement local émerge dans un contexte de crise ;
- c'est une réaction voire un rejet du modèle économique dominant ;
- c'est une alternative au développement polarisé ;
- le développement local est global, il possède des dimensions culturelles, économiques et sociales ;
- il est ancré sur un territoire ;
- il est basé sur des ressources et des forces endogènes ; c'est le produit de solidarités locales et en génère de nouvelles à son tour ;
- il procède d'un mode de gouvernance partenariale ;
- le développement local ne peut être modélisé[31].

Outre ces différentes caractéristiques, le développement local comporte plusieurs dimensions essentielles. Selon certains auteurs, si le développement local se veut une approche globale aux problèmes de développement d'un territoire, ses interventions sont très variées, mais elles peuvent être regroupées autour de trois dimensions :

- *aménagement du territoire* : la revitalisation d'une zone en difficulté exige une stratégie d'aménagement du territoire, un plan d'action. Ce plan d'action fait l'analyse des problèmes, identifie les besoins, pose un diagnostic, détermine les champs d'intervention, identifie les moyens et la stratégie d'action, et entreprend le long travail de pression (lobby) auprès des institutions et organismes en place pour faire bouger les grands décideurs et libérer des ressources ;

[31] Boutin-Kuhlmann Raphaël, 2013, *Op.cit,* pp.11-12.

- *développement de l'employabilité* : cette dimension touche à toutes les mesures qui favorisent l'insertion, sur le marché du travail, *des populations marginalisées* (femmes, jeunes). Les interventions comprennent ou portent sur des programmes de formation adaptée, des stages en milieu de travail, des entreprises d'insertion, des politiques d'embauche ;
- *création d'entreprises et d'emplois* : cette dimension porte sur plusieurs mesures de sauvegarde de l'emploi, d'aide à l'expansion des entreprises existantes, de mesures pour accueillir des entreprises désireuses de se relocaliser et d'aide à la création de nouvelles entreprises. Les interventions se font et portent sur l'aide technique, l'aide financière, la formation au démarrage d'entreprises et à la gestion d'entreprises existantes, l'aménagement d'espaces industriels et commerciaux[32].

Au niveau sectoriel, le développement local se veut une approche de revitalisation économique et sociale qui réunit nécessairement *quatre dimensions :*
- la dimension économique vise le déploiement d'un ensemble d'activités de production et de vente de biens et services ;
- la dimension locale touche la mise en valeur des ressources locales d'un territoire donné, dans le cadre d'une démarche partenariale tripartite où s'engagent les principales composantes d'une communauté ;
- la dimension communautaire où la communauté est le centre d'intérêt de l'intervention ;
- la dimension du développement économique communautaire se veut *sociale et politique*. Elle vise la revitalisation économique et sociale d'un territoire en intervenant au niveau de l'emploi, du logement, de la formation, de la santé et des services sociaux. Elle cherche à favoriser la réappropriation de son devenir économique et social par la population résidante. Il s'agit donc *d'empowerment de la communauté* (la notion d'empowerment est à la mode, c'est augmenter le pouvoir d'agir des personnes et des groupes)[33].

---

[32] Jean-Marc Fontan et Andrée Lévesque, 1992, *Initiation au développement économique local et au développement économique communautaire. Expériences pertinentes et études de cas,* Institut de formation en développement économique communautaire (IFDÉC), Montréal, 1992, pp.62-63.

[33] Ministère de l'Industrie, de la Petite et Moyenne Entreprise et de la Promotion de l'Investissement, 2011, *Op.cit,* p.9.

II.2.2. Les enjeux et les exigences

Parmi les principaux enjeux du développement local, certains chercheurs citent notamment la transformation des structures et des systèmes menant à une amélioration de la qualité de vie pour toutes les personnes vivant sur un même territoire. Selon le Manifeste de Carcassonne, il faut que *le développement local soit l'échelon de base d'une véritable démocratie et de l'apprentissage de la citoyenneté. On lie donc la démocratie locale et le développement* en souscrivant à ce qui suit : à une échelle qu'il peut saisir et dans un langage qui soit le sien, chacun peut dire son mot, exprimer ses aspirations, mobiliser ses ressources en intégrant ses choix dans des perspectives dynamiques et plus vastes. *Il ne suffit pas d'être acteur de son développement, encore faut-il en être véritablement l'auteur*[34].

À ce titre, on doit souligner l'importance et l'apport de l'économie sociale. Selon William A. Ninacs, sa percée stratégique se situe sur au moins deux plans. D'une part, les initiatives d'économie sociale fournissent des preuves tangibles de la possibilité de traiter autrement sur le plan économique, c'est-à-dire *de façon plus démocratique et holistique,* en se distinguant des entreprises du secteur privé et d'organismes publics par leur origine, leurs objectifs (lier l'économique et le social), leur mode de gestion (souvent collectif), l'utilisation du capital… D'autre part, elles permettent une plus grande visibilité à *la lutte contre la pauvreté et l'exclusion sociale,* car cet objectif est très présent chez les tenants de l'économie sociale. Certes, pour que les expériences de l'économie sociale puissent contribuer efficacement à cette lutte, elles doivent être ancrées dans les dynamiques territoriales, ce qui permet de relier toutes les initiatives de développement d'un même milieu et de raffermir les réseaux de solidarité afin de favoriser une utilisation optimale de toutes les ressources existantes[35].

Ainsi, les exigences du développement local sont multiples et touchent les différents secteurs : l'économique, le social, le politique et l'administratif. Pour qu'il soit efficace, le développement local doit répondre aux exigences suivantes :

---

[34] Tremblay Marielle, Tremblay Pierre-André et Tremblay Suzanne (dir), 2002, *Développement local, économie sociale et démocratie*, Presses de l'Université du Québec (Collection Pratiques et politiques sociales et économiques), 2002, pp.16-17.

[35] *Ibid*, p.19.

- *sur le plan économique* : valoriser localement les ressources existantes et potentielles en vue de produire des biens et services capables de satisfaire les besoins du marché local et des marchés lointains (régional, national et international) ;

- *sur le plan social :* le développement local doit remédier à des évolutions néfastes telles que *le chômage, l'exode rural et la paupérisation de larges couches de la population.* De ce fait, il repose sur des propositions concrètes et précises : définir et prendre en charge les besoins fondamentaux de la population ce qui rend l'accès aux différents services sociaux accessible à tout le monde ; réduire les facteurs de vulnérabilité des populations locales par le renforcement des structures de santé, de formation. Question ni nouvelle ni originale, mais qui rénove les bases de la pensée et de l'action en faveur d'un développement local ;

- sur *le plan politico-administratif :* une volonté politique sans faille et une mobilisation des compétences tous azimuts. Il appelle aussi des conditions particulières dont le pouvoir politique central est le garant, à savoir : le droit de s'associer et la liberté d'expression ; le droit plus important dans la conduite et la gestion des affaires concernant ces populations notamment leur développement et ceci dans le cadre de la *gouvernance participative pour lutter contre leur désaffection* qui pourrait constituer un obstacle majeur à toute opération de changement d'envergure[36].

Encadré n° 4. Les enjeux du développement local[37]

L'enjeu principal du développement local est celui de la revitalisation. D'autres enjeux viennent s'y greffer, qui prendront une importance plus ou moins grande selon les initiatives mises de l'avant et les acteurs qui les portent. Il s'agit des enjeux de l'équité, de la démocratisation et du développement durable. *La revitalisation* : Le développement local s'attaque à la grande question du sous-développement de quartiers urbains et des régions périphériques. Cet enjeu peut être abordé sous différents angles. Nous avons vu que le développement local couvre non seulement la notion de regain économique mais ceci dans l'optique de la valorisation des ressources locales d'une communauté pour l'amélioration des conditions de vie et d'emploi. Il implique une bonne connaissance des problèmes et des spécificités locales afin de définir une stratégie adaptée à une communauté ou à un territoire. En ce sens, le développement local ne saurait représenter une recette applicable partout

[36] Smati Abdelbaki, 2008, *Op.cit,* pp.83-87.

[37] Source : Jean-Marc Fontan et Andrée Lévesque, 1992, *Initiation au développement économique local et au développement économique communautaire. Expériences pertinentes et études de cas,* Institut de formation en développement économique communautaire (IFDÉC), Montréal, 1992, pp.34-37.

de la même façon. Chaque zone d'intervention doit faire ressortir la problématique de son propre sous-développement et, à partir d'une analyse des données du sous-développement et des besoins rencontrés, on doit non seulement définir un plan d'action et mais aussi définir des outils d'intervention [...]. La revitalisation prendra donc des formes différentes. Ainsi, à Montréal, il s'agit tant de travailler à la création d'emplois pour les populations exclues des quartiers en déclin que de favoriser la synergie des intervenants à l'échelle locale ou d'assurer une coordination accrue des programmes gouvernementaux pour les rendre effectifs à l'échelle des quartiers, etc. Dans des régions monoindustrielles en déclin il s'agira surtout de développer de nouveaux créneaux de production à partir des ressources en place et de créer ou recréer les conditions favorables à leur émergence. Ce dernier aspect peut couvrir autant les ressources financières, les infrastructures qu'un changement d'attitude chez les groupes de population concernés. Chaque quartier, chaque zone urbaine ou rurale établit un diagnostic qui identifie des problèmes, des besoins et qui trace les voies à suivre, les outils à développer et les mécanismes participatifs (validation et contrôle de l'orientation et du travail par la communauté) à implanter pour protéger et respecter les intérêts de la communauté.

L'équité : À la capacité de produire une certaine richesse sociale, s'ajoute l'enjeu de l'équité. Ici, le développement se fait avec le souci de maximiser les retombées sur l'ensemble de la population en place ou d'intégrer des populations traditionnellement exclues pour assurer une répartition plus équitable de la richesse. Là encore, c'est l'analyse des besoins de la population et des modèles existants qui détermine les priorités et les modalités d'action [...].

La démocratisation : Pour la question de la démocratisation, nous rencontrons une situation un peu différente. Ici, il s'agira autant d'analyser et de répondre à des besoins que de former la population à une nouvelle réalité : le partage des responsabilités et l'investissement des lieux démocratiques [...].

Le développement durable : Beaucoup plus marginalement, nous retrouvons l'enjeu du développement durable. Il s'agit de réaliser un développement qui tienne compte de l'équilibre environnemental afin que la satisfaction des besoins des générations actuelles n'entrave pas celle des générations futures. Dans un sens large, ce type de développement inclut la recherche d'équité et de justice sociale (entre les individus, les groupes ou les nations) [...].

Des enjeux mais aussi des compromis : Qui parle d'enjeux parle de perceptions différentes et parle aussi de compromis à réaliser. La société ne forme pas un bloc monolithique où les problèmes et leurs solutions sont perçus et analysés de la même façon. Une société est formée de groupes disparates qui ont des besoins, des intérêts, des ressources distinctes. Dès lors, la conception d'une solution locale à un problème local ne prendra pas la même forme si elle est initiée par des acteurs qui proviennent du milieu des affaires ou qui proviennent du milieu communautaire. Traditionnellement, les acteurs du développement économique travaillaient séparément, chacun dans leur coin. Aujourd'hui, cette réalité laisse place à une nouvelle dynamique, celle de la concertation et du partenariat. Il n'est plus possible, ni souhaitable d'envisager une continuité du modèle centralisateur et autoritaire de prise de décisions qui touchent des questions collectives.

II.2.3. Les conditions et l'importance de la décentralisation et de la gouvernance

Pour qu'une stratégie de développement local soit réalisable et efficace, de nombreuses conditions sont nécessaires pour la concrétisation de cette approche. Selon F.Tesson, il s'agit de quatre conditions clés du développement local :

- l'ancrage territorial des démarches de développement local compris ici comme le dépassement des logiques sectorielles plus que comme une circonscription spatiale de la décision ;
- le processus d'intégration. C'est la question cruciale de la place du sujet au sein de la société qui est posée ici. Elle revêt des formes multiples : mobilisation locale, implication, citoyenneté ;
- la prise en compte des dimensions culturelles. Le développement local passe par le repérage d'un système de valeurs, de croyances, de représentations qui doivent agir comme des filtres pour la mise en place des actions sur le territoire ;
- l'adoption d'un mode de pensée complexe. Il s'agit ici de développer des modes d'apprentissage. Le développement n'est pas une logique simple de reproduction mais un processus complexe, cognitif dans lequel les acteurs du territoire doivent s'investir (c'est ainsi que Jean-Pierre Jambes parle de *territoires apprenants*)[38].

À ce titre, pour que ces conditions soient concrétisées sur le terrain, on a besoin de certains outils primordiaux inhérents à la stratégie du développement local. Ces principaux *outils* sont les suivants :

- l'aménagement du territoire qui définit les grandes orientations et fixe le cadre de développement des zones ;
- une politique de décentralisation appuyée par la déconcentration des structures de l'État ;
- la gouvernance locale définie comme l'ensemble des interactions entre les acteurs d'une communauté locale (le secteur public, le secteur privé et la société civile) orientées vers la définition d'un projet global commun et de projets spécifiques de développement des collectivités ;
- la participation citoyenne qui s'exprime au sein des structures de gouvernance locale ;

---

[38] Tesson Frédéric, Introduction au développement local, http://ftesson1.perso.univ-pau.fr/tesson/images/DevLocal_1.pdf

- le financement via la fiscalité nationale et locale et les agences internationales[39].

L'analyse des conditions et des outils du développement local montrent nettement la primauté *de trois composantes principales* de chaque stratégie de développement local, en l'occurrence la gouvernance locale, la décentralisation et la gestion du territoire.

En premier lieu, *la gouvernance locale*, qui se concrétise par la construction de compromis locaux entre acteurs aussi bien privés que publics, est caractérisée par le degré d'articulation et de cohésion des différentes proximités institutionnelles qui spécifient un territoire. Elle sera définie comme un processus de construction d'une compatibilité entre différentes proximités institutionnelles unissant des acteurs (économiques, institutionnels, sociaux) géographiquement proches, en vue de la résolution d'un problème ou, plus largement, de la réalisation de projets locaux de développement se succédant ou se combinant dans la durée. Une telle définition insiste fondamentalement sur l'idée de processus, c'est-à-dire de dynamique institutionnelle collective qui articule, de manière toujours singulière, différentes logiques d'acteurs se confrontant et/ou coopérant sur un territoire[40].

En second lieu, *la gestion du territoire* est l'axe central du concept et des pratiques de développement local. La création des conditions de compétitivité des territoires, qui permettent aux gens, aux entreprises et aux gouvernements locaux de travailler en synergie, est fondamentale. Il n'est pas question de la gouvernabilité nationale, mais de petits territoires ou zones sociales, culturellement et économiquement bien définies. Ces processus ne peuvent pas seulement être spontanés ou isolés, au contraire comme le montrent les travaux, *il faut une ingénierie sociale et institutionnelle appliquée à l'échelle locale* et qui permet d'en maximiser les composantes sur la base de : la formation des ressources humaines, la construction de réseaux et d'institutionnalités et le développement de nouvelles entreprises. La « construction d'environnements innovants » qui

---

[39] Ministère de l'Industrie, de la Petite et Moyenne Entreprise et de la Promotion de l'Investissement, Développement local, 2011, *Op.cit*, pp. 12.

[40] Gilly J.-P. et Perrat J., 2002, Développement local et coopération décentralisée. Entre gouvernance locale et régulation globale, *Colloque Economie Méditerranée Monde Arabe,* Sousse 20-21 septembre 2002, pp.5-6.

permettent d'agir selon ces trois facteurs, est un effort qui ne peut pas être supporté individuellement[41].

En troisième lieu, on peut trouver une relation indubitable et un lien direct entre la gouvernance locale et *la décentralisation*. En effet, le *processus de décentralisation a mis en valeur la notion de gouvernance locale*. Synonyme d'efficacité et de proximité puisque se déployant sur le plan local, en relation directe avec les acteurs sociaux et économiques, cette gouvernance viendrait suppléer aux carences de *la gouvernance nationale centralisée et éloignée de la réalité du terrain*. Dans sa définition la plus élémentaire, la décentralisation désigne le transfert d'une partie du pouvoir de l'État national à des instances régionales ou locales. En d'autres termes, c'est une forme de reconnaissance de la démocratie locale s'exprimant à travers les structures de représentation adéquates. La déconcentration qui est le pendant technique de la décentralisation viendrait apporter une rationalisation et une efficacité aux services administratifs décentrés et déployant sur le territoire national[42].

Subséquemment, et comme le souligne Kassé Moustapha, la *décentralisation apparaît comme une réponse à la crise de gouvernabilité observée au niveau de l'État central*. La décentralisation est considérée comme une des modalités les plus sûres de modernisation des États, et une des voies possibles pour accélérer le développement, notamment en Afrique. La décentralisation correspond à la reconnaissance aux collectivités territoriales locales d'un certain niveau de responsabilité sur la gestion de leurs affaires. Cette responsabilité peut prendre la forme d'un transfert de certaines compétences exercées auparavant par l'État central, ou se traduire par la reconnaissance à la collectivité territoriale d'une compétence générale, à l'exclusion d'un nombre limité de domaines gérés exclusivement par l'État central[43].

---

[41] Observatoire social sur la gouvernance efficace et le développement économique local, 2008, *Développement local et communautaire. Des multiples voies pour les communautés d'apprentissage*, La Paz, Avril 2008 ; pp.191-193.

[42] Ministère de développement régional et de la planification, 2012, *La gouvernance locale,* Tunis, Juin 2012, pp.3-6.

[43] Kassé Moustapha, 2009, *Economie du développement, références africaines*, Tome 1, Édition Panafrika, Dakar, 2009, p.293.

Encadré n° 5 : Le développement local : ni mode, ni modèle[44]

Le développement local présente une grande variété de configurations. Les cristallisations du phénomène sous forme de systèmes productifs locaux sont elles-mêmes en constante évolution et leur devenir reste fragile. Cependant, la persistance et l'ampleur du rôle joué par les relations d'acteurs hors marché dans la production et l'échange de marchandises permettent de penser que l'idée de développement local n'est pas une mode passagère ou un discours subjectif né du désarroi face à la crise.

Pour autant, il ne s'agit pas non plus d'un modèle économique de sortie de crise qui prétendrait proposer une explication complète et globale à l'évolution du capitalisme, assortie de recettes infaillibles pour rénover les tissus industriels.

Ni mode, ni modèle, le développement local est un constat et une pratique [...].

D'une manière générale, le développement local, sous ses aspects les plus spontanés, décrit les modalités d'adaptation des producteurs de biens et services aux mutations profondes que connaît l'économie mondiale [...].

Le développement local n'est pas une idéologie, en ce sens qu'il ne trace pas de chemin prospectif linéaire. La redistribution des cartes, dont il n'est que le signe, va assurément produire de nouvelles inégalités entre ceux qui auront su s'adapter et les autres. *Seuls les critères de la différenciation des espaces changent.* La gestion de ces nouvelles inégalités passe par des compromis et des politiques publiques qui restent encore largement à découvrir.

[44] Source : Pecqueur Bernard, 1989, *Le développement local : mode ou modèle,* Syros, Paris 1989, pp.137-138.

Chapitre II

Le développement local en Tunisie. Les indicateurs et les disparités

Dans ce chapitre, on va essayer d'analyser brièvement les principaux indicateurs sectoriels de développement, dans les délégations de la Tunisie (soit 264 délégations dans les 24 gouvernorats et les sept districts du pays : le District de Tunis, le Nord-Est, le Nord-Ouest, le Centre-Est, le Centre-Ouest, le Sud-Est et le Sud-Ouest).

Ce chapitre est descriptif, on se contente de décrire les indices sectoriels dans les différentes délégations, car la partie analytique et les différents facteurs et explications de l'inégalité locale seront traités dans les chapitres suivants (pour alléger le texte, nous avons supprimé tous les tableaux relatifs aux indicateurs sectoriels de développement, et ce pour tous les gouvernorats et pour toutes les délégations. Cf. pour plus de détails, les rapports de l'INS).

On doit noter que l'intérêt sera focalisé surtout sur les délégations les plus défavorisées, enregistrant les indicateurs de développement les plus faibles dans chaque gouvernorat (soulignons, enfin, que les données statistiques utilisées, dans ce chapitre et dans les chapitres suivants, concernent surtout le dernier recensement de 2014)[45].

I. Le District de Tunis

Dans cette section, on va analyser brièvement quelques indicateurs sectoriels de développement des différentes délégations de quatre gouvernorats : Tunis, Ariana, Ben Arous et Manouba.

- Le gouvernorat de Tunis

Par rapport aux autres gouvernorats, la Capitale enregistre des indicateurs souvent supérieurs à la moyenne nationale et ce dans les différents secteurs socio-économiques et pour les différentes variables de développement. Toutefois, les inégalités entre les délégations demeurent très importantes notamment entre la délégation d'El

[45] Les résultats détaillés par gouvernorat et par délégation ont été publiés en 2016. Cf. par exemple, INS, 2016, *Tunis à travers le Recensement Général de la Population et de l'Habitat 2014,* Institut National de la Statistique, Tunis, Avril 2016.

Menzah d'un côté et les délégations de Sijoumi, Sidi Hassine et Djebel Jelloud de l'autre côté :

- en ce qui concerne le marché de l'emploi, on trouve un taux de chômage de 22 % à Sijoumi et à Djebel Jelloud contre 6 % à El Menzah. La situation est encore plus préoccupante pour l'emploi supérieur puisque le taux de chômage des diplômés est très élevé dans les trois délégations sus-invoquées, avec une proportion des sans-emploi qui dépasse 30 % à Sijoumi et 27 % à Sidi Hassine ;
- au niveau des indicateurs éducatifs, le taux d'analphabétisme ne dépasse pas 4 % à El Menzah et il avoisine 20 % à Sijoumi et à Djebel Jelloud. Bien entendu, le niveau d'instruction supérieur de la population est plus élevé dans les délégations favorisées contrairement aux autres localités marginalisées, avec un taux de près de 50 % à El Menzah (70 % pour les occupés) contre une proportion oscillant entre 5 % et 7 % à Sijoumi et à Sidi Hassine (entre 8 % et 10 % pour les occupés) ;
- concernant les variables relatives à l'utilisation d'internet et à la possession d'un ordinateur, les disparités sont encore plus importantes, à cause des inégalités considérables des conditions de vie des ménages entre les différentes délégations. À titre d'exemple, la proportion de la population utilisant l'internet avoisine 80 % à El Menzah tandis qu'elle concerne seulement le tiers de la population dans les autres délégations (il en est de même pour la possession d'un PC où l'on trouve une proportion de 24 % des ménages seulement à Sidi Hassine contre 82 % à El Menzah).

- Le gouvernorat d'Ariana

Pour la plupart des indicateurs sectoriels de développement, le gouvernorat d'Ariana enregistre des taux souvent supérieurs à la moyenne nationale. Cependant, certaines disparités locales peuvent être notées :

- la variable "distance" reflète la proximité des services éducatifs et sanitaires en particulier. Pour le gouvernorat d'Ariana, on remarque que la délégation de Raouad enregistre une proportion de plus de 44 % des logements ayant une distance de plus de 2 km du plus proche dispensaire, ce qui reflète la relative faiblesse de l'infrastructure sanitaire dans la commune ;
- au niveau du marché de l'emploi, les situations d'Ariana ville et de Cité Ettadhamen sont diamétralement opposées, puisque l'on

trouve des taux relativement faibles dans la première (6 % et 7 %) tandis qu'Ettadhamen enregistre des taux de chômage très élevés, avec plus de 17 % pour le taux global et surtout 28 % pour le chômage des diplômés du supérieur ;

- pour les autres indicateurs, les inégalités sont constatées entre, d'une part, Ariana ville et, d'autre part, Kalaa El Andalous et Sidi Thabet ; ces deux dernières délégations enregistrent des indices éducationnels inférieurs à la moyenne nationale (la proportion de la population ayant le niveau supérieur est inférieure à 8 % contre 43 % à Ariana ; pour les occupés, ce taux est de près de 65 % au Centre contrairement à la périphérie du gouvernorat où il est de 13 % seulement). Concernant l'infrastructure "communicationnelle", la possession d'un PC ne dépasse pas 30 % dans ces deux localités relativement marginalisées et l'utilisation de l'internet oscille entre 30 % et 35 % (contre 78 % et 75 % respectivement à Ariana Ville).

- Le gouvernorat de Ben Arous

En ce qui concerne le gouvernorat de Ben Arous, on doit noter que les différents indicateurs, dans la plupart des délégations, sont proches ou supérieurs à la moyenne nationale, avec une certaine "homogénéité" entre les différentes communes, puisque l'on ne trouve pas des inégalités substantielles et des disparités flagrantes entre les différentes localités.

À noter, néanmoins, l'importance du taux de chômage supérieur à Mohamdia et à Fouchana (20 % et 19 %) et surtout la relative faiblesse de la plupart des indicateurs de développement à Mornag : à titre d'exemple, la proportion des occupés ayant un niveau supérieur ne dépasse pas 14 % à Mornag (contre 44 % à Ezzahra), le taux des ménages possédant un PC n'a pas atteint 30 % (contre 66 % à El Mourouj) alors que la proportion de la population utilisant l'internet ne dépasse pas le tiers des individus (contre plus de 64 % à Ezzahra et El Mourouj).

- Le gouvernorat de Manouba

Certaines délégations du gouvernorat de Manouba sont caractérisées par la faiblesse de plusieurs indicateurs de développement, et ce tant pour l'emploi et l'éducation que pour l'infrastructure et l'équipement.

En premier lieu, le taux de chômage global varie entre 18 % à El Battane et 22 % à Borj Amri, alors que le taux de chômage supérieur est encore plus élevé dans ces deux délégations (35 % et 28 % respectivement) et il dépasse 31 % à Douar Hicher.

En second lieu, l'analphabétisme demeure relativement élevé dans ces trois communes (plus de 22 % à El Battane) alors que le niveau d'instruction de la population est faible, avec seulement 6 % des individus ayant le niveau d'instruction supérieur à El Battane et à Borj Amri (dans ces deux délégations, le taux "supérieur" de la population occupée ou des cadres oscille entre 9 % et 11 % contre 43 % à Manouba).

En troisième lieu, et en ce qui concerne l'infrastructure, il est à noter que ces deux localités enregistrent une proportion de plus de 30 % des logements ayant une distance de plus de 2 km du plus proche dispensaire. En outre, ce sont les deux délégations les plus "marginalisées" au niveau de l'équipement "communicationnel", avec un taux de connexion à internet inférieur au tiers de la population (26 % à El Battane) et une proportion relativement faible des ménages possédant un PC (23 % à Borj Amri et 18 % à El Battane, contre 62 % à Manouba).

II. Le Nord-Est

Dans cette section, on va analyser brièvement quelques indicateurs sectoriels de développement des différentes délégations de trois gouvernorats : Nabeul, Zaghouan et Bizerte.

- Le gouvernorat de Nabeul

Si le gouvernorat de Nabeul est l'un des plus développés de la Tunisie en général et du Nord en particulier, certaines délégations demeurent relativement sous-développées et caractérisées par la faiblesse des différents indicateurs socio-économiques.

Au niveau du marché de l'emploi, le taux de chômage des cadres est supérieur à 25 % dans quatre délégations et il dépasse le seuil de 35 % à El Houaria.

Par ailleurs, on doit noter que les différents indices de développement sont particulièrement faibles dans deux délégations principales : El Mida et Takelsa.

À cet égard, et concernant la proximité des services sanitaires, on remarque que près de la moitié de la population de ces deux communes ne peut pas bénéficier aisément des services de la santé publique (la distance de plus de 2 km du plus proche dispensaire concerne entre 43 % et 47 % des logements).

En outre, les indicateurs éducationnels sont souvent en deçà de la moyenne nationale (5 % et 7 % seulement de la population ont le niveau d'instruction supérieur, alors que le taux d'analphabétisme varie entre 22 % et 24 %). Il en est de même pour les indices des TIC : alors que le taux d'utilisation de l'internet est de près de 50 % à Nabeul, il ne dépasse pas 26 % et 23 % à Takelsa et El Mida respectivement ; pour la proportion des ménages possédant un ordinateur, le taux chute à 13 % dans ces deux délégations (contre plus de 48 % à Nabeul).

- Le gouvernorat de Zaghouan

Les indicateurs de développement dans la plupart, voire dans la totalité, des délégations du gouvernorat de Zaghouan sont inférieurs à la moyenne nationale, mais deux délégations se distinguent par la faiblesse remarquable de leurs différents indices :

- dans la délégation d'Ennadhour, on remarque que le taux de chômage (global et supérieur) est relativement élevé (20 %) mais ce sont les indicateurs éducatifs qui semblent encore plus faibles, avec un taux d'analphabétisme qui touche plus du tiers de la population et une proportion de cette population ayant le niveau d'instruction supérieur qui ne dépasse pas 5,6 %. De même, la frange de la population qui possède un PC n'atteint pas 7 % alors que la proportion des logements qui se trouvent très loin du dispensaire avoisine 50 % ;
- dans la délégation de Saouef, les indices sont encore plus préoccupants, notamment au niveau de l'emploi et de l'activité économique, avec un taux de chômage global qui dépasse 25 % et un taux de chômage des cadres qui avoisine le seuil de 30 %. Pour les indices de l'éducation, 35 % de la population est analphabète et seulement 3 % des individus ont un niveau d'instruction supérieur. Pour la non-proximité des services sanitaires, ceci concerne près de 63 % de la population, dont une frange importante n'a pas accès aux différents TIC (la proportion des ménages possédant un ordinateur ne dépasse pas 4 %).

- Le gouvernorat de Bizerte

Les différents indices de développement dans le gouvernorat de Bizerte sont souvent proches de la moyenne nationale. Cependant, trois délégations sont caractérisées par une réelle marginalisation et une grande faiblesse de l'activité économique et des indices éducationnels et de l'infrastructure ; il s'agit de : Djoumine, Sedjnane et Ghezala :

- d'abord, on peut noter la faiblesse de l'insertion professionnelle et de l'emploi des jeunes en général et celui des cadres en particulier, dans ces trois communes, avec un taux de chômage supérieur de 26 % à Sedjnane et de plus de 30 % à Djoumine et Ghezala ;
- ensuite, les trois délégations enregistrent un taux d'analphabétisme élevé oscillant entre 40 % et 42 % tandis que la proportion de la population ayant un niveau supérieur ne dépasse pas 4 % (2 % à Djoumine) ;
- pour la proximité des services, on doit signaler que ce problème ne concerne pas seulement l'infrastructure sanitaire (entre 65 % et 68 % des logements se situent à plus de 2 km du plus proche dispensaire) mais aussi la proximité des écoles, où l'on trouve, par exemple à Djoumine, 42 % des logements qui se trouvent à plus de 2 km de l'école la plus proche ;
- en ce qui concerne les TIC, la proportion de la population utilisant l'internet est relativement faible oscillant entre 11 % et 18 % (contre 50 % à Bizerte), tandis que la proportion des ménages possédant un PC est encore plus faible ne dépassant pas le seuil de 2 % à Djoumine !

III. Le Nord-Ouest

Dans cette section, on va analyser brièvement quelques indicateurs sectoriels de développement des différentes délégations de quatre gouvernorats : Béja, Jendouba, Le Kef et Siliana.

- Le gouvernorat de Béjà

Il ressort des résultats du recensement que la quasi-totalité des indicateurs de développement de Béjà sont nettement inférieurs à la moyenne nationale et ce, aussi bien pour l'emploi que pour l'éducation et l'infrastructure, mais la faiblesse des différents indices touche particulièrement les délégations de Nefza, Amdoun et Goubellat :

- en ce qui concerne le chômage, le taux global dépasse 20 % dans plusieurs communes, mais il est très élevé pour les diplômés du supérieur, puisque le taux de chômage des cadres dépasse 24 % dans toutes les délégations (sauf Mdjez Elbeb) et il est même supérieur à 30 % dans cinq communes (près de 34 % à Goubellat) ;

- pour les indices éducatifs, la plupart des délégations enregistrent des taux d'analphabétisme supérieurs à 25 % avec des taux avoisinant 40 % à Amdoun et Nefza. Quant au niveau d'instruction supérieur de la population, toutes les communes ont une proportion inférieure à 11 % avec des pourcentages très faibles dans les trois délégations sus-citées (entre 4 % et 6 %) ;

- concernant l'infrastructure sanitaire et éducative, il est à noter que ces trois localités enregistrent des taux très élevés de logements situés à des distances de plus de 2 km de l'école ou du dispensaire les plus proches (pour l'école, ce taux oscille entre 33 % et 44 %, tandis que pour le dispensaire, la proportion varie entre 44 % et 55 %). En outre, pour la possession des ménages d'un ordinateur, cette proportion demeure très faible et ne concerne que 8 % ou 9 % des familles résidant dans ces trois délégations.

- Le gouvernorat de Jendouba

Pour le gouvernorat de Jendouba, les différentes données statistiques montrent la marginalisation de plusieurs délégations caractérisées par la faiblesse de l'activité économique et par la grande faiblesse de la totalité des indicateurs sectoriels de développement.

En premier lieu, la plupart des délégations enregistrent des proportions d'analphabètes supérieures à 30 % et dépassant même le seuil de 40 % à Fernana et à Ghardimaou. Par contre, la proportion de la population ayant le niveau universitaire est généralement très faible et varie entre 4 % et 8 % (à l'exception de Jendouba Ville).

En second lieu, l'analyse du marché de l'emploi montre la grande faiblesse de l'insertion professionnelle et l'augmentation considérable du taux de chômage global (entre 22 % et 32 %) et surtout du chômage des diplômés du supérieur, où l'on remarque des taux toujours supérieurs à 34 % (excepté deux communes) et dépassant parfois 44 % à Oued Mliz et à Jendouba Nord.

En troisième lieu, la faiblesse de l'infrastructure (sanitaire en particulier) est attestée par de nombreux indices dont notamment la proximité des services de santé : en moyenne, le pourcentage des logements, se situant à plus de 2 km du plus proche dispensaire, est de 43 % dans le gouvernorat de Jendouba mais il dépasse 50 % à Boussalem et avoisine 60 % à Fernana. Quant à l'infrastructure "communicationnelle", elle est généralement faible dans la quasi-totalité des communes et elle est particulièrement insuffisante dans certaines délégations telles que Fernana où moins de 14 % de la population est connectée à internet et seulement 4 % possèdent un ordinateur.

- Le gouvernorat du Kef

À l'exception des indices du chômage qui sont élevés dans toutes les délégations, Kef Ville (Est et Ouest) est la mieux lotie pour la plupart des indicateurs sectoriels de développement. Ses indices sont, souvent, similaires à la moyenne nationale.

Par contre, d'autres délégations se caractérisent par des scores nettement inférieurs au seuil national et ce pour les différents indicateurs sectoriels :

- cinq délégations sont caractérisées par des taux de chômage très élevés dépassant 20 % pour le taux global et 30 % pour le taux des diplômés du supérieur ; il s'agit de : Tajerouine, Kallat Snan, Kalaa Khesba, Djerissa et Dahmani ;
- d'autres délégations se distinguent par la faiblesse de leurs indices éducationnels, où l'on trouve quatre localités enregistrant un taux d'analphabétisme supérieur à 30 % et une proportion de la population ayant le niveau d'instruction supérieur oscillant entre 5 % et 7 % ; il s'agit de : Nebeur, Sakiet Sidi Youssef, El Ksour et Dahmani ;
- on doit noter que les deux délégations de Nebeur et de Sakiet Sidi Youssef enregistrent les indicateurs les plus faibles au niveau de l'infrastructure, elles sont les moins loties pour l'utilisation de l'internet (moins de 20 %) et pour la possession des ordinateurs (entre 8 % et 10 % des ménages seulement). En outre, et concernant la proximité des services éducatifs et sanitaires, on peut noter que plus d'un tiers de la population réside loin de 2 km de l'école la plus proche et cette proportion est encore plus importante pour l'infrastructure sanitaire puisqu'elle dépasse 47 % à Sakiet Sidi Youssef et 55 % à Nebeur.

- Le gouvernorat de Siliana

À l'instar de la plupart des délégations du Nord-Ouest, celles du gouvernorat de Siliana enregistrent souvent des scores inférieurs à la moyenne nationale. Mais la classification des différentes communes diffère selon le secteur et les indicateurs de développement concernés.

En effet, le chômage et le sous-emploi touchent la majorité des délégations mais plus particulièrement quatre communes où le taux de chômage est supérieur à 20 % et celui des cadres avoisine ou dépasse 30 %, c'est le cas de Gaafour, Bourouis, Makthar et Elaroussa.

Pour les autres indicateurs, éducatifs ou de l'infrastructure, quatre délégations (également) enregistrent les indices les plus faibles, nettement en deçà du seuil national ; il s'agit de : Bourouis, Errouhia, Kesra et Bargou.

À ce titre, dans ces délégations, on trouve des taux d'analphabétisme qui varient entre 31 % et 40 % (près de 42 % à Errouhia), des proportions très faibles de la population ayant le niveau universitaire (entre 4 % et 6 % seulement). Pour l'utilisation de l'internet, le taux est souvent inférieur ou égal à 20 % tandis que la proportion de la possession d'un PC oscille entre 6 % et 10 % seulement.

D'autre part, tout comme plusieurs délégations de Jendouba et du Kef, les quatre communes sus-invoquées se caractérisent par "l'éloignement" des écoles et des services de santé (pour le dispensaire, cette "non proximité" touche près de la moitié des logements et dépasse 61 % des habitants de la délégation d'Errouhia).

IV. Le Centre-Est

Dans cette section, on va analyser brièvement quelques indicateurs sectoriels de développement des différentes délégations de quatre gouvernorats : Sousse, Monastir, Mahdia et Sfax.

- Le gouvernorat de Sousse

Si Sousse est l'un des gouvernorats les plus développés de la Tunisie, les inégalités entre les délégations sont encore considérables, notamment entre les deux communes les mieux classées (Sousse Medina et Sousse Jawhra) et les deux délégations les moins développées, en l'occurrence Kondar et Sidi Elheni :

- pour l'emploi et l'éducation, on doit noter que le taux de chômage des diplômés ne dépasse pas 10 % à la Medina et à Jawhra alors qu'il est de 21 % et de 22 % dans les deux autres délégations. De même, le taux d'analphabétisme avoisine 30 % à Sidi Elheni et Kondar contre 8 % à Sousse Ville, tandis que le niveau d'instruction supérieur de la population ne dépasse pas 4 % dans les délégations défavorisées alors qu'il concerne le quart de la population à Jawhra (pour les occupés, le niveau supérieur est de 8 % pour les unes contre 37 % pour les autres) ;

- concernant l'infrastructure et les conditions de vie, les indicateurs sont diamétralement opposés dans les deux groupes de délégations. À l'instar des communes les plus défavorisées du pays, Sidi Elheni enregistre un pourcentage très élevé (64 %) de "l'éloignement" des services de santé, et avec la délégation de Kondar, elles ont des taux d'équipement (le PC par exemple) très faibles oscillant entre 8 % et 12 %, alors que cette proportion dépasse 62 % à Sousse Jawhra.

- Le gouvernorat de Monastir

À l'instar du gouvernorat de Ben Arous, la région de Monastir est caractérisée par une certaine "homogénéité" des délégations qui ont souvent des indicateurs de développement supérieurs à la moyenne nationale.

Mais contrairement à Ben Arous (où l'on trouve quelques délégations marginalisées, notamment Mornag), le gouvernorat de Monastir a "le privilège" de présenter un territoire relativement homogène et un ensemble de communes souvent bien classées au niveau de la plupart des indices de développement.

Bien entendu, certaines délégations sont moins développées par rapport au centre, mais les inégalités ne sont pas flagrantes ou "criantes". À titre d'exemple, Zarmdine et Beni Hassen sont caractérisées par une faible insertion économique des jeunes (avec des taux de chômage de 29 % et de 27 % respectivement). Ces deux délégations enregistrent aussi les proportions les plus faibles du gouvernorat pour la possession d'un ordinateur avec des taux de 24 % et de 26 % (alors que cette proportion est comprise entre 2 % et 4 % dans les délégations intérieures les plus défavorisées de la Tunisie). Il en est de même pour l'analphabétisme de la population où l'on trouve un taux de 16 % dans les deux délégations sus-citées (contre 6 % à

Monastir Ville), tandis que le taux d'analphabétisation dépasse 40 % dans plusieurs communes de l'intérieur du pays.

- Le gouvernorat de Mahdia

Par rapport à Sousse et à Monastir (et aux gouvernorats du Sahel en général), la région de Mahdia est caractérisée par la relative faiblesse des indicateurs de développement et par les écarts considérables entre Mahdia Centre et les délégations périphériques.

À ce titre, la délégation de Meloulech enregistre un taux de chômage des diplômés du supérieur qui dépasse 32 %. De même, les délégations d'Ouled Chamekh et de Hebira enregistrent des indices éducationnels relativement faibles, avec un taux d'analphabétisme supérieur à 31 % et une proportion de la population ayant le niveau d'instruction supérieur qui ne dépasse pas 5 % (ceci concerne aussi d'autres délégations dont le niveau éducatif est globalement peu élevé, telles que Chorbene, Essouassi, Sidi Alouane).

Pour l'infrastructure et les conditions de vie (ou l'équipement), les quatre délégations suivantes sont caractérisées par la faiblesse remarquable des différents indices (plus de 40 % voire 60 % des logements éloignés du dispensaire et 9 % ou 10 % seulement des ménages possédant un PC) ; il s'agit de : Ouled Chamekh, Chorbene, Hebira et Essouassi. La non-proximité des services concerne aussi les écoles dans ces communes, avec près du quart ou du tiers des logements se situant à plus de 2 km des établissements éducatifs.

- Le gouvernorat de Sfax

Avec le Sahel et la Capitale, Sfax est l'un des gouvernorats les plus développés du pays. Toutefois, les disparités entre le centre et la périphérie demeurent considérables, notamment entre Sfax Ville d'un côté et quatre délégations défavorisées de l'autre côté, à savoir Menzel Chaker, Ghraiba, Skhira et Bir Ali Ben Khlifa.

La délégation de Shkira se distingue par un taux très élevé de chômage des diplômés qui dépasse 41 % (pour les autres délégations, ce taux oscille entre 22 % et 37 %). Pour Menzel Chaker et Bir Ali Ben Khlifa, les indices éducationnels sont les plus faibles dans la région de Sfax, avec des taux d'analphabétisation qui dépassent 35 % et un niveau d'instruction supérieur de la population dont la proportion est de 4 % ou de 5 % seulement (pour les occupés, cette proportion varie entre 7 % et 10 %, alors que la moyenne du gouvernorat est de 20 % et celle de Sfax Ville est de 31 %).

En ce qui concerne l'infrastructure et l'équipement, les quatre délégations sus-invoquées se caractérisent par une proportion très importante des logements éloignés des services de santé, avec une proportion de plus de 55 % à Menzel Chaker et de plus de 62 % à Bir Ali Ben Khlifa (pour "l'éloignement" de l'école, ce taux oscille entre 25 % et 32 %).

Concernant les indices "communicationnels", Sfax Ville enregistre un taux d'utilisation d'internet et de possession de PC qui avoisine 50 %, tandis que pour les délégations marginalisées du gouvernorat, ce taux varie entre 12 % et 17 % pour l'internet et entre 5 % et 8 % pour le PC.

V. Le Centre-Ouest

Dans cette section, on va analyser brièvement quelques indicateurs sectoriels de développement des différentes délégations de trois gouvernorats : Kairouan, Kasserine et Sidi Bouzid.

- Le gouvernorat de Kairouan

À l'exception de Kairouan Ville (Nord et Sud), la plupart des délégations du gouvernorat de Kairouan (et du Centre-Ouest en général) sont très mal classées par rapport aux régions littorales.

Par ailleurs, certaines délégations enregistrent l'un des scores les plus faibles du pays notamment au niveau des indices éducatifs. À titre d'exemple, les délégations de Sebikha, d'El Ouslatia et d'El Alaa sont caractérisées par un taux d'analphabétisme très élevé dépassant 40 % de la population, dont la proportion d'individus ayant le niveau universitaire oscille entre 3 % et 4 %. Pour les autres délégations (telles que Nasrallah, Echrarda, Hajeb El Ayoun), l'analphabétisation est aussi élevée variant entre 36 % et 39 %, mais ceci concerne surtout Bouhajla où le taux dépasse 46 % et la proportion "instruite" ne dépasse pas 2 % !

D'autre part, et concernant l'éloignement des services de santé, on doit noter que certaines délégations enregistrent un taux très élevé des logements résidant à plus de 2 km du dispensaire, il s'agit d'Echrarda (60 %), de Bouhajla (67 %) et de Sebikha (près de 73 %). Ceci concerne aussi l'éloignement des écoles dans ces trois communes où les proportions oscillent souvent entre 28 % et 34 % (contre 3 % à Kairouan Nord). En outre, et pour la quasi-totalité des délégations, la proportion relative à la possession d'un ordinateur ne dépasse pas le seuil de 7 % (contre une moyenne nationale de 33 %).

- Le gouvernorat de Kasserine

Incontestablement, le gouvernorat de Kasserine est la région la moins lotie de la Tunisie et ses différentes délégations sont les moins développées et les plus marginalisées du pays. Plusieurs indicateurs sont très significatifs à ce titre :

- le taux de chômage global du gouvernorat dépasse 22 % (28 % à Thalla et 32 % à Ezzouhour) alors que le taux national est de 14 %. Pour le chômage des diplômés du supérieur, la situation est encore plus grave, et exceptée Hassi Ferid, le taux de chômage des cadres est toujours supérieur à 30 % et il a atteint le seuil de 42 % et de 45 % à Thalla et à Majel Bel Abbas respectivement ;
- si le taux national d'analphabétisme est de 19 %, ce taux dépasse 30 % dans toutes les délégations de Kasserine (à l'exception de Kasserine Nord) et il dépasse même 45 % à El Ayoun et 55 % à Hassi Ferid ! Pour le niveau d'instruction supérieur de la population, la proportion oscille entre 4 % et 8 % mais elle est très faible à Hassi Ferid avec un taux de 2 % ;
- en ce qui concerne l'infrastructure et l'équipement, si toutes les délégations sont caractérisées par la grande faiblesse des différents indicateurs, deux délégations se distinguent par leur marginalisation indubitable : il s'agit de Hassi Ferid et d'El Ayoun. À cet égard, le pourcentage des logements éloignés (plus de 2 km du dispensaire) dépasse 61 % à El Ayoun et 76 % à Hassi Ferid et la proportion des ménages possédant un ordinateur ne dépasse pas le niveau *de... 1 %* seulement, alors que le taux national et à Kasserine Nord est de 33 % ou 34 % (dans la plupart des délégations du gouvernorat, cette proportion oscille entre 5 % et 10 %). Il est à noter que la non-proximité des services touche aussi l'école dans certaines localités, en particulier Hassi Ferid où le "taux d'éloignement" des écoles dépasse 55 %.

- Le gouvernorat de Sidi Bouzid

À l'instar de Kasserine et du Centre-Ouest en général, les différentes délégations de Sidi Bouzid enregistrent des indicateurs nettement inférieurs à la moyenne nationale et sont caractérisées par le sous-développement indéniable des différentes communes, et ce, aussi bien pour les indices du marché de l'emploi que pour les indicateurs éducationnels et de l'équipement.

En premier lieu, le sous-emploi est très important dans certaines délégations (plus de 31 % à Meknassy) notamment pour les diplômés du supérieur où le taux de chômage moyen est de près de 34 % mais il est très préoccupant dans trois délégations où il atteint (ou dépasse) le seuil de 40 % ; il s'agit de : Sidi Ali Ben Aoun, Meknassy et Menzel Bouzaine.

En second lieu, on doit noter que la plupart des délégations enregistrent une proportion d'analphabètes dépassant 30 % de la population, avec quatre localités où ce taux oscille entre 35 % et 40 %. Bien entendu, la part de la population ayant le niveau universitaire est souvent faible puisqu'elle est généralement inférieure ou égale à 6 % dans la quasi-totalité des délégations (plus précisément 8 sur 12).

En troisième lieu, l'éloignement et la non-proximité des services de santé touchent la plupart des communes de la région, où cette proportion concerne plus de 60 % de la population dans six délégations (il en est de même pour la proximité des écoles avec un taux touchant généralement le tiers des individus). Pour l'équipement, la possession des ménages d'un PC (à titre d'exemple) est également très faible et elle est souvent inférieure à 10 % dans six délégations (3 % à Souk Jdid).

VI. Le Sud-Est

Dans cette section, on va analyser brièvement quelques indicateurs sectoriels de développement des différentes délégations de trois gouvernorats : Gabes, Médenine et Tataouine.

- Le gouvernorat de Gabes

En général, les indicateurs du gouvernorat de Gabes sont proches de la moyenne nationale et ce pour la plupart des variables de développement. Cependant, certains indices sectoriels attirent l'attention à cause de leur gravité particulière. Il s'agit essentiellement du chômage des diplômés du supérieur.

En effet, le taux moyen du gouvernorat est de 35 % mais il a atteint le seuil de 40 % à Mareth, Menzel El Habib, Matmata et surtout à El Hamma où il a dépassé 45 % et il a touché quasiment la moitié des jeunes diplômés.

En ce qui concerne les indices de l'éducation, le taux d'analphabétisme est inférieur à la moyenne nationale mais il avoisine ou dépasse 30 % dans certaines délégations telles que Matmata ou Menzel El Habib (dans ces deux communes, la proportion de la population ayant le niveau d'instruction supérieur oscille entre 4 % et 5 % seulement).

D'autre part, on doit noter que la délégation de Menzel El Habib se distingue par la non-proximité des services éducatifs (plus de 30 %) et surtout par l'éloignement considérable des services de santé, avec une proportion de 63 % des logements situés à plus de 2 km du plus proche dispensaire (cette délégation enregistre aussi le taux le plus faible de possession de PC avec une proportion de 6 % contre un taux national et régional de 33 %).

- Le gouvernorat de Medenine

À l'instar de Gabes, la plupart des délégations de Medenine enregistrent des scores proches de la moyenne nationale. Mais deux délégations se distinguent particulièrement par la relative faiblesse des indicateurs, en l'occurrence Beni Khadech et Sidi Makhlouf.

Souvent, et excepté les communes de Djerba, on remarque un taux de chômage des diplômés qui est très élevé (plus de 30 %), il atteint le seuil de 40 % à Beni Khadech et il a même avoisiné 50 % à Sidi Makhlouf.

L'analphabétisme est généralement moyen dans la plupart des délégations mais il est relativement élevé dans les deux communes sus-invoquées (près de 30 %) où l'on trouve une proportion faible (7 %) de la population ayant le niveau d'instruction supérieur.

On doit noter, par contre, les taux relativement élevés concernant les conditions de vie ou l'utilisation de l'internet et la possession d'un ordinateur, et ce dans plusieurs délégations notamment Medenine Ville, Djerba Houmet Souk et Djerba Midoun où ces proportions sont légèrement supérieures à la moyenne nationale. Ce qui n'est pas le cas pour Sidi Makhlouf où ces taux sont très faibles et où l'on remarque surtout un éloignement considérable des services d'éducation et de santé (la proportion des logements avec une distance de plus de 2 km du dispensaire avoisine 60 %).

- Le gouvernorat de Tataouine

La caractéristique fondamentale qui ressort des statistiques qui concernent les délégations du gouvernorat de Tataouine, c'est essentiellement l'importance du chômage global et les taux très élevés du chômage des cadres.

En effet, le taux de chômage avoisine le seuil de 30 % dans plusieurs délégations, il dépasse 38 % à Remada et il atteint le seuil de 42 % à Dhehiba.

La situation est encore plus préoccupante pour les diplômés du supérieur, où l'on trouve un taux moyen de plus de 36 % dans l'ensemble du gouvernorat, avec des proportions dépassant 40 % des jeunes diplômés dans trois délégations principales : Bir Lahmar, Dhehiba et Tataouine Sud, ce qui confirme l'acuité de la problématique du chômage dans la région.

En ce qui concerne les indices éducatifs et de l'infrastructure, on peut remarquer qu'ils sont souvent proches de la moyenne nationale dans la plupart des délégations, à l'exception de quelques communes caractérisées par un niveau de développement relativement faible, telles que Smar - par exemple - où l'on trouve un taux d'analphabétisme élevé (le quart de la population), un niveau d'instruction faible (6 % seulement ayant le niveau supérieur) et un éloignement relativement important des services éducatifs et sanitaires (21 % et 27 % respectivement).

VII. Le Sud-Ouest

Dans cette section, on va analyser brièvement quelques indicateurs sectoriels de développement des différentes délégations de trois gouvernorats : Gafsa, Tozeur et Kebili.

- Le gouvernorat de Gafsa

Si l'on a évoqué précédemment la gravité du chômage dans le gouvernorat de Tataouine, la situation est encore plus grave dans la région de Gafsa où l'on remarque les taux de chômage les plus élevés du pays.

À titre d'exemple, le taux de chômage global oscille entre 35 % et 40 % dans trois délégations, à savoir Metlaoui, Redeyef et Om Elaraies. Dans ces trois communes, le taux de chômage des diplômés du supérieur est vertigineux dépassant 52 % et atteignant le seuil de *56 % à Om Elaraies.*

Dans l'ensemble du gouvernorat, le taux de chômage des cadres est de 41 % et, hormis Gafsa Sud et Belkhir (34 %), cette proportion dépasse (dans neuf délégations) près de 40 % ou 45 % de l'ensemble des jeunes.

Paradoxalement, dans plusieurs délégations, et contrairement aux indices du marché de l'emploi, les indices éducationnels ou de l'infrastructure sont souvent proches ou supérieurs à la moyenne nationale.

Toutefois, trois délégations précisément enregistrent des indices sectoriels de développement relativement faibles, il s'agit de : Gafsa Nord, Sned et Belkhir. Dans ces trois communes, le taux d'analphabétisme concerne plus du tiers de la population, le niveau d'instruction supérieur oscille entre 5 % et 9 %, le taux d'éloignement des services de santé est compris entre 42 % et 62 % des logements, et enfin la proportion de possession d'un PC varie entre 6 % et 9 % seulement.

- Le gouvernorat de Tozeur

Dans les cinq délégations de Tozeur, on remarque - contrairement à Monastir par exemple - une certaine "hétérogénéité" des indicateurs. À cet effet, Tozeur et Nafta se caractérisent par des indices supérieurs ou proches de la moyenne nationale. Par contre, Tameghza et Hazoua enregistrent les indices les plus faibles du gouvernorat pour les différents secteurs socio-économiques.

Au niveau du marché de l'emploi, ces deux délégations ont des taux de chômage des diplômés supérieurs à 30 % (35 % à Tameghza) alors que le taux national est de 20 %. L'analphabétisation est légèrement supérieure à la moyenne du pays alors que le niveau d'instruction supérieur de la population est inférieur au seuil national (dans les deux communes, il est compris entre 5 % et 8 %).

Pour la proportion relative à l'utilisation de l'internet, elle est proche de la moyenne contrairement au taux de possession des ménages d'un ordinateur qui est relativement faible (15 % contre 33 % au niveau national). Pour la délégation de Hazoua, on doit noter la non-proximité ou l'importance de l'éloignement des services de santé (plus de 56 % des logements se trouvent à plus de 2 km du plus proche dispensaire).

- Le gouvernorat de Kebili

À l'instar de Tataouine et de Gafsa, le trait "saillant" des indicateurs du gouvernorat de Kebili est relatif à l'importance du chômage et en particulier celui des diplômés du supérieur.

Sur les six délégations, quatre enregistrent un taux de chômage des cadres supérieur ou égal à 40 %, dont Kebili Sud avec un taux de plus de 46 % et Faouar et Souk El Ahad qui ont un taux de 44 % (même à Douz Nord et à Kebili Nord qui ont des taux inférieurs à 40 %, la situation de l'emploi n'est pas satisfaisante puisque ce taux est compris entre 34 % et 36 %).

Par ailleurs, et en ce qui concerne les indices éducatifs et de l'infrastructure, on remarque que les différents indicateurs de Kebili sont très proches ou parfois supérieurs à la moyenne nationale. Néanmoins, la délégation de Faouar se distingue par des indicateurs relativement faibles et inférieurs à la moyenne du gouvernorat. En témoigne le taux d'analphabétisme qui est de 26 % (alors que le taux régional est de 18 %). De même, seulement 7 % de la population a le niveau d'instruction supérieur et le taux de possession d'un PC est de 13 % contre une moyenne régionale de 32 %.

Tableau n° 1- Quelques indicateurs de l'équipement : les valeurs maximales et minimales

Gouvernorat	Voiture	Toilette	Ordinateur	ONAS
Tunis Max	77,2 (El Menzah)	99,8 (El Menzah)	82,5 (El Menzah)	98,9 (El Menzah)
Tunis Min	11,6 (Sijoumi)	92,6 (Medina)	24,9 (Sidi Hassine)	87,3 (Sidi Hassine)
Ariana Max	68,9 (Ariana Ville)	99,7 (Ariana Ville)	78,4 (Ariana Ville)	98,6 (Ariana Ville)
Ariana Min	18,9 (Cité Ettadhamen))	96,7 (Kalaat El Andalous)	25,9 (Kalaat El Andalous)	38,6 (Sidi Thabet)
Ben Arous Max	49,0 (Ezzahra)	99,7 (Ezzahra)	66,1 (El Mourouj)	98,8 (Ezzahra)
Ben Arous Min	21,8 (Mohamdia)	97,1 (Mornag)	29,7 (Mornag)	49,4 (Mornag)
Manouba Max	45,5 (Manouba)	99,0 (Manouba)	62,2 (Manouba)	97,7 (Manouba)
Manouba Min	16,3 (Daouar Hicher)	83,6 (Borj Amri)	18,8 (El Battane)	11,9 (Borj Amri)
Nabeul Max	32,5 (Beni Khiar)	99,2 (Nabeul)	48,4 (Nabeul)	96,8 (Nabeul)
Nabeul Min	13,8 (El Mida)	84,2 (El Mida)	13,5 (Takelsa)	7,4 (Takelsa)
Zaghouan Max	27,5 (Zaghouan)	89,6 (Zaghouan)	32,8 (Zaghouan)	60,0 (Zaghouan)
Zaghouan Min	9,2 (Saouef)	53,1 (Ennadhour)	4,4 (Saouef)	11,4 (Saouef)
Bizerte Max	33,3 (Bizerte Nord)	99,6 (Zarzouna)	50,4 (Bizerte Nord)	94,5 (Zarzouna)
Bizerte Min	8,4 (Ghezalla)	47,8 (Sejnane)	2,5 (Djoumine)	4,7 (Djoumine)
Bejà Max	33,3 (Medjez Elbeb)	93,5 (Medjez Elbeb)	28,1 (Beja Nord)	73,1 (Beja Nord)
Beja Min	10,9 (Amdoun)	43,5 (Nefza)	6,9 (Goubellat)	3,1 (Tibar)
Jendouba Max	23,3 (Jendouba)	91,3 (Jendouba)	31,9 (Jendouba)	65,5 (Jendouba)
Jendouba Min	8,1 (Fernana)	33,3 (Fernana)	4,5 (Fernana)	9,3 (Fernana)
Le Kef Max	25,5 (Kef Est)	96,0 (Kef Ouest)	37,3 (Kef Ouest)	80,6 (Kef Ouest)
Le Kef Min	12,7 (Nebeur)	62,3 (Sakiet Sidi Youssef)	8,9 (Nebeur)	19,2 (Nebeur)
Siliana Max	19,4 (Siliana Nord)	95,6 (Siliana Nord)	28,4 (Siliana Nord)	69,2 (Siliana Nord)
Siliana Min	11,9 (Kesra)	72,8 (Errouhia)	6,4 (Errouhia)	25,4 (Errouhia)
Sousse Max	42,9 (Jawhra)	99,7 (Jawhra)	62,98 (Jawhra)	98,2 (Medina)
Sousse Min	16,2 (Sidi Abdelhamid)	75,7 (Sidi Elheni)	8,3 (Kondar)	4,3 (Sidi Elheni)
Monastir Max	34,6 (Monastir)	99,7 (Monastir)	57,9 (Monastir)	96,7 (Monastir)
Monastir Min	23,2 (Beni Hassen)	92,7 (Beni Hassen)	24,1 (Zarmdine)	55,5 (Beni Hassen)
Mahdia Max	28,6 (Ouled Chamekh)	99,1 (Mahdia)	40,0 (Mahdia)	79,5 (Mahdia)
Mahdia Min	18,1 (Meloulech)	67,7 (Ouled Chamekh)	9,0 (Essouassi)	2,3 (Hebira)
Sfax Max	49,7 (Sfax Sud)	99,7 (Sfax Ouest)	49,8 (Sfax Ville)	95,9 (Sfax Ville)
Sfax Min	14,7 (Ghraiba)	44,0 (Ghraiba)	5,7 (Menzel Chaker)	2,7 (Skhira)
Kairouan Max	22.3 (Echrarda)	96,9 (Kairouan Nord)	32,8 (Kairouan Nord)	82,3 (Kairouan Nord)
Kairouan Min	12.51 (El Ouslatia)	58,1 (Bouhajla)	4,5 (Bouhajla)	**000** (Nasrallah)
Kasserine Max	23.87 (Kass. Nord)	95,4 (Kass Nord)	34,5 (Kass Nord)	82,7 (Kass Nord)
Kasserine Min	8.82 (El Ayoun)	**32,7** (Hassi Ferid)	**1,03** (Hassi Ferid)	**000** (Hassi Ferid)
Sidi Bouzid Max	30.19 (Rgueb)	79,5 (Sidi Bouzid Ouest)	28,7 (Sidi Bouzid Ouest)	57,2 (Sidi Bouzid Ouest)
Sidi Bouzid Min	12.36 (Menzel Bouzaine)	40,8 (Menzel Bouzaine)	3,7 (Souk Jdid)	**000** (Souk Jdid)
Gabes Max	37.91 (Gabes sud)	98,9 (Gabes Medina)	53,2 (Gabes Sud)	94,8 (Gabes Medina)
Gabes Min	14.7 (Matmata)	56,3 (Menzel El Habib)	6,4 (Menzel El Habib)	2,1 (Matmata)
Medenine Max	41.9 (Ben Guerdane)	96,0 (Djerba Houmet Souk)	44,3 (Djerba Houmet Souk)	51,3 (Medenine Nord)
Medenine Min	21.2 (Beni Khadech)	63,1 (Sidi Makhlouf)	9,6 (Beni Khadech)	000 (Beni Khadech)
Tataouine Max	42.4 (Smar)	94,3 (Dhehiba)	32,5 (Tataouine Sud)	63,1 (Tataouine Nord)
Tataouine Min	28.1 (Dhehiba)	65,3 (Smar)	14,5 (Remada)	000 (Remada)
Gafsa Max	24.49 (Gafsa Sud)	98,2 (Redeyef)	40,4 (Gafsa Sud)	82,9 (Gafsa Sud)
Gafsa Min	9.46 (Redeyef)	72,3 (Belkhir)	6,8 (Belkhir)	000 (Sidi Aich)
Tozeur Max	17.7 (Tozeur)	98,7 (Tozeur)	37,7 (Tozeur)	88,1 (Tozeur)
Tozeur Min	15.02 (Nafta)	92,1 (Tameghza)	15,0 (Tameghza)	8,7 (Tameghza)
Kebili Max	28.69 (Kebili Sud)	98,6 (Douz Nord)	39,06 (Douz Nord)	56,6 (Kebili Nord)
Kebili Min	18.66 (Faouar)	93,2 (Faouar)	13,9 (Faouar)	7,4 (Faouar)
Tunisie	27.21	90,4	33,08	61,4

Source : Traitement personnel, à partir des données de l'INS

Chapitre III

Les inégalités locales à travers les indices synthétiques : l'ACP et le bonheur intérieur net (BIN)

I. Le bonheur intérieur net (BIN)

Nous avons élaboré et calculé un indice de bonheur intérieur net, ou un BIN, dans toutes les délégations de la Tunisie. Nous avons ajouté les variables : sexe, milieu et solde migratoire, pour approfondir l'analyse et pour étudier la condition féminine et la situation développementiste dans les zones rurales, en particulier dans les délégations les moins développées du pays.

Le bonheur intérieur net est un nouvel indicateur de mesure centré sur le bien-être et qui essaye de dépasser la vision réductionniste du PIB et des différents indicateurs purement économiques.

En 1972, le roi du Bhoutan, Jigme Singye Wangchuck a introduit le bonheur national brut (BNB) afin de remplacer le PNB (produit national brut) dans son royaume. Cet indice permet de guider l'économie sur les plans économique et de développement. Le BNB repose sur les critères suivants : la croissance et le développement économique, la conservation de la culture bhoutanaise, la sauvegarde de l'environnement, le développement durable et la bonne gouvernance responsable. En 1980, le Canada a également initié un indicateur de mesure similaire : le bonheur intérieur net (BIN). *Cet indicateur donne une vision matérialiste de l'économie*. Le paradoxe d'Easterlin met en évidence l'absence de corrélation entre développement économique et sentiment de bien-être[46]. Le BIN propose d'évaluer le bonheur des habitants et de mettre en relation les résultats obtenus avec l'évolution économique du pays en question. L'indice se base essentiellement sur les critères suivants : la consommation moyenne par habitant sur une année, l'égalité sociale (taux de pauvreté, inégalités salariales, mesure de la précarisation de l'emploi), la sécurité économique (taux et durée moyenne de chômage, niveau de protection sociale…), ainsi que les critères

[46] Cf. pour plus de détails, Cohen Daniel, 2012, *Homo economicus, prophète (égaré) des temps nouveaux,* Edition Albin Michel, Paris, 2012.

environnement et développement (taux d'effet de serre, niveau éducatif...)[47].

En ce qui concerne notre indicateur, et en fonction de la disponibilité des données par délégation, nous avons élaboré et calculé un BIN en utilisant les indices suivants :

- pour la consommation (et l'équipement), on a utilisé les proportions relatives à l'internet (proportion des ménages connectés à internet), à la possession de voiture et à la disponibilité d'une salle de bain

- en ce qui concerne l'égalité sociale, on a utilisé l'indice de la pauvreté (et non seulement le taux)

- pour le développement, on a utilisé les indices relatifs notamment à l'éducation (le taux d'alphabétisme de la population - 10 ans et plus - et le taux de scolarisation au supérieur de la population 19-24 ans)

- concernant la sécurité économique, on a opté pour l'indice de l'emploi global (intégrant le taux de chômage général) et l'indice de l'emploi supérieur (intégrant le taux de chômage des diplômés du supérieur).

L'indicateur de pauvreté = 1- indice de pauvreté (Indice de pauvreté = valeur réelle (ou taux de pauvreté) - valeur minimale (0)/valeur maximale (50)- valeur minimale (0). Donc l'indice est égal à : 1- (T. pauvreté /50).

Il en est de même pour les deux indices de l'emploi : emploi global et supérieur :

L'indice économique (ou indice de l'emploi) = 1- indice du chômage (Indice du chômage = valeur réelle (ou taux du chômage) - valeur minimale (0)/valeur maximale (50)- valeur minimale (0). Donc l'indice économique est égal à : 1- (T. chômage /50).

Pour alléger le texte, nous avons transféré les tableaux relatifs aux différentes composantes du BIN (pour tous les gouvernorats et pour toutes les délégations) à l'annexe n° 1 ; dans les tableaux suivants,

---

47 *https://www.lorientlejour.com/article/1042385/le-bonheur-un-nouvel-indicateur-de-mesure.html*

nous avons laissé seulement les résultats du calcul de l'indice synthétique du BIN pour chaque délégation (cf. l'annexe n° 1 pour voir les différentes variables et les composantes du BIN dans les 264 délégations).

I.1. L'indice du bonheur intérieur net (BIN) dans le District de Tunis

Dans cette section, on va calculer et analyser le BIN des différentes délégations des quatre gouvernorats : Tunis, Ariana, Ben Arous et Manouba.

Tableau n° 2- L'indice du bonheur intérieur net (BIN) dans le District de Tunis

Délégation	**BIN**	Délégation	**BIN**	Délégation	**BIN**	Délégation	**BIN**
Carthage	763	Ariana ville	**851**	Ben Arous	684	Manouba	735
Medina	613	Soukra	712	La Nouvelle Medina	699	Douar Hicher	514
Bab El Bhar	749	Raoued	717	El Mourouj	748	Oued Elil	600
Bab Souika	640	Kalaat El Andalous	625	Hammam Lif	680	Mornaguia	618
El Omrane	652	Sidi Thabet	599	Hammam Chott	690	Borj Amri	503
El Omrane supérieur	687	Cité Ettadhamen	**552**	Boumhel El Bassatine	718	Jedeida	532
Ettahrir	726	El Mnihla	621	Ezzahra	**768**	Tebourba	498
El Menzah	**880**	Total (Gouvernorat)	705	Rades	724	El Battane	**480**
Cité El Khadra	**809**			Megrine	736	Total (Gouvernorat)	583
Le Bardo	749			Mohamdia	587	Total (Tunisie)	**573**
Sijoumi	**494**			Fouchana	597		
Ezzouhour	658			Mornag	588		
Elhrairia	612			Total (Gouvernorat)	691		
Sidi Hassine	**517**						
El Ourdia	663						
El Kabaria	631						
Sidi El Béchir	663						
Djebel Jelloud	533						
La Goulette	810						
Le Kram	736						
La Marsa	751						
Total (Gouvernorat)	695						

Source : Élaborés par nos calculs, à partir des données de l'INS

- Le gouvernorat de Tunis

Les différents scores enregistrés dans le gouvernorat de Tunis sont souvent supérieurs au BIN moyen (573 au niveau national). Mais l'écart entre les deux scores "extrêmes" est relativement important et il avoisine 400 points. Il s'agit d'El Menzah d'un côté (dont le BIN est très proche de 900, et c'est l'indice le plus élevé parmi les 264 délégations du pays) et de *Sijoumi* de l'autre côté qui a le BIN le plus faible de la région et qui est inférieur au seuil de 500.

Outre les indices sectoriels (emploi, alphabétisation...), la variation du BIN est inhérente à quelques variables notamment la pauvreté et l'équipement : à titre d'exemple, la pauvreté est quasiment absente à El Menzah alors que ce taux est relativement élevé à Sijoumi et à Sidi Hassine (entre 14 % et 20 %). Il en est de même pour la possession de quelques biens comme l'internet et la voiture (la proportion de la possession d'une voiture, par exemple, est de 77 % à El Menzah et de 11,6 % à Sijoumi ; pour les logements équipés d'une SB, les deux valeurs respectives dans ces ceux délégations sont de 99 % et de 74 %).

Si l'on intègre la variable genre, pour l'emploi ou l'alphabétisation par exemple, les différents indices seront évidemment plus faibles : pour la population féminine de Sidi Hassine, Djebel Jelloud et Sijoumi, le taux d'analphabétisme est respectivement de 22 %, 25 % et 27 % (contre 6 % à El Menzah).

Pour le taux de chômage féminin, il est, dans ces trois délégations, supérieur à 25 % (28 % à Sijoumi contre 7 % à El Menzah). Pour les femmes diplômées du supérieur, si le taux de chômage est de 7,4 % à El Menzah (et de 11 % à Bab El Bhar), il dépasse le tiers de la population féminine à Djebel Jelloud (34 %) et atteint la proportion de 37 % à Sijoumi et Sidi Hassine, ce qui confirme l'acuité des inégalités locales même dans la capitale du pays.

- Le gouvernorat d'Ariana

Dans le gouvernorat d'Ariana, l'indice du BIN est souvent supérieur à la moyenne nationale (le score d'Ariana Ville est l'un des plus élevés sur tout le territoire tunisien). Cependant, le BIN à *Cité Ettadhamen* est le seul score de la région qui est inférieur à 573 (le BIN national moyen) et ce à cause de la faiblesse des différents indices socio-économiques.

D'abord, si le taux de pauvreté dans le gouvernorat est l'un des plus faibles (5,4 % en 2015), il en est autrement dans les différentes délégations défavorisées où il avoisine le seuil de 10 %.

Pour la possession de certains biens ou l'équipement des logements, on remarque que cette proportion est élevée à Ariana Ville (près de 70 % pour la voiture, de 99 % pour la salle de bain et plus de 75 % pour l'internet) et ce contrairement à Cité Ettadhamen où ces proportions sont de 25 % pour l'internet et de 18 % pour la voiture.

Mais ce qui a diminué, le plus, le BIN de certaines délégations, ce sont les variables éducatives et économiques. En effet, le taux d'analphabétisme est de 4 % à Ariana Ville mais il oscille entre 16 % et 17 % à Sidi Thabet et à Ettadhamen. En outre, le taux de chômage global dépasse 17 % à la Cité sus-citée et il atteint 28 % pour les cadres. Dans cette même délégation, si l'on ajoute la variable genre, on peut noter la véritable marginalisation des femmes et leur très faible intégration dans le circuit économique, comme en témoigne le taux de chômage féminin qui est de plus de 24 % et le taux de chômage des femmes cadres qui est supérieur à 37,8 %.

Pour les zones rurales de la région, les indicateurs sont encore plus faibles. À titre d'exemple, l'analphabétisme touche 25 % de la population féminine de Sidi Thabet et de Kallat El Andalous. Les différents indicateurs de l'équipement dans le milieu non communal connaissent aussi une baisse considérable, notamment pour le raccordement au réseau d'assainissement où ce taux chute à 8 % seulement à Raoued et à Kallat El Andalous.

Enfin, et grâce aux différents indicateurs de développement du gouvernorat d'Ariana (qui est l'un des plus développés du pays), la région est généralement attractive et le solde migratoire est positif dans la plupart des délégations (40 429, avec un effectif d'entrants qui avoisine 80 mille personnes.

- Le gouvernorat de Ben Arous

La plupart des délégations du gouvernorat de Ben Arous enregistrent un BIN relativement élevé, ceci concerne notamment "la banlieue sud" de la Capitale avec un BIN de près de 750 points à El Mourouj et 768 à Ezzahra. Par contre, certaines délégations ont un indice moyen qui est très proche de la moyenne nationale et inférieur à 600 telles que *Mohamdia et Fouchana.*

Mais c'est la délégation de *Mornag* qui enregistre le BIN le plus faible de la région (588 points), avec la faiblesse des différents indicateurs de l'équipement et l'importance relative de la pauvreté (ce taux dépasse 12 % à Mornag et à Mohamdia alors que taux régional est de 4,3 %).

Si l'on ajoute les variables sexe et milieu, on pourra remarquer la grande faiblesse des différents indices, tant pour la population féminine que pour le milieu rural.

À cet égard, on peut souligner que près de 20 % et de 25 % des femmes sont analphabètes à Mohamdia et à Mornag (contre 8 % à El Mourouj), ce taux connaît une augmentation relativement importante dans le milieu rural pour dépasser les taux respectifs de 32 % et de 34 % des femmes.

Pour les indicateurs du marché de l'emploi, on peut noter l'importance du chômage des femmes cadres à Mohamdia et à Fouchana avec des taux de 29,8 % et de 27,3 % respectivement. Bien entendu, ce taux féminin est plus élevé dans les zones non communales, avec une proportion qui avoisine le seuil de 40 % à Mohamdia.

De même, les indicateurs de l'infrastructure connaissent une chute importante dans le milieu rural, telles que la proportion des logements ayant le raccordement au réseau ONAS (6 % à Mornag) ou au gaz naturel (3 % à Mohamdia et 4 % à Mornag), ou même la proximité des services de la santé (à Mornag, près de 60 % des logements ont une distance de plus de 2 km du plus proche dispensaire, et ce, évidemment dans le milieu non communal).

Par ailleurs, et à l'instar du gouvernorat d'Ariana, la région de Ben Arous enregistre un solde migratoire positif de 27 mille, ce solde concerne la majorité des délégations et le nombre d'entrants dépasse 46 mille individus.

- Le gouvernorat de Manouba

Dans le District de Tunis, le gouvernorat de Manouba enregistre les indices les plus faibles, c'est pourquoi il a l'indice du bonheur intérieur net le moins élevé et qui est très proche de la moyenne nationale.

Mais ce qui est plus important, c'est l'existence de cinq délégations (sur huit) qui ont un BIN inférieur au seuil national, avec deux communes ayant un indice très faible inférieur à 500 points : il s'agit de Tebourba et surtout *d'El Battane*.

On doit souligner, tout d'abord, que le taux de pauvreté dans le gouvernorat de Manouba est élevé, par rapport aux autres gouvernorats du District de Tunis (12,1 % contre 5,3 %). Ce taux est encore plus élevé dans les délégations marginalisées de la région, avec un taux qui oscille entre 14 % et 16 % dans plusieurs localités.

D'autre part, la faiblesse du BIN, à El Battane notamment, est liée à la relative baisse des indices de l'équipement (à titre d'exemple, la proportion des ménages connectés à internet est de 14 %, celle possédant une voiture est de 19 %) mais aussi à l'importance de l'analphabétisme (22 %) et surtout des taux de chômage élevés, le taux global (17 %) et celui des diplômés du supérieur (35 %).

Comme à l'accoutumée, si l'on ajoute le genre et le milieu, d'autres différences significatives peuvent être soulignées. À ce titre, le taux de chômage des femmes connaît un accroissement considérable pour atteindre plus de 37 % à Borj Amri, Jedeida et Tebourba et dépasse même le seuil de 41 % à Daouar Hicher et de 45 % à El Battane (dans le milieu non communal, ce taux dépasse 50 % pour les femmes de Daouar Hicher).

Par ailleurs, et concernant les indicateurs de l'équipement et de l'infrastructure à Manouba, ils sont souvent très faibles dans le milieu rural. À El Battane par exemple, la proportion des ménages connectés à internet est seulement de 8 % et le pourcentage de ceux possédant un PC est de 11 %. Pour le raccordement aux services de l'assainissement, la proportion des logements est encore plus faible dans le milieu non communal et elle ne dépasse pas 11 % à Jedeida et 5 % à Borj Amri (entre 1 % et 3 % pour le gaz naturel).

Enfin, pour le solde migratoire, le gouvernorat de Manouba est relativement attractif, avec un solde positif de 8 577 et un effectif d'entrants de 28 mille personnes (contre un nombre de sortants de 20 mille individus).

I.2. L'indice du bonheur intérieur net (BIN) dans le Nord-Est

Dans cette section, on va calculer et analyser le BIN des différentes délégations des trois gouvernorats : Nabeul, Zaghouan et Bizerte.

Tableau n° 3- L'indice du bonheur intérieur net (BIN) dans le Nord-Est

Délégation	**BIN**	Délégation	**BIN**	Délégation	**BIN**
Nabeul	**691**	Bizerte Nord	684	Zaghouan	592
Dar Chaabane	650	Zarzouna	495	Ezzeriba	522
Beni Khiar	655	Bizerte Sud	537	Bir Mchergua	489
Korba	616	Sedjnene	**374**	Elfahs	477
Menzel Temime	562	Djoumine	**353**	Ennadhour	**381**
El Mida	537	Mateur	510	Saouef	**341**
Kelibia	587	Ghezalla	**383**	Total (Gouvernorat)	494
Hammam El Guezaz	568	Menzel Bourguiba	565		
El Houaria	**503**	Tinja	590		
Takelsa	526	Utique	529		
Sliman	527	Ghar El Meleh	557		
Menzel Bouzelfa	592	Menzel Djmil	601		
Beni Khaled	610	El Alia	555		
Grombalia	607	Ras Djbel	620		
Bouargoub	568	Total (Gouvernorat)	567		
Hammamet	638	**Total Tunisie**	**573**		
Total (Gouvernorat)	606				

Source : Élaborés par nos calculs, à partir des données de l'INS

- Le gouvernorat de Nabeul

Le gouvernorat de Nabeul enregistre un BIN moyen de 606 légèrement supérieur à la moyenne nationale. Si le BIN de Nabeul Ville est relativement important (près de 700), on doit noter que six délégations enregistrent un indice faible inférieur à 573 (le BIN national). C'est El Houaria et Takelsa qui ont les deux BIN les plus faibles et ce pour de nombreuses raisons. Pour la première délégation par exemple, le BIN est affecté par la faiblesse des indicateurs de l'équipement (la connexion à internet et la possession d'une voiture ne dépassent 10 % et 14 % respectivement) et par l'importance des taux de chômage des diplômés du supérieur (plus de 35 %). Il en est de même pour la délégation de Takelsa.

Pour la population féminine, l'analphabétisme est encore plus élevé et il dépasse 30 % dans les délégations sus-invoquées (plus de 39 % à Dar Chabane et 36 % à Hammam El Guezaz dans les zones non communales). En ce qui concerne le chômage féminin, il est très élevé dans certaines délégations, notamment pour les cadres : il atteint 36 % des femmes diplômées à Kelibia et Hammam El Guezaz, 38 % à Menzel Temime et surtout 50 % à El Houaria.

Pour le milieu non communal, les indices connaissent une baisse substantielle en particulier pour les différents indicateurs des conditions de vie. À titre d'exemple, la proportion des ménages possédant un ordinateur est de 3 % à Dar Chabane, celle des ménages connectés est de 2,3 % dans la même délégation (5 % à Kelibia). Même pour l'eau potable, les indicateurs sont relativement faibles (moins de 44 % des logements pour le raccordement au réseau SONEDE) tandis que les services d'assainissement sont quasiment absents dans les zones rurales de certaines délégations telles que Dar Chabane (2 %), El Mida (2 %), Korba (1 %) et Hammam El Guezaz (0,4 %).

Nonobstant la baisse des indicateurs dans le milieu rural, les indices de développement sont relativement satisfaisants à Nabeul, ce qui explique le caractère attractif du gouvernorat, enregistrant un solde migratoire positif de plus de 13 mille, avec un effectif d'entrants dépassant 46 mille personnes.

- Le gouvernorat de Zaghouan

La région de Zaghouan est l'une des régions orientales les moins développées du pays. Elle a un BIN moyen inférieur à 500 et nettement en dessous de la moyenne nationale. À l'exception de Zaghouan Ville, toutes les autres délégations ont un BIN inférieur à 573.

Mais, ce qui est plus important, c'est la réelle marginalisation de certaines délégations ayant *un score inférieur au seuil de 400 points, il s'agit d'Ennadhour et surtout de Saouef.* Dans cette dernière délégation, tous les indicateurs sont très faibles et ce, aussi bien pour l'éducation et l'emploi que pour la pauvreté et les conditions de vie (moins de 2 % des ménages connectés, un analphabétisme de plus de 35 %, un taux de pauvreté qui avoisine le tiers de la population, un chômage des cadres qui touche près de 30 % des jeunes, un taux de raccordement ONAS de 11 % seulement...).

Bien entendu, si l'on analyse "la condition féminine" et la situation des zones rurales, l'enclavement et la marginalisation seront plus importants par rapport à la situation des hommes et à celle des zones communales.

À cet égard, le taux de chômage des cadres à Saouef est de 15 % pour les hommes mais il dépasse 42 % pour les femmes ; à Elfahs, ce taux est de 22 % pour le sexe masculin tandis qu'il dépasse 40,6 % pour le sexe féminin.

Pour l'analphabétisme, le taux masculin est de 27 % à Ennadhour et de 23 % à Saouef alors que l'analphabétisation féminine touche plus de 45 % de la population dans ces deux délégations.

Pour les zones rurales, les inégalités entre les milieux sont encore plus flagrantes en particulier pour l'infrastructure et l'équipement. À Ennadhour par exemple, la proportion des ménages connectés à internet est de 14 % dans le milieu urbain contre 1,2 % dans le milieu rural (pour Zaghouan Ville, ce taux chute de 42 % à 8 %). Dans la même délégation, le taux de raccordement au réseau SONEDE (eau potable) varie entre 93 % dans les zones communales et 22 % dans les zones rurales (pour le réseau d'assainissement, la différence entre les deux milieux est évidemment beaucoup plus importante, puisque ce taux est de près de 90 % dans la partie communale d'Ennadhour et seulement de 2 % dans la zone non communale).

Même pour les équipements "élémentaires" et nécessaires, on remarque que quelques zones rurales sont caractérisées par une absence quasi totale de ces biens. Par exemple, on peut noter qu'une part importante des logements ruraux ne dispose pas de salle de bain ou de douche (67 % à Saouef et 72 % à Ennadhour) ou parfois même de *toilette* : 62 % des logements à Ezzeriba et 65 % à Ennadhour ne sont pas équipés !

- Le gouvernorat de Bizerte

Le BIN du gouvernorat de Bizerte est moyen et il est quasiment égal au BIN national. L'indice de Bizerte Nord est relativement élevé et il avoisine le seuil de 700 (celui de Ras Djebel est également supérieur à la moyenne nationale avec 620).

Toutefois, on doit noter que trois délégations sont caractérisées par des BIN très faibles inférieurs au seuil de 400 points, en l'occurrence *Ghezalla, Sedjnane et Djoumine*. Dans les deux dernières communes, on trouve un taux de pauvreté qui avoisine 30 %, un taux de chômage des cadres oscillant entre 26 % et 30 %, un taux d'analphabétisme de plus de 42 %, une proportion des ménages connectés à internet entre 1 % et 4 %, un taux de raccordement au réseau d'assainissement de 4 % (à Djoumine), une proportion très faible pour la possession des biens (entre 8 % et 10 % pour la voiture et entre 2 % et 7 % pour l'ordinateur). Tous ces indicateurs reflètent une véritable exclusion et une réelle paupérisation de ces délégations et leur sous-développement indéniable par rapport aux autres localités du pays.

Par ailleurs, et en ce qui concerne l'analphabétisme féminin, il demeure considérable dans ces délégations avec la moitié des femmes analphabètes à Djoumine et plus de 56 % à Sedjnane, et ce dans les zones rurales en particulier. Pour le chômage des femmes diplômées du supérieur, ce taux est de 38 % à Sedjnane et il dépasse même 40 % à Ghezalla et à Djoumine (dans le milieu rural, ce taux féminin est encore plus important et il avoisine 48 % à Sedjnane et à Mateur).

D'autre part, et concernant la possession de certains moyens d'information et de communication, les zones non communales des différentes délégations sous-développées se distinguent par des indices proches de 0 : pour les quatre délégations de Sedjnane, Mateur, Djoumine et Ghezalla, la proportion des ménages connectés à internet oscille entre 0,6 % et 3,9 % tandis que le taux de possession d'un PC est compris entre 2,5 % et 5,6 %.

Il en va de même pour les différents indicateurs de l'infrastructure tels que le raccordement au réseau d'assainissement ou de l'eau potable :

- pour la SONEDE, il est inférieur à 46 % à Djoumine et à 22 % à Sedjnane

- pour l'ONAS, le taux de raccordement ne dépasse pas 9 % à Sedjnane et 4 % à Djoumine et à Tinja !

- pour les équipements tels que la salle de bain ou les toilettes, la proportion des logements *non équipés* est de plus de 60 % à Sedjnane (pour les toilettes) et de plus de 66 % à Djoumine (pour la salle de bain ou la douche).

Enfin, on doit noter que le solde migratoire à Bizerte dépend souvent de la délégation et de sa situation développementiste, c'est pourquoi ce solde est négatif dans certaines communes précisément, à savoir Sedjnane, Djoumine, Mateur, Ghezalla et Menzel Bourguiba. Dans l'ensemble du gouvernorat, le solde est négatif (-6 001) avec un effectif de sortants de plus de 25 mille personnes.

I.3. L'indice du bonheur intérieur net (BIN) dans le Nord-Ouest

Dans cette section, on va calculer et analyser le BIN des différentes délégations des quatre gouvernorats : Béja, Jendouba, Le Kef et Siliana.

Tableau n° 4- L'indice du bonheur intérieur net (BIN) dans le Nord-Ouest

Délégation	**BIN**	Délégation	**BIN**	Délégation	**BIN**	Délégation	**BIN**
Béja Nord	480	Jendouba	522	Kef Ouest	550	Siliana Nord	524
Béja Sud	501	Jendouba Nord	390	Kef Est	543	Siliana Sud	449
Amdoun	**343**	Bousalem	438	Nebeur	**383**	Bouarada	418
Nefza	**356**	Tabarka	454	Sakiet Sidi Youssef	401	Gaafour	426
Teboursouk	401	Ain Drahem	**368**	Tajerouine	432	Elkrib	440
Tibar	386	Fernana	**311**	Kalaat Snan	428	Bourouis	**379**
Testour	401	Ghardimaou	**360**	Kalaat Khesba	**393**	Makthar	**381**
Goubellat	**344**	Oued Mliz	**339**	Djerissa	426	Errouhia	**357**
Mdjez Elbeb	500	Balta Bou Aouane	**352**	Elksour	**395**	Kesra	**391**
Total (Gouvernorat)	404	Total (Gouvernorat)	404	Dahmani	**378**	Bargou	418
Total Tunisie	**573**			Essers	418	Elaroussa	392
				Total (Gouvernorat)	435	Total (Gouvernorat)	439

Source : Élaborés par nos calculs, à partir des données de l'INS

- Le gouvernorat de Béja

Les différents indicateurs de développement dans le Nord-Ouest (et dans le Centre-Ouest) sont nettement inférieurs à la moyenne nationale et ce dans tous les secteurs socio-économiques. Ceci s'est répercuté évidemment sur le BIN de Béja qui est seulement de 404 points.

Mais ce qui est encore plus important à noter, c'est que toutes les délégations ont un BIN inférieur à 502, avec certaines localités dont *l'indice est très faible et inférieur à 360 à Nefza, Amdoun et Goubellat.* Si le taux de pauvreté du gouvernorat est l'un des plus élevés du pays (32 %), il est encore plus élevé dans les trois délégations sus-citées avoisinant le seuil de 40 %.

Bien entendu, la faiblesse du BIN est inhérente à l'évolution des différentes variables de développement dans ces communes, où l'on trouve, entre autres :

- un taux d'analphabétisme très élevé de près de 40 % ;

- un chômage des diplômés du supérieur qui touche entre 30 et 35 % des jeunes ;

- une proportion des ménages connectés très faible oscillant entre 3 % et 7 % (le taux de possession d'un PC varie entre 6 % et 9 %) ;

- un taux de raccordement au réseau d'assainissement qui touche moins de 30 % des logements (3 % à Tibar).

Cette situation développementiste explique le caractère répulsif du gouvernorat, puisque les données du dernier RGPH montrent le solde migratoire négatif de Béja (-7 764) et ce quasiment pour toutes les délégations, avec un effectif des sortants qui dépasse 17 mille personnes.

En intégrant les variables genre et milieu, on peut faire les remarques suivantes :

- pour l'analphabétisme féminin, il dépasse 43 % à Goubellat et 48 % à Nefza et Amdoun (dans les deux dernières délégations, et dans le milieu rural, il est supérieur à 52 % à Nefza et à 56 % à Amdoun). Concernant le chômage féminin, et plus précisément pour les femmes diplômées, le taux de chômage dépasse 40 % à Amdoun, Nefza et Teboursouk et il est de 44 % à Goubellat et de 45 % à Tibar ;

- pour le milieu rural, les différents indicateurs sont évidemment très faibles. À titre d'exemple, pour l'équipement nécessaire (comme la toilette, la SB ou la douche), la proportion des ménages *non* équipés est invraisemblable atteignant (pour les toilettes) 67 % à Nefza et 74 % à Amdoun et dépassant, pour la SB, 78 % à Nefza et 84 % à Amdoun !

- en ce qui concerne le raccordement au réseau d'assainissement, le taux varie entre 2 % à Amdoun et 3 % à Goubellat et Tibar. Même pour l'eau potable, une part importante de la population rurale ne bénéficie pas des services de la SONEDE, cette part dépasse 55 % à Amdoun, 58 % à Tebousouk et 61 % à Nefza. Pour la connexion internet, le taux des ménages connectés chute dans le milieu non communal pour ne pas atteindre 2 % à Amdoun et 0,5 % à Goubellat !

- Le gouvernorat de Jendouba

À l'instar du gouvernorat de Béja, toutes les délégations de Jendouba enregistrent un BIN nettement inférieur à la moyenne nationale (le BIN moyen du gouvernorat est égal à celui de Béjà et il est de 404 points).

Certaines délégations se distinguent par un indice *BIN très faible inférieur à 370, en l'occurrence Ain Drahem, Ghardimaou, Oued Mliz et Balta Bou Aouane.*

Mais c'est Fernana qui enregistre le BIN le plus faible avec un score de 311 points seulement. Dans cette délégation, tous les indicateurs "sont au rouge" :

- le taux d'analphabétisme est de près de 45 % et le taux de chômage des cadres dépasse 35 % ;

- la pauvreté touche presque le tiers de la population ;

- le taux de raccordement à l'eau potable est inférieur à 24 %, le pourcentage des ménages bénéficiant des services de l'assainissement ne dépasse pas 9 %, alors que la proportion des ménages connectés à internet ne dépasse pas 3 % !

Comme on l'a précédemment invoqué pour Béja, le caractère répulsif de la région explique le solde migratoire négatif de Jendouba qui dépasse -12 408 et qui concerne la quasi-totalité des délégations, avec un nombre de sortants qui avoisine 23 mille personnes.

D'autre part, si l'on ajoute le sexe et le milieu, on remarque évidemment la marginalisation accrue de la femme et l'exclusion des zones rurales.

En premier lieu, le taux d'analphabétisation des femmes est considérable à Jendouba. Il dépasse 41 % en moyenne et il est supérieur à 50 % à Ghardimaou et à 54 % à Fernana (dans ces deux délégations, l'analphabétisme féminin est de 58 % dans le milieu non communal). Pour le chômage féminin, le taux global est de 40,4 % dans le gouvernorat mais il dépasse 44,6 % à Balta Bou Aouane, 46 % à Ghardimaou et Tabarka et 53 % à Oued Mliz. En ce qui concerne les femmes diplômées du supérieur, la proportion des sans-emploi est très élevée et elle touche 58 % des femmes à Jendouba Nord et près de 60 % à Oued Mliz *(dans les zones rurales, ce taux de chômage est invraisemblable et il dépasse 65 % à Jendouba Nord et à Oued Mliz, 70 % à Balta Bou Aouane et 74 % à Ghardimaou) !*

En second lieu, pour les indicateurs de l'équipement dans le milieu rural, ils sont très "déficients" à Jendouba :

- le taux de raccordement au réseau de l'ONAS chute à 4 % dans plusieurs délégations et à 2 % à Fernana ;

- pour l'eau potable, le taux est insuffisant et il est de 31 % à Ghardimaou et de seulement 16 % à Fernana ;

- la proportion des ménages connectés à internet oscille entre 3 % et 6 % dans la plupart des délégations, mais elle chute à *0,8 %* à Fernana !

- la proportion des ménages équipés de toilette est seulement de 39 % à Ain Drahem et de 26 % à Fernana ; pour la SB (ou la douche), ce taux ne dépasse pas, dans ces deux délégations, 29 % et 15 % respectivement.

- Le gouvernorat du Kef

Toutes les délégations du Kef enregistrent un BIN faible inférieur à la moyenne nationale. Outre la faiblesse des indicateurs de l'équipement, de l'infrastructure et de l'éducation, deux facteurs explicatifs doivent être signalés :

- le taux de pauvreté au Kef est l'un des plus élevés du pays ; c'est le seul gouvernorat (avec Kairouan) où l'on trouve une pauvreté dépassant le seuil de 34 % (dans certaines délégations, ce taux avoisine même 40 %) ;

- le taux de chômage des cadres est relativement élevé, puisqu'il dépasse 30 % dans six délégations (36,6 % à Dahmani et 33 % à Djerissa).

Quatre délégations se distinguent par un BIN très faible et inférieur à 400 points, il s'agit de : Nebeur, Kalaat Khesba, Elksour et Dahmani. Dans ces communes, certaines caractéristiques développementistes peuvent être notées :

- le taux de pauvreté est très élevé, il est souvent compris entre 30 % et 40 %

- le chômage des diplômés du supérieur est également élevé, il oscille entre 30 % et 35 % ;

- l'analphabétisme touche généralement le tiers de la population dans ces délégations (36 % à Nebeur) ;

- le raccordement au réseau de l'ONAS est moyen, mais il est nettement en dessous de la moyenne nationale à Elksour (38 %) et Nebeur (19 %) ;

- la proportion des ménages connectés est très faible, elle est comprise entre 5 % à Nebeur et 11 % à Dahmani et Kalaat Khesba.

En ajoutant le genre et le milieu, on peut souligner les observations suivantes :

- pour le chômage féminin, le taux est très élevé (pour les cadres) et il dépasse 44 % à Tajerouine et Djerissa et 46 % à Dahmani. Mais dans les zones rurales, ce taux connaît un accroissement vertigineux pour dépasser le seuil de 60 % dans six délégations (67 % à Kalaat Khesba et à Dahmani) ;

- en ce qui concerne l'analphabétisme féminin, si le taux global du gouvernorat est de 26 %, il est encore plus élevé pour les femmes notamment dans le milieu non communal. Le taux d'analphabétisme féminin est de 35 % mais il dépasse 43 % à Elksour et 45 % à Nebeur. Mais dans les zones rurales, il est de 46,8 % et il est supérieur ou égal à 50 % à : Nebeur, Elksour, Sakiet Sidi Youssef et Tajerouine.

Concernant l'infrastructure et l'équipement dans les zones rurales, les indicateurs sont évidemment très faibles. À titre d'exemple :

- la proportion des ménages connectés est de 2 % à Nebeur et Elksour et de 1 % à Sakiet Sidi Youssef et Dahmani ;

- le taux de raccordement à l'ONAS est de 2 % à Sakiet Sidi Youssef et Essers et de 1 % à Nebeur, Tajerouine et Elksour ;

- à Sakiet Sidi Youssef, les logements équipés de toilette sont de 42 % et ceux ayant une SB (ou une douche) sont de 13 % !

- la part des ménages possédant un ordinateur oscille entre 3 % et 9 % dans plusieurs délégations, mais elle ne dépasse pas 2 % à Dahmani et 1 % à Sakiet Sidi Youssef !

Avec tous ces indicateurs, on ne peut s'étonner du caractère répulsif de la région, avec un solde migratoire de -7 504 et un nombre de sortants qui dépasse 18 490 personnes.

- Le gouvernorat de Siliana

Tout comme les différentes délégations du Nord-Ouest, les communes du gouvernorat de Siliana ont un BIN inférieur à la moyenne nationale. Dans la plupart des délégations, le taux de pauvreté oscille entre 25 % et 30 %, le chômage des cadres est également très élevé avec des taux compris entre 26 % et 32 %. Il en va de même pour l'analphabétisation qui touche souvent entre 30 % et 42 % de la population.

À l'instar du Kef, quelques délégations enregistrent un BIN très faible et inférieur à 400 points, il s'agit de : Bourouis, Makthar, Kesra, Bargou et surtout Errouhia dont l'indice est seulement de 357. Dans ces cinq délégations, certains indicateurs sont très éloquents :

- le taux d'analphabétisme est de près de 40 % à Kesra et de 42 % à Errouhia ;
- le taux de chômage des cadres dépasse 31 % et 32 % respectivement à Makthar et Bourouis ;

- la pauvreté est considérable dans quelques délégations et elle dépasse le seuil de 40 % à Kesra et Errouhia. Dans ces deux délégations précisément, la proportion des ménages connectés est très faible oscillant entre 4 % et 5 % et le taux de possession d'un PC est de 6 % ;

- pour le raccordement au réseau d'assainissement, ces délégations ont des taux compris entre 25 % à Errouhia et 39 % à Bargou. L'indice est aussi faible pour le raccordement en eau potable à Errouhia avec un taux de 35 % seulement.

Par ailleurs, en analysant les différentes variables par sexe et milieu, certaines remarques peuvent être avancées :

- concernant l'analphabétisme, il est évidemment plus élevé pour le sexe féminin et dans les zones rurales ; le taux féminin est supérieur à 40 % dans la quasi-totalité des communes, il est de 50 % à Kesra et de 53,6 % à Errouhia. Dans le milieu non communal, ce taux est souvent supérieur à 50 % et il dépasse 53 % à Makthar, 54 % à Kesra, 55 % à Bouarada et 57 % à Errouhia

- en ce qui concerne le chômage féminin, il est très élevé pour les femmes diplômées du supérieur et le taux dépasse 40 % à Makthar, 42 % à Gaafour et 43 % à Bourouis. Ce taux est considérable dans les zones non communales et dépasse 50 % à Bouarada et à Elaroussa, 52 % à Elkrib et Bourouis, 59 % à Makthar et 64 % à Bargou !

- pour l'infrastructure et l'équipement dans le milieu rural, on peut noter que le raccordement au réseau d'assainissement est quasiment absent dans certaines délégations (4 % à Bargou et 7 % à Elaroussa) tandis que le taux de la connexion internet est négligeable dans quelques communes (1 % à Makthar, Kesra et Bargou et 2 % à Bouarada et Errouhia). Il en est de même pour la possession d'un ordinateur où le taux moyen est de 4 % et il ne dépasse pas 2,2 % à Makthar, 2,7 % à Errouhia et même 1,5 % à Bouarada !

Enfin, et à l'instar de tous les gouvernorats du Nord-Ouest (et du Centre-Ouest), le solde migratoire de Siliana est négatif avec -9 034 et un effectif de sortants de plus de 16 525 personnes.

I.4. L'indice du bonheur intérieur net (BIN) dans le Centre-Est

Dans cette section, on va calculer et analyser le BIN des différentes délégations des quatre gouvernorats : Sousse, Monastir, Mahdia et Sfax.

Tableau n° 5- L'indice du bonheur intérieur net (BIN) dans le Centre-Est

Délégation	**BIN**	Délégation	**BIN**	Délégation	**BIN**	Délégation	**BIN**
Sousse Medina	**738**	Monastir	**736**	Mahdia	642	Sfax Ville	**714**
Sousse Riadh	651	Werdanine	586	Boumerdes	507	Sfax Ouest	709
Sousse Jawhra	**743**	Sahline	652	Ouled Chamekh	**439**	Sakiet Ezzit	718
Sidi Abdelhamid	553	Zarmdine	538	Chorbene	**431**	Sakiet Eddair	686
Hammam Sousse	722	Beni Hassen	556	Hebira	504	Sfax Sud	711
Akouda	706	Jammel	603	Essouassi	484	Tina	595
Kalaa Kebira	593	Benbla	629	Eldjem	524	Agareb	484
Sidi Bouali	571	Moknine	585	Chebba	627	Djbeniana	526
Hergla	599	Bekalta	633	Meloulech	497	El Amra	522
Enfidha	492	Teboulba	646	Sidi Alouane	508	El Hancha	509
Bouficha	522	Ksar Helal	640	Ksour Essef	581	Menzel Chaker	490
Kondar	**474**	Ksibet Elmediouni	648	Total (Gouvernorat)	533	Ghraiba	**394**
Sidi Elheni	**482**	Sayada Lamta Bouhjar	676			Bir Ali Ben Khlifa	**445**
Msaken	647	Total (Gouvernorat)	646			Skhira	**410**
Kalaa Sghira	629					Mahres	542
Zaouia Ksiba Thrayet	566					Kerkenah	604
Total (Gouvernorat)	627					Total (Gouvernorat)	637
Total Tunisie	573						

Source : Élaborés par nos calculs, à partir des données de l'INS

- Le gouvernorat de Sousse

Contrairement aux différentes régions du Nord-Ouest, le gouvernorat de Sousse enregistre des scores toujours supérieurs à la moyenne nationale. Outre le BIN moyen (627), certaines délégations enregistrent un BIN très élevé dépassant le seuil de 700 points, il s'agit de Sousse Medina, Sousse Jawhra, Akouda et Hammam Sousse. Tous les indicateurs dans ces quatre délégations sont, souvent, très satisfaisants et ce pour les différentes variables de développement.

Toutefois, on doit noter l'existence de certaines délégations à Sousse dont le BIN est relativement faible avec un indice inférieur à 500, il s'agit de : Kondar, Enfidha et Sidi Elheni. Dans ces trois localités, certains indicateurs de développement sont nettement inférieurs au seuil national, et surtout nettement en dessous des scores enregistrés à Sousse. À titre d'exemple, on peut citer :

- le taux d'analphabétisme est compris entre 21 % et 28 % alors que le taux moyen du gouvernorat est de 13 % (6 % à Sousse Riadh et 7 % à Jawhra) ;

- le taux de chômage des cadres varie entre 20 % à Kondar et 23 % à Enfidha tandis que le taux moyen est de 15 % (10 % à Jawhra et à la Medina) ;

- la pauvreté touche plus de 20 % de la population dans ces délégations, alors qu'elle ne dépasse pas 5 % dans les différentes délégations les plus développées ;

- la proportion des ménages connectés est de 5 % à Kondar et Sidi Elheni, contre 37 % pour l'ensemble du gouvernorat et près de 60 % à Jawhra (pour le raccordement au réseau de l'ONAS, il est de près de 100 % dans les délégations de Sousse Ville contre moins de 5 % dans les communes sous-développées).

Pour la variable genre, l'analphabétisation féminine demeure élevée (36 %) à Sidi Elheni et à Kondar (près de 40 % dans les zones non communales). Il en est de même pour le chômage féminin notamment celui des cadres, avec un taux de 34 % à Sidi Elheni et 35 % à Enfidha (dans le milieu rural, le taux de chômage des diplômées du supérieur dépasse 41 % à Kalaa Sghira).

En ce qui concerne les zones rurales, les indicateurs sont nettement inférieurs au seuil national et régional. À ce titre, la proportion des ménages connectés chute à 3 % à Kondar et à 1 % à Kalaa Kebira. De même, la proportion des ménages possédant un ordinateur oscille entre 5 % et 3 %. Quant au taux de raccordement au réseau d'assainissement, il est seulement de 5 % à Hergla et à Kondar et de 4 % à Sidi Elheni. Pour les logements non équipés de toilette ou de SB, la proportion est relativement élevée à Sidi Elheni, avec 29 % pour les toilettes et 37 % pour la SB.

Cependant, et en dépit de toutes ces lacunes dans les délégations marginalisées de Sousse, les différents indicateurs de développement demeurent, dans la plupart des cas, relativement satisfaisants, ce qui explique le caractère attractif de la région qui enregistre un solde migratoire positif de près de 13 500 avec un nombre d'entrants qui dépasse 55 mille personnes.

- Le gouvernorat de Monastir

Étant une zone totalement urbanisée (le taux d'urbanisation est de 100 %), les indicateurs de développement du gouvernorat de Monastir sont parmi les meilleurs scores du pays. Le BIN régional est de 646 et il est supérieur à 600 dans la plupart des délégations. Le score de Monastir Ville est de 736 et il est l'un des plus élevés (avec Tunis, Ariana et Sousse).

Au niveau du marché de l'emploi, les taux de chômage (global et supérieur) sont parmi les moins élevés sur tout le territoire tunisien, avec des taux respectifs de 9 % et de 18 %. Il en est de même pour la pauvreté où le taux régional est de 8 % contre un taux de 15 % au niveau national. Pour l'analphabétisme, il est de 11 % dans le gouvernorat de Monastir (6 % au Centre-Ville) contre un taux national de près de 20 % et un taux dépassant 50 % dans plusieurs délégations intérieures.

Cela étant, on peut s'attendre à une attractivité importante de la région, avec un solde migratoire positif pour la quasi-totalité des délégations (le solde est de 8 768 selon le RGPH de 2014) et un nombre d'entrants qui avoisine 30 mille personnes.

Il faut noter, néanmoins, quelques lacunes dans certaines délégations du gouvernorat de Monastir. À titre d'exemple, et par rapport aux différents indices de la région, quelques délégations enregistrent des indicateurs nettement en deçà de la moyenne régionale :

- le taux d'analphabétisme féminin est relativement élevé à Zarmdin et à Beni Hassen (23 %). Dans ces deux délégations précisément, le taux de chômage des cadres est de 29 % et de 27 % respectivement, contre 13 % à Monastir Centre. Pour les femmes diplômées, ce taux est encore plus élevé puisqu'il concerne plus de 40 % des jeunes diplômées du supérieur à Zarmdin (32 % à Beni Hassen) ;

- concernant la connexion à internet, ce taux est de 51 % à Monastir Ville mais il chute à 20 % dans les deux communes sus-invoquées. Pour le raccordement au réseau d'assainissement, il est de 96 % au Centre-Ville et de 94 % à Bembla tandis qu'il ne dépasse pas 58 % et 55 % à Zarmdin et à Beni Hassen respectivement.

- Le gouvernorat de Mahdia

Le gouvernorat de Mahdia est le seul gouvernorat du Centre-Est qui a un BIN inférieur à la moyenne nationale. À l'exception de Mahdia Centre et d'Eldjem qui ont un BIN supérieur à 600 points, les autres délégations ont un BIN moyen et certaines communes ont même un indice faible inférieur à 500, il s'agit *d'Essouassi, de Meloulech et surtout Ouled Chamekh et Chorbane* dont le BIN n'a pas atteint 440.

Cette faiblesse du BIN (par rapport aux autres régions littorales) est inhérente à la baisse des différents indicateurs de développement, et ce notamment pour les délégations les plus défavorisées :

- le taux de pauvreté est le plus élevé dans toutes les régions littorales avec 21,1 % de la population, il avoisine le seuil de 30 % dans plusieurs délégations marginalisées ;

- le chômage des cadres est relativement élevé dans certaines communes, il est de 30 % à Ouled Chamekh et de 32 % à Meloulech ;

- le taux d'analphabétisme dépasse 31 % à Hebira et 33 % à Ouled Chamekh (contre 13 % à Mahdia Ville) ;

- pour la proportion des ménages connectés à internet, elle est inférieure à 8 % à Ouled Chamekh, Chorbene et Hebira. Dans ces trois délégations, le taux de raccordement au réseau ONAS est compris entre 2 % (à Hebira) et 6,6 % (ce taux est de 6 % aussi à Meloulech et Sidi Alouane).

En ajoutant le genre et le milieu, on peut avancer les remarques suivantes :

- pour l'analphabétisme, il est très élevé pour les femmes dans certaines délégations où il dépasse 42 % à Hebira et Ouled Chamekh. Dans les zones non communales de ces deux communes, le taux féminin oscille entre 45 % et 47 % ;

- pour le chômage global, le taux féminin est considérable dans quelques délégations notamment dans les zones rurales, il dépasse 38 % à Ouled Chamekh et il est même supérieur à 44,7 % à Chorbene. En ce qui concerne le chômage des femmes diplômées du supérieur, il est de 40 % à Ouled Chamekh et de 43 % à Chorbene et à Meloulech. Dans les zones rurales de ces trois délégations, il est de 44 % et il dépasse le seuil de 54 % à Chorbene ;

- concernant l'infrastructure et l'équipement, et comme à l'accoutumée, il est très faible dans la plupart des zones non communales des délégations défavorisées de Mahdia. À titre d'exemple, la proportion des ménages connectés est de 3 % à Ouled Chamekh, 2 % à Essouassi et 1 % à Hebira. Pour le raccordement au réseau ONAS, le taux est souvent compris entre 5 % et 7 % (2 % à Hebira). Même le taux relatif à l'eau potable (SONEDE), il est relativement faible dans quelques délégations telles que Hebira avec 58 % seulement.

Tous ces indicateurs expliquent le caractère répulsif du gouvernorat de Mahdia, qui est la seule région du Sahel à enregistrer un solde migratoire négatif (-2 481) avec un nombre de sortants qui dépasse 14 mille personnes.

- Le gouvernorat de Sfax

Le BIN du gouvernorat de Sfax est de 637, il est l'un des plus élevés du pays. Outre le taux de chômage qui est relativement faible (11,9 %), l'analphabétisme est aussi moyen (16 %) mais surtout la proportion de la population pauvre est l'une des moins élevées en Tunisie avec un taux de 5,8 %.

Toutefois, certaines délégations enregistrent un BIN très faible inférieur à 450 points, il s'agit de : *Bir Ali Ben Khlifa, Skhira et surtout de Ghraiba* où l'on trouve un indice de 394 seulement :

- pour Bir Ali Ben Khlifa, le taux d'analphabétisme est de 36 % mais le taux féminin est de 45 %. Quant au taux de chômage, il est de près de 20 % mais pour les femmes il est supérieur à 47 % (51,2 % en milieu non communal). Bien entendu, pour les diplômés du supérieur, le chômage est plus élevé avec un taux global de 37 %, un taux féminin de 52 % et qui dépasse 57 % dans le milieu rural. En ce qui concerne la proportion des ménages connectés à l'internet, elle est seulement de 6 % (2 % dans les zones rurales, 5 % pour la possession d'un ordinateur, 5 % pour le taux relatif à l'assainissement et seulement 27 % pour l'eau potable) ;

- pour la délégation de Skhira, il s'agit quasiment de la même situation, avec une très faible desserte pour le réseau d'assainissement (2 %) et pour l'eau potable (46 %) mais seulement 25 % dans le milieu rural. Pour le chômage, le taux global est nettement supérieur à la moyenne nationale (26,4 %) mais c'est surtout le taux féminin qui est considérable avec 50,6 %. Concernant les cadres, ce taux de chômage est de 41 % mais il dépasse 57 % pour les femmes notamment dans les zones rurales (plus de 60 %). Il en est de même pour l'analphabétisme féminin (un taux de 40 %, et près de 50 % dans le milieu non communal) ;

- concernant la délégation de Ghraiba, les indicateurs de développement sont encore plus faibles et ce pour toutes les variables socio-économiques. À titre d'exemple, le taux de chômage global est de 25,4 %, le taux féminin est de 45 %, le taux pour les cadres dépasse 37 % alors que le taux de chômage des femmes diplômées est supérieur à 51,7 %. Pour les conditions de vie, la proportion des ménages connectés ne dépasse pas 4 % (2,05 % dans les zones rurales) tandis que les taux relatifs au réseau d'assainissement et au gaz naturel sont négligeables. Concernant l'équipement "élémentaire" comme les toilettes ou la SB (ou la douche), la proportion des logements équipés est comprise entre 44 % et 53 %, mais elle chute (dans les zones non communales) à 32 % et à 43 % seulement.

Par ailleurs, le solde migratoire est négatif dans ces trois délégations ; il est, en revanche, légèrement positif dans l'ensemble du gouvernorat de Sfax, avec un solde de près de 5 mille et un nombre d'entrants qui dépasse 63 mille personnes.

I.5. L'indice du bonheur intérieur net (BIN) dans le Centre-Ouest

Dans cette section, on va calculer et analyser le BIN des différentes délégations des trois gouvernorats : Kairouan, Kasserine et Sidi Bouzid.

Tableau n° 6- L'indice du bonheur intérieur net (BIN) dans le Centre-Ouest

Délégation	**BIN**	Délégation	**BIN**	Délégation	**BIN**
Kairouan Nord	491	Kasserine Nord	503	Sidi Bouzid Ouest	510
Kairouan Sud	476	Kasserine Sud	**373**	Sidi Bouzid Est	402
Echbika	**382**	Ezzouhour	426	Jilma	**381**
Sebikha	**364**	Hassi Ferid	**343**	Cebalit Ouled Asker	**368**
El Oueslatia	**370**	Sebeitla	**395**	Bir Elhfey	415
Haffouz	**391**	Sebiba	**354**	Sidi Ali Ben Aoun	**362**
El Alaa	**371**	Djedeliane	**336**	Menzel Bouzaine	**315**
Hajeb El Ayoun	**381**	El Ayoun	**295**	Meknassy	405
Nasrallah	**377**	Thalla	**354**	Souk Jdid	**373**
Echrarda	**399**	Hidra	**365**	Mezzouna	**387**
Bouhajla	**356**	Foussana	**373**	Rgueb	451
Total (Gouvernorat)	411	Feriana	**379**	Ouled Haffouz	450
Total Tunisie	573	Majel Bel Abbes	**309**	Total (Gouvernorat)	428
		Total (Gouvernorat)	372		

Source : Élaborés par nos calculs, à partir des données de l'INS

- Le gouvernorat de Kairouan

Comme on l'a signalé dans des recherches précédentes[48], le Centre-Ouest est la région la moins développée du pays et ce tant pour Kairouan que pour Kasserine et Sidi Bouzid.

En commençant par Kairouan, on doit noter la très grande faiblesse des BIN dans la quasi-totalité des délégations, avec *9 communes sur 11 ayant un BIN inférieur à 400*. C'est le seul gouvernorat où l'on trouve un taux de pauvreté de 35 % dans l'ensemble de la région et une proportion des pauvres qui avoisine - ou parfois même dépasse - le seuil de 40 %.

La "décomposition" de l'indice selon les différentes variables socio-économiques peut expliquer cette situation de sous-développement :

- concernant l'analphabétisme, le taux dépasse 40 % dans la plupart des délégations, mais le taux féminin est beaucoup plus élevé, avec plus de 50 % dans plusieurs communes et 55,6 % à Bouhajla. Dans les zones rurales, le taux est légèrement plus important avec 55 % à Sebikha et Haffouz, 56 % à El Oueslatia et Hajeb El Ayoun et 58 % à Bouhajla ;

- en ce qui concerne le marché de l'emploi, le taux de chômage global est moyen dans l'ensemble de la région (16,9 %), mais il est très élevé pour le sexe féminin, avec des taux de 38 % à El Oueslatia, 40,9 % à Echrarda et 41,7 % à Nasrallah. Dans le milieu non communal, le taux est de 45,6 % à Hajeb El Ayoun. Pour les diplômés du supérieur, le taux de chômage est également élevé notamment pour les femmes, avec des taux dépassant 40 % à Nasrallah, 42 % à Bouhajla et Sebikha et avoisiant 50 % à Echbika (dans les zones rurales, ce taux dépasse souvent 45 % et il atteint 52 % et 53 % à Bouhajla et Echbika respectivement) ;

- pour les conditions de vie et l'équipement, l'absence totale de plusieurs services est remarquable dans certaines délégations. À titre d'exemple, le taux de raccordement au réseau ONAS est de *1 % à Echrarda, 6 % à Sebikha et de 0 % à Echbika et Nasrallah (ce taux*

[48] Cf. A. Bousnina, 2012, *Op.cit*, pp.157-193.

est de 0 % dans toutes les délégations du milieu non communal). Pour l'eau potable, la proportion est très faible dans la plupart des zones rurales avec des taux de 32 % à Nasrallah et de 17 % à El Oueslatia. Il en est de même pour la connexion à internet, avec des taux oscillant entre 2 % et 3 %, mais *qui sont inférieurs à 1 %* dans plusieurs zones rurales (entre 0,3 % à El Oueslatia et 0,95 % à Bouhajla) !

Même pour les équipements "élémentaires" (comme la SB ou les toilettes), plusieurs logements dans de nombreuses délégations en sont dépourvus, en particulier dans les zones non communales ; cette proportion dépasse 50 % à Bouhajla et elle est encore plus élevée à El Oueslatia (52 % pour les toilettes et 70 % pour la SB ou la douche) !

Pour toutes ces raisons, on ne peut trouver qu'un solde migratoire négatif dans le gouvernorat de Kairouan (-19 463) qui reflète le caractère répulsif de la région, avec un nombre de sortants assez important dépassant 34 mille personnes.

- Le gouvernorat de Kasserine

Si le gouvernorat de Kairouan comporte plusieurs délégations ayant un BIN inférieur à 400 points, la situation de Kasserine est encore pire avec de *nombreuses délégations ayant un BIN inférieur à 350, en l'occurrence Hassi Ferid, Djedeliane, Majel Bel Abbes et surtout El Ayoun qui a un BIN très faible inférieur même au seuil de 300.* Le BIN moyen de Kasserine est de 372, et on remarque que *sur 13 délégations, 11 ont un BIN inférieur à 400 points. Ceci confirme, encore une fois, que Kasserine est la région la moins développée et la plus marginalisée de la Tunisie.*

Plusieurs indicateurs sont très éloquents à cet égard :

- le taux de pauvreté est de 33 % dans la région mais il dépasse 40 % dans les communes les moins riches et les plus enclavées du gouvernorat ;

- pour le taux d'analphabétisme, il est de 45 % à El Ayoun et de 55 % à Hassi Ferid, mais il est considérable pour l'analphabétisation féminine (55 % à El Ayoun et *62 % à Hassi Ferid*) surtout dans les zones rurales où la proportion de la population illettrée dépasse souvent le seuil de 50 % ou de 60 % ;

- en ce qui concerne l'infrastructure et les conditions de vie, les différents indicateurs montrent une très grande faiblesse dans la quasi-totalité des délégations. À ce titre, la proportion des ménages connectés et celle possédant un ordinateur sont comprises entre 0,5 % et 1 % dans plusieurs délégations, en particulier dans le milieu rural (pour la connexion internet, et hormis Kasserine Ville et Foussana, ce taux est compris, dans les zones rurales, entre 0,3 % et 1,4 %) ! Concernant les services d'infrastructure, les indices sont très faibles non seulement pour le raccordement au réseau d'assainissement mais aussi pour l'eau potable : pour le réseau ONAS, *ce taux est de 0 % même dans le milieu urbain (Djedeliane, Hidra et Majel Bel Abbes). Dans les zones rurales, le taux est de 0 % dans toutes les délégations.* Pour l'eau potable, la desserte est encore faible avec un taux oscillant entre 26 % et 28 % à El Ayoun et Hassi Ferid (dans les zones non communales, ce taux est de 34 % pour l'ensemble du gouvernorat, ce qui signifie que *les 2/3 de la population, dans toutes les délégations, ne bénéficient pas encore de l'eau courante) !* Pour les équipements "élémentaires" (douche ou toilettes), plusieurs délégations enregistrent des proportions des logements "sans facilités" dépassant toutes les autres communes du pays. *À titre d'exemple, pour les logements sans toilettes, cette proportion est de 64 % à El Ayoun et de 68 % à Hassi Ferid ; pour les logements sans douche (ou SB), cette proportion dépasse 74 % à El Ayoun et 78 % à Hassi Ferid !*

- pour le chômage des cadres, ce taux dépasse 35 % dans plusieurs délégations et il est de 45 % à Majel Bel Abbes. Bien entendu, le taux féminin est encore plus élevé atteignant un niveau alarmant dans certaines localités, avec un taux de 51 % à Sbiba, Foussana et Feriana, de 57 % à Thalla et de 63 % à Majel Bel Abbes. Dans les zones rurales, le taux féminin est vraiment vertigineux dépassant 63 % à Sbiba, *74 % à Hidra et 77 % à Majel Bel Abbes* !

Enfin, et à l'instar de Kairouan (et de toutes les régions intérieures), le solde migratoire est négatif dans la quasi-totalité des délégations, répulsives par excellence, avec un solde de -12 134 et un effectif de sortants de plus de 22 mille individus.

- Le gouvernorat de Sidi Bouzid

Toutes les délégations de Sidi Bouzid enregistrent un BIN inférieur à la moyenne nationale. Le BIN moyen du gouvernorat est légèrement supérieur à 400, avec un taux de chômage des cadres qui dépasse 33 % des jeunes et une pauvreté qui touche près du quart de la population. Mais certaines délégations se distinguent par la grande faiblesse du *BIN qui est inférieur à 400, il s'agit de six délégations précisément, en l'occurrence : Jilma, Cebalit Ouled Asker, Sidi Ali Ben Aoun, Souk Jdid, Mezzouna et surtout Menzel Bouzaine qui enregistre un BIN de 315 seulement.*

Certaines caractéristiques développementistes peuvent être soulignées :

- concernant le chômage à Sidi Bouzid, il est très important en particulier pour les cadres, ce taux dépasse 44 % à Meknassy et à Menzel Bouzaine. Pour les femmes diplômées, il est évidemment plus élevé et il est, en moyenne, égal à 46,7 %. Dans certaines délégations, il dépasse 50 % (57 % à Meknassy) et parfois 60 % (61,7 % à Menzel Bouzaine), notamment dans les zones rurales où il atteint 60 % à Cebalit Ouled Asker et *même 70 % à Sidi Ali Ben Aoun et Menzel Bouzaine ;*

- pour les indicateurs éducatifs, le taux d'analphabétisme est supérieur à 35 % dans plusieurs délégations mais le taux féminin dépasse souvent 40 % et atteint 45 % à Jilma, Sidi Ali Ben Aoun, Menzel Bouzaine et Mezzouna (dans les zones rurales de ces quatre délégations, l'analphabétisme féminin oscille entre 50 % et 53 %) ;

- pour l'équipement et l'infrastructure, l'absence totale de certains services est notable dans plusieurs délégations. À cet égard, la proportion des ménages connectés à internet et le taux de possession d'un PC oscillent souvent entre 2 % et 9 % ; dans les zones rurales, le taux de connexion est même inférieur à 2 % à Ouled Haffouz, Sidi Ali Ben Aoun et Mezzouna (0,9 %) ! Concernant le raccordement au réseau d'assainissement, le taux est de 2 % à Mezzouna et Ouled Haffouz et de 1 % à Bir Elhfay et Menzel Bouzaine, de 0,8 % à Rgueb et de 0 % à Souk Jdid. *Dans les zones non communales, le taux est de 0 % dans toutes les délégations.* Même pour l'eau potable, certaines délégations en sont dépourvues, avec des taux très faibles surtout dans le milieu rural, avec une proportion de 28 % à Mezzouna et Rgueb et de 23 % à Menzel Bouzaine (pour le gaz naturel, il est totalement absent même dans les zones urbaines). En ce qui concerne les équipements 'élémentaires' (toilette ou SB), les logements équipés ne dépassent pas 45 % dans plusieurs cas (à Menzel Bouzaine par exemple, ce taux est de 40 % pour les toilettes et de 33 % pour la douche) ; cette proportion est évidemment très faible dans les zones rurales notamment à Mezzouna et à Menzel Bouzaine (dans cette dernière délégation, *la proportion des logements équipés est seulement de 24 % pour les toilettes et de 22 % pour la SB) !*

Tout comme Kairouan et Kasserine, la région de Sidi Bouzid est répulsive avec un solde migratoire négatif dépassant -7 800 (qui concerne quasiment toutes les délégations) et un nombre de sortants dépassant 20 mille personnes.

I.6. L'indice du bonheur intérieur net (BIN) dans le Sud-Est

Dans cette section, on va calculer et analyser le BIN des différentes délégations des trois gouvernorats : Gabes, Medenine et Tataouine.

Tableau n° 7- L'indice du bonheur intérieur net (BIN) dans le Sud-Est

Délégation	**BIN**	Délégation	**BIN**	Délégation	**BIN**
Gabes Medina	592	Médenine Nord	538	Tataouine Nord	509
Gabes Ouest	543	Médenine Sud	525	Tataouine Sud	492
Gabes Sud	652	Beni Khadech	441	Smar	467
Ghannouch	530	Ben Guerdane	500	Bir Lahmar	516
El Metouia	563	Zarzis	579	Ghomrassen	573
Menzel El Habib	**383**	Djerba Houmet Souk	659	Dhehiba	403
El Hamma	437	Djerba Midoun	619	Remada	**388**
Matmata	403	Djerba Ajim	588	Total (Gouvernorat)	502
La nouvelle Matmata	436	Sidi Makhlouf	**388**	**Total Tunisie**	**573**
Mareth	474	Total (Gouvernorat)	551		
Total (Gouvernorat)	533				

Source : Élaborés par nos calculs, à partir des données de l'INS

- Le gouvernorat de Gabes

Le BIN du gouvernorat de Gabes est moyen (533), il est légèrement inférieur à la moyenne nationale. On remarque que les deux délégations de Gabes Ville, à savoir Gabes Medina et Gabes Sud, enregistrent deux BIN supérieurs au seuil national.

Par contre, on doit noter l'existence de cinq délégations ayant un score faible inférieur à 500, il s'agit de Mareth, La Nouvelle Matmata, Matmata, El Hamma et surtout *Menzel El Habib qui a un BIN inférieur à 400* et qui enregistre des indices de développement non satisfaisants.

Ces cinq délégations enregistrent les caractéristiques socio-économiques suivantes :

- si le taux de pauvreté régional est de près de 16 %, il dépasse 20 % et même 30 % dans la plupart des délégations marginalisées de Gabes ;

- pour le taux d'analphabétisme, il est moyen en général, mais il dépasse 30 % dans quelques délégations. Le taux féminin est relativement plus élevé, avec une proportion d'analphabètes dépassant 38 % à Menzel El Habib et 40 % à Matmata (dans le milieu non communal, le taux est de 45 % à Matmata et de 47 % à La Nouvelle Matmata) ;

- le chômage des diplômés du supérieur est très élevé dans la plupart des délégations, il est en moyenne de 35 %, il est de 40 % à Menzel El Habib, Mareth et Matmata et il dépasse 45 % à El Hamma. Pour les femmes cadres, ce taux est considérable, il est en moyenne de 50 %, il dépasse 52 % dans les cinq délégations sus-citées et il est supérieur à 63 % à El Hamma et Menzel El Habib *(dans les zones rurales, ce taux dépasse 70 % à El Hamma et à La Nouvelle Matmata) !*

- en ce qui concerne l'infrastructure, les conditions de vie et l'équipement, on remarque que les différents indices sont souvent proches de la moyenne nationale, sauf dans les différentes délégations sous-développées du gouvernorat. À titre d'exemple, la proportion des ménages connectés à l'internet est de 28 % dans l'ensemble de la région mais elle chute à 5 % à Matmata et à 4 % à Menzel El Habib (1,9 % à Matmata dans les zones rurales). Il en est de même pour la possession d'un ordinateur (le taux régional est de 33 % mais il chute à 6 % à Menzel El Habib) et pour le raccordement au réseau d'assainissement où l'on trouve un taux moyen proche du seuil national (60,5 %) mais cette proportion est très faible dans quelques délégations, oscillant entre 2 % à Matmata et 5 % à Menzel El Habib (dans les zones non communales, ce taux est de 2 % à Gabes Ouest, à Matmata, à La Nouvelle Matmata et à Mareth). Pour les équipements élémentaires, le taux moyen du gouvernorat est de 91 % des logements équipés de toilettes et de 83 % équipés de SB (ou de douche), mais cette proportion est relativement faible dans quelques délégations notamment Menzel El Habib, avec des taux de 56 % (pour les toilettes) et de 41 % (pour la SB).

Notons, enfin, que le solde migratoire est légèrement négatif (-1 903), avec certaines délégations attractives (Gabes Sud) et d'autres répulsives (Gabes Ville), le nombre d'entrants et celui de sortants étant relativement proches (respectivement 22 mille et 24 mille).

- Le gouvernorat de Médenine

Comme la région de Gabes, le gouvernorat de Médenine enregistre un BIN moyen (551) très proche de la moyenne nationale, avec deux délégations qui se distinguent par un BIN supérieur à 600, en l'occurrence Djerba Houmet Souk et Djerba Midoun.

La situation est diamétralement opposée dans les deux communes les plus marginalisées du gouvernorat, Beni Khadech et surtout Sidi Makhlouf dont le BIN ne dépasse pas 388 :

- pour Beni Khadech, le taux d'analphabétisme est de 27,4 % et le taux féminin est de 33 %. Quant au chômage des cadres, il est relativement élevé puisqu'il dépasse 39 % tandis qu'il est supérieur à 55 % pour les femmes diplômées (64 % dans les zones rurales). Les indicateurs de communication sont encore plus faibles avec 5 % pour la proportion des ménages connectés à l'internet et 9 % pour la possession d'un ordinateur (3 % et 7 % respectivement dans les zones non communales). En ce qui concerne les services d'infrastructure, la desserte en eau potable est encore moyenne (64 %) alors que le raccordement au réseau de l'ONAS est totalement absent (0 %) ;

- pour Sidi Makhlouf, la proportion des analphabètes est de 30 % (pour les deux sexes) mais elle avoisine 38 % pour les femmes. Pour le chômage des diplômés du supérieur, il est très élevé dans cette délégation dépassant 48,7 % des jeunes et atteignant même les deux tiers des femmes cadres (66,6 %). En ce qui concerne la possession des moyens d'information et de communication, les indices sont très faibles à Sidi Makhlouf, avec une proportion de 6 % pour la connexion à l'internet et de 10 % pour l'ordinateur. Concernant quelques services d'infrastructure, le raccordement à l'eau potable (SONEDE) touche 65 % des logements tandis que le service d'assainissement (ONAS) est absent (un taux de 0 % comme à Beni Khadech). On doit noter aussi que la proportion des logements équipés de facilités (SB ou toilette) est la moins élevée du gouvernorat avec un taux de 63 % seulement pour les logements équipés de toilette par exemple.

Enfin, le solde migratoire dans le gouvernorat de Médenine diffère nettement selon la délégation concernée (ce qui explique l'équilibre relatif entre les entrants et les sortants), avec un solde négatif à Ben Guerdane et Beni Khadech et une certaine attractivité à Djerba Houmet Souk et Djerba Midoun qui enregistrent un solde positif de près de 4 mille personnes.

- Le gouvernorat de Tataouine

En dépit de l'existence de plusieurs indicateurs (éducatifs et d'équipement) relativement satisfaisants dans le gouvernorat de Tataouine (des indices proches ou parfois supérieurs à la moyenne nationale), le BIN moyen est nettement inférieur au seuil national avec un indice de 502 seulement (hormis Ghomrassen qui a un BIN de 573, toutes les autres délégations ont un indice compris entre *388 à Remada* et 516 à Bir Lahmar). Le facteur explicatif fondamental de la faiblesse du BIN est inhérent surtout à l'augmentation considérable du taux de chômage (global et supérieur) :

- pour la pauvreté, le taux régional est égal au taux national (15 %) mais il dépasse 20 % dans les deux délégations les plus marginalisées de la région, en l'occurrence Dhehiba et Remada ;

- concernant le taux d'analphabétisme, il est très proche de la moyenne nationale, mais il est relativement élevé pour les femmes (27 % à Remada et 32 % à Smar) notamment dans les zones rurales (34 % à Tataouine Nord et à Bir Lahmar) ;

- en ce qui concerne l'équipement et l'infrastructure, les indices sont souvent moyens mais ils sont faibles dans certaines délégations notamment Remada. À titre d'exemple, la proportion des ménages connectés à l'internet est de 24 % au niveau régional alors qu'elle est seulement de 9 % à Remada. Pour le raccordement à l'ONAS, le taux est de 63 % à Tataouine Nord (40 % dans l'ensemble du gouvernorat) mais il est de *0 % à Smar, Bir Lahmar, Dhehiba et Remada* (pour les équipements élémentaires, la proportion des ménages équipés est moyenne, mais elle est relativement faible dans les zones rurales ; par exemple, le taux des logements équipés de toilette est seulement de 54 % à Bir Lahmar ; pour la SB ou la douche, cette proportion est inférieure à 45 % à Remada) ;

- pour le chômage, le taux est l'un des plus élevés sur tout le territoire tunisien et il dépasse 42 % à Dhehiba. Concernant les diplômés du supérieur, il est considérable dépassant 40 % à Tataouine Sud, Bir Lahmar et Dhehiba. Pour les femmes cadres, il est en moyenne égal à 51,7 % et il dépasse 55 % à Bir Lahmar et 56 % à Tataouine Sud ; dans les zones rurales, il atteint un niveau colossal de *près de 70 % à Remada et de 71 % à Tataouine Sud* (dans le milieu non communal, le taux féminin moyen est de 60,4 %).

I.7. L'indice du bonheur intérieur net (BIN) dans le Sud-Ouest

Dans cette section, on va calculer et analyser le BIN des différentes délégations de trois gouvernorats : Gafsa, Tozeur et Kebili.

Tableau n° 8- L'indice du bonheur intérieur net (BIN) dans le Sud-Ouest

Délégation	**BIN**	Délégation	**BIN**	Délégation	**BIN**
Gafsa Nord	**357**	Tozeur	585	Kebili Sud	484
Sidi Aich	**384**	Degach	516	Kebili Nord	512
El Ksar	511	Tameghza	457	Souk El Ahad	466
Gafsa Sud	548	Nafta	548	Douz Nord	516
Om Elaraies	**394**	Hazoua	478	Douz Sud	484
Redeyef	425	Total (Gouvernorat)	543	Faouar	**393**
Metlaoui	476			Total (Gouvernorat)	482
Mdhila	457			Total (Tunisie)	**573**
El Gtar	464				
Belkhir	407				
Sned	**372**				
Total (Gouvernorat)	459				

Source : Élaborés par nos calculs, à partir des données de l'INS

- Le gouvernorat de Gafsa

Aucune délégation du gouvernorat de Gafsa n'atteint le BIN national, et hormis deux communes, toutes les autres délégations ont un BIN inférieur à 500, il y a même *quatre localités ayant un indice inférieur à 400, en l'occurrence Gafsa Nord, Sidi Aich, Om Elaraies et Sned.*

À l'instar de Tataouine, les différents indicateurs de développement sont moyens et parfois satisfaisants, mais le chômage (global et supérieur) est considérable ce qui affecte directement les différents indices synthétiques :

- le taux d'analphabétisme est légèrement supérieur au taux national, mais il dépasse 35 % à Gafsa Nord et à Belkhir. Pour les femmes, l'analphabétisation est évidemment plus élevée avec un taux de 44 % à Sned et de plus de 45 % à Gafsa Nord et à Belkhir (dans les zones rurales, ce taux avoisine 50 % à Sned et dépasse 45 % dans la plupart des délégations) ;

- si le taux de chômage des cadres est de 36 % à Tataouine, il dépasse 41,5 % à Gafsa (en moyenne) et il est supérieur à 52 % à Redeyef, Metlaoui et surtout à Om Elaraies où il dépasse 56 %. Pour les femmes diplômées du supérieur, le chômage atteint des niveaux invraisemblables avec un taux moyen de 55 % et une proportion qui *dépasse 60 % dans cinq délégations, avec un taux de 69 % à Redeyef, 70 % à Gafsa Nord et 70,7 % à Om Elaraies*. Dans les zones rurales, le chômage des femmes cadres est encore plus élevé, avec un taux moyen de 62,8 % et une proportion des sans-emploi dépassant 70 % dans quatre délégations : Gafsa Nord et Gafsa Sud, *El Gtar (73 %) et surtout Redeyef avec 76,4 % !*

- en ce qui concerne les conditions de vie et l'équipement, on remarque que les indices sont souvent faibles dans certaines délégations, notamment Gafsa Nord, Sidi Aich, Sned et Belkhir. À titre d'exemple, la proportion des ménages connectés oscille entre 4 % et 8 % dans ces communes, où l'on trouve également un faible taux pour la possession d'un ordinateur (entre 6 % et 9 %). Dans les zones non communales, ces deux proportions chutent à 1 % et à 2 % respectivement (à El Ksar par exemple). Pour le raccordement au réseau d'assainissement et à l'eau potable, les indicateurs sont très faibles dans quelques délégations : pour la SONEDE, le taux est seulement de 31 % à Gafsa Nord et de 39 % à Belkhir ; pour l'ONAS, le taux est de 5 % à Gafsa Nord et à Sned et il est de *0 % à Sidi Aich et à Belkhir*. Même pour la SB ou la douche, certaines délégations en sont dépourvues avec des proportions très limitées notamment dans les zones rurales (seulement 27 % et 20 % des logements à Gafsa Sud et à El Ksar respectivement).

Bien entendu, le solde migratoire est négatif dans la plupart des délégations de Gafsa, ce solde est de -6 180 avec un nombre de sortants assez élevé avoisinant 20 mille personnes.

- Le gouvernorat de Tozeur

Le BIN du gouvernorat de Tozeur est moyen et très proche de la moyenne nationale, celui de Tozeur Ville est le plus élevé et il avoisine 600 points, ceux de Degach et de Nafta oscillent entre 516 et 548.

Cependant, les indices de Tameghza et de Hazoua sont relativement faibles (inférieurs à 500) et ce pour la plupart des variables de développement :

- si la proportion des analphabètes est de 15 % dans la région, elle est de 23 % dans ces deux délégations et elle dépasse 32 % pour le sexe féminin (dans les zones rurales, l'analphabétisation est importante avec un taux féminin de 40 % à Tameghza et de 53 % à Nafta) ;

- pour le chômage, le taux global est quasiment égal à la moyenne nationale (15 %) mais il est très élevé pour les femmes notamment à Tameghza (40 %), surtout dans les zones non communales (55,4 %). Pour les diplômés du supérieur, le taux est de 35 % à Tameghza et de 30 % à Hazoua, mais pour les femmes cadres, il touche toutes les délégations avec un taux moyen de 35 % *(à Tameghza, ce taux est de 55,5 % dans les zones rurales pour les deux sexes et de 78 % pour les femmes) ;*

- concernant l'infrastructure et l'équipement, si les indices sont souvent proches de la moyenne nationale, Hazoua et Tameghza enregistrent des taux inférieurs au seuil régional et national. À ce titre, le taux de la connexion internet varie entre 6 % et 8 % dans ces deux délégations, la proportion des logements ayant un raccordement au réseau ONAS est de 13 % et de 8 % respectivement (pour l'assainissement, le taux est de 0 % dans les zones rurales de Degach, Tameghza et Nafta). Pour les logements équipés de facilités, le taux est relativement élevé dans les zones urbaines (98 % pour les toilettes et 87 % pour la douche) mais il est très faible dans le milieu rural notamment à Nafta, avec seulement 9 % pour les toilettes et 5,7 % pour la salle de bain !

Enfin, on doit noter qu'à cause de la faible mobilité migratoire, le solde du gouvernorat de Tozeur est très faible (-149), et l'on trouve un certain équilibre entre les effectifs des sortants et le nombre des entrants (les deux étant de près de 4 800 individus).

- Le gouvernorat de Kebili

Tous les BIN des différentes délégations de Kebili sont inférieurs à la moyenne nationale. Le BIN régional est inférieur à 500, ce qui est aussi le cas pour les autres délégations (à l'exception de Kebili Nord et Douz Nord qui enregistrent un BIN légèrement supérieur à 500 mais qui est nettement inférieur au seuil national). La commune de *Faouar* se distingue par un BIN très faible qui est seulement de 393 points. L'analyse des différentes variables de développement à Kebili nous montre surtout les points suivants :

- le chômage (global et supérieur) constitue la problématique centrale dans le gouvernorat, notamment pour les diplômés du supérieur. Ce taux est de 44 % à Faouar et de 46 % à Kebili Sud ; pour les femmes cadres, il est très élevé avec un *taux moyen de 53,5 %* et une proportion des « sans-emploi » avoisinant 60 % à Souk El Ahad et 63 % à Faouar *(dans les zones rurales, le taux moyen est de 63 %, avec un taux de chômage féminin de 63 % à Souk El Ahad et à Faouar et de 66,5 % à Kebili Sud) ;*

- pour les indicateurs éducationnels, le taux régional d'analphabétisme est quasiment égal à la moyenne nationale (19 %) mais il dépasse 26 % à Faouar et 31 % pour les femmes dans la même délégation (pour le sexe féminin, il est en moyenne de 27 % dans les zones rurales) ;

- en ce qui concerne l'équipement et les conditions de vie, les indicateurs sont moyens en général, mais dans quelques délégations (notamment Faouar) les indices sont en dessous du seuil national. À titre d'exemple, le taux de raccordement au réseau d'assainissement est de

53 % à Douz Nord et de 56 % à Kebili Nord alors qu'il ne dépasse pas 7 % à Faouar et 8,8 % à Souk El Ahad (bien entendu, dans les zones rurales, ce service est totalement absent et le taux est de 0 %). Pour la proportion des ménages connectés, le taux est de 26 % pour l'ensemble du gouvernorat tandis qu'il est inférieur à 10 % à Faouar (il en est de même pour la possession d'un ordinateur avec des taux respectifs de 32 % et de 13 %).

À l'instar du gouvernorat de Tozeur, et en prenant en considération la faiblesse de la mobilité de la population, le solde à Kebili est également très faible (-492), et on trouve un équilibre relatif entre les sortants (6 766) et les entrants (6 274).

Tableau n° 9. Les 25 dernières délégations du classement selon l'indice du BIN

Délégation et rang	BIN
240- El Ouslatia	370
241- Ain Drahem	368[49]
242-Cebalit Ouled Asker	368
243-Hidra	365
244-Sbikha	364
245- Sidi Ali Ben Aoun	362
246- Ghardimaou	360
247-Gafsa Nord	357
248- Errouhia	357
249-Nefza	356
250- Bouhajla	356
251-Sbiba	354
252-Thalla	354
253- Djoumine	353
254- Balta Bou Aouane	352
255-Goubellat	344[50]
256-Amdoun	343
257- Hassi Ferid	343
258-Saouef	341
259-Oued Mliz	339
260- Djedeliane	336
261- Menzel Bouzaine	315
262- Fernana	311
263- Majel Bel Abbes	309
264-El Ayoun	295

Source : Élaborés par nos soins, à partir de nos calculs du BIN

[49] À partir de cette délégation, le BIN est inférieur à 370.
[50] À partir de cette délégation, le BIN est inférieur à 350.

II. L'analyse factorielle ou l'Analyse en Composantes Principales (ACP)

L'Analyse factorielle en Composantes Principales nous facilite l'élaboration d'un coefficient global de développement qui peut exprimer le niveau de développement atteint par chaque gouvernorat et surtout par chaque délégation. L'analyse de l'ACP en 2014-2015 nous fournit d'autres informations sur la classification régionale et sur la qualité de l'analyse factorielle.

Les variables utilisées concernent les différents domaines relatifs au développement humain et socio-économique, en l'occurrence l'éducation, l'économie et le niveau de vie. Il s'agit, entre autres, des variables suivantes :

- l'emploi et l'emploi supérieur
- l'alphabétisation et la scolarisation (globale et supérieure)
- les indices du chômage (global et supérieur)
- les indicateurs relatifs à l'infrastructure, notamment la proportion des ménages reliés au réseau d'assainissement (ONAS), la desserte en eau courante (SONEDE)
- quelques indicateurs de l'équipement (notamment la connexion à internet, la possession de quelques biens…).

D'abord, la qualité de représentation permet de répondre à la question : dans quelle mesure nos variables de départ sont-elles prises en compte par les variables extraites ou les facteurs ? Ainsi, la qualité de représentation de la variable EMPLOI est de 0.922, cela veut dire que près de 93 % de la variance de cette variable est prise en compte par l'un des facteurs extraits. Il en est de même pour la plupart des variables dont une part importante de la variance sera prise en compte par les facteurs que nous allons retenir.

Quant à la matrice des composantes, elle contient les coefficients de saturation qui s'interprètent comme des coefficients de corrélation. La corrélation entre le premier facteur de l'ACP et la plupart des variables est très élevée. Cette corrélation dépasse 0,9 pour plusieurs variables telles que la connexion à internet, la scolarisation ou l'alphabétisation. Elle est aussi de 0,8 pour la proportion des ménages reliés au réseau d'assainissement (ONAS) ou la desserte en eau courante (SONEDE). Néanmoins, elle est moyenne pour la variable Emploi (0.55).

Le premier facteur de l'ACP, qui exprime le niveau du développement socio-économique, résume l'essentiel des données (70,4 %), les autres composantes de l'ACP expriment respectivement 14,2 % et 5,1 %. Ces trois facteurs restituent plus de 89,7 % de la variance en 2014-2015.

L'examen des scores des délégations et des gouvernorats sur le facteur I nous facilite l'analyse du degré de développement de chaque délégation et de chaque région. Les scores factoriels nous permettent de bien voir la hiérarchie régionale et le classement des délégations en fonction de leurs scores et de leur niveau de développement.

Pour alléger le texte, nous avons transféré les tableaux relatifs aux différents scores factoriels régionaux ACP (pour tous les gouvernorats et pour toutes les délégations) à l'annexe n° 2 ; dans les paragraphes suivants, nous avons laissé seulement l'analyse (très succincte) des résultats du calcul des scores factoriels (cf. l'annexe n° 2 pour voir les différents indices factoriels ACP dans les 264 délégations).

II.1. Le score factoriel régional au District de Tunis

Pour le gouvernorat de Tunis, quelques délégations ont des scores positifs supérieurs à 2, il s'agit de Bab El Bhar, Cité El Khadra, La Goulette et surtout El Menzah qui enregistre un score ACP supérieur à 2,5 (le score le plus élevé dans tous les gouvernorats). Par contre, Sijoumi et Sidi Hassine sont caractérisées par un score relativement faible proche de 0, mais c'est un score qui reste positif et supérieur à 0,3 (contrairement à plusieurs communes intérieures ayant souvent un indice négatif).

Il en est de même pour le gouvernorat d'Ariana où tous les scores ACP sont positifs mais ils diffèrent selon la délégation, puisque Ariana Ville enregistre un indice supérieur à 2,4 tandis que la délégation de Sidi Thabet a un score inférieur à 0,3.

Cependant, le gouvernorat de Ben Arous enregistre des scores relativement proches dans la plupart des délégations, sauf Ezzahra et El Mourouj qui ont un indice proche de 2 contrairement à Mornag dont le score est égal à 0,355.

Dans le District de Tunis, le gouvernorat de Manouba est le seul où l'on trouve des scores ACP négatifs ce qui confirme la marginalisation et le sous-développement de plusieurs délégations dans la région, il s'agit de Borj Amri et d'El Battane ayant des scores factoriels respectifs de -0.349 et de -0,402.

II.2. Le score factoriel régional au Nord-Est

Contrairement au District de Tunis, on remarque, pour le Nord-Est, l'existence de plusieurs délégations sous-développées enregistrant des scores négatifs nettement inférieurs à 0.

Si Nabeul (Centre) enregistre un score ACP important (1,37), la situation est peu satisfaisante dans d'autres délégations du gouvernorat, notamment El Houaria et Takelsa dont l'indice est inférieur à 0,4.

Pour Bizerte, la situation de certaines délégations est plus préoccupante et relativement grave, avec un indice synthétique inférieur à -1,2 à Ghezalla et surtout des scores de -1,4 et de -1,5 respectivement à Djoumine et à Sedjnane. Mais on doit noter que la plupart des communes ont souvent un score positif notamment Zarzouna (1,05) et Bizerte Nord (1,45).

Par contre, le score global de Zaghouan est négatif (-2,23), et sur les six délégations du gouvernorat, quatre communes enregistrent des scores négatifs, dont on cite particulièrement Ennadhour et Saouaf qui ont des scores ACP très faibles de -1,16 et de -1,39.

II.3. Le score factoriel régional au Nord-Ouest

Comme on l'a analysé dans le chapitre précédent, les différents indices (dans tous les gouvernorats et dans toutes les délégations du Nord-Ouest) sont nettement inférieurs à la moyenne nationale et ce dans les différents secteurs socio-économiques et pour les différentes variables du développement.

Subséquemment, on trouve que la quasi-totalité des délégations ont des scores négatifs *(sur 40 délégations, seulement 7 localités enregistrent un score ACP positif).*

Mais certaines délégations "se distinguent" par leur sous-développement remarquable. À titre d'exemple, dans le gouvernorat de Béja, les délégations de Nefza et de Goubellat ont des indices inférieurs à -1. Il en est de même pour Nebeur au Kef et pour Errouhia et Bourouis à Siliana.

Pour les différentes délégations de Jendouba, la situation est encore plus grave. En effet, et à l'exception de Jendouba Ville, toutes les autres localités ont des scores factoriels négatifs, notamment Ghardimaou, Oued Mliz et Balta Bou Aouane (inférieur à -1,3) et surtout Fernana dont le score ACP avoisine le seuil de -2.

II.4. Le score factoriel régional au Centre-Est

Contrairement au Nord-Ouest, la quasi-totalité des délégations du Centre-Est enregistrent des scores factoriels positifs, et ce à l'exception de quelques communes sous-développées.

Dans le gouvernorat de Sousse, les deux délégations de Medina et Jawhra sont les mieux nanties avec un score ACP proche de 2, tandis que Kondar et Sidi Elheni enregistrent des scores factoriels négatifs de -0,6.

En ce qui concerne Monastir, c'est vraisemblablement le seul gouvernorat (avec le District de Tunis, sauf Manouba) où l'on remarque l'absence totale des indices négatifs puisque toutes les délégations enregistrent des scores positifs oscillant entre 0,1 à Zarmdine et 1,8 à Monastir Ville.

La situation est diamétralement opposée dans l'autre gouvernorat du Sahel, en l'occurrence Mahdia, où toutes les délégations (hormis Mahdia Centre) sont caractérisées par un sous-développement indéniable attesté par des scores factoriels négatifs avoisinant -1 à Ouled Chamekh et à Chorbene.

La situation "médiane" est celle de Sfax où l'on trouve un certain "équilibre" entre les délégations (7 enregistrent un score positif et 9 un score négatif), mais où certaines localités se distinguent par une nette marginalisation avec des scores factoriels très faibles, notamment Skhira (-1,48) et Bir Ali Ben Khlifa (-1,66).

II.5. Le score factoriel régional au Centre-Ouest

Si dans le Nord-Ouest, on a noté l'existence de 7 scores positifs seulement, dans le Centre-Ouest, la situation est encore plus grave puisque 3 délégations seulement sur 36 ont un score factoriel supérieur à zéro.

Dans le gouvernorat de Kairouan, les deux communes du Centre-Ville ont des indices positifs alors que toutes les autres délégations ont un score négatif qui est toujours inférieur à -1 et qui dépasse -1,3 à Nasrallah et Echrarda et -1,6 à Bouhajla.

La situation est encore pire en ce qui concerne Kasserine puisque, à l'instar de Kairouan, la totalité des communes ont des scores factoriels négatifs (hormis Kasserine Nord) mais ce qui est remarquable c'est la faiblesse des indices dans certaines délégations où l'on trouve des scores ACP inférieurs à -1,4 à Sbiba et Majel Bel Abbes et surtout des scores en dessous de -1,66 à Hassi Ferid et -1,85 à El Ayoun.

Il en est de même pour Sidi Bouzid où toutes les délégations, sans exception, enregistrent des scores factoriels négatifs et où l'on remarque que, sur 12 délégations, il y a 10 communes qui ont un indice inférieur à -1 (notamment Souk Jdid avec -1,58 et Menzel Bouzaine avec -1,64) ce qui reflète la nette marginalisation de la région et son sous-développement indéniable.

II.6. Le score factoriel régional au Sud-Est

La situation développementiste au Sud-Est peut être qualifiée de moyenne : elle n'est ni celle de Monastir ou de Tunis ni, par contre, celle de Kasserine ou de Sidi Bouzid. On trouve un certain "équilibre" entre les délégations développées et les communes sous-développées.

À titre d'exemple, dans le gouvernorat de Gabes, sur les 10 délégations, on trouve cinq qui enregistrent un score positif et cinq autres ayant un score factoriel négatif. Mais, on doit noter, à cet égard, le sous-développement relatif de certaines délégations caractérisées par un indice très faible, notamment Menzel El Habib, Matmata et la Nouvelle Matmata (score inférieur à -1).

Cette situation est quasiment similaire à celle de Médenine où Djerba Houmet Souk et Djerba Midoun enregistrent un score factoriel positif, contrairement à Beni Khadech (-1,5) et surtout Sidi Makhlouf où l'on trouve le score ACP le plus faible de la région (-1,385).

Toutefois, il est à souligner que la situation de Tataouine est relativement défavorisée au Sud-Est par rapport aux autres gouvernorats, puisque la quasi-totalité de ses délégations enregistrent des scores factoriels négatifs, avec des indices inférieurs à -1 à Dhehiba, à Smar et à Remada.

II.7. Le score factoriel régional au Sud-Ouest

À l'instar de la quasi-totalité des délégations intérieures, les communes du Sud-Ouest sont caractérisées par des scores factoriels nettement inférieurs à la moyenne nationale et qui sont négatifs dans la plupart des cas.

Ceci concerne en particulier le gouvernorat de Gafsa où l'on trouve 9 délégations sur 11 ayant un score négatif, dont cinq délégations ayant un score ACP inférieur à -1 (notamment Gafsa Nord avec -1,65, Sidi Aich et Belkhir avec -1,3).

Pour le gouvernorat de Kebili, et sur six délégations, quatre localités enregistrent un score négatif, avec un indice factoriel relativement faible à Faouar (-1,283).

La situation développementiste à Tozeur est relativement plus satisfaisante avec un score positif de 0,7 à Tozeur Centre et de 0,6 à Nafta, mais les autres délégations sont caractérisées par un score factoriel négatif, bien qu'il soit moyen oscillant entre -0,1 et -0,9.

Chapitre IV

L'IDH par délégation et les principales causes et explications de l'inégalité locale

Dans ce chapitre, on va essayer de calculer les indices synthétiques de développement humain, ou les IDH synthétiques, dans toutes les délégations de la Tunisie, soit 264 délégations dans les 24 gouvernorats et les sept districts du pays : le District de Tunis, le Nord-Est, le Nord-Ouest...

Puis, on va procéder à **l'analyse des principaux facteurs et des différentes causes et explications des inégalités locales**, en focalisant l'intérêt sur les causes les plus importantes de la prospérité ou de la marginalisation, du développement ou du sous-développement des principales délégations.

Mais certaines remarques *d'ordre méthodologique* s'imposent :

- l'IDH (ou l'Indicateur du Développement Humain) est un indicateur de synthèse qui permet de mesurer l'évolution des indices socio-économiques et qui reflète les progrès réalisés en particulier en matière de développement humain. *Cet IDH classique* représente la moyenne arithmétique des trois composantes suivantes : l'indice économique ou du niveau de vie (représenté par le PIB par habitant en termes de parité de pouvoir d'achat), l'indice d'éducation (mesuré par une moyenne pondérée aux deux tiers du taux d'alphabétisation des adultes et à un tiers du taux de scolarisation à tous les niveaux) et l'indice de longévité (mesuré par l'espérance de vie) ;

- on a utilisé notre propre approche[51] basée sur le calcul d'un ISDH ou d'un indice synthétique de développement humain (ou un IDH synthétique), car l'indice synthétique prend en considération l'aspect multiforme de la problématique du développement et intègre les différentes manifestations de la réalité (l'économique, le social, l'infrastructure...). C'est pourquoi on a calculé la moyenne de sept indices : on a intégré deux indices relatifs à l'emploi et au chômage (le chômage global et le chômage des diplômés du supérieur), deux

[51] Cf. pour plus de détails, Bousnina Adel, Le développement humain en Tunisie : spécificités et performances économiques et sociales, *Revue Tunisienne de Sciences Sociales R.T.S.S* n°130, CERES, Tunis, 2006, pp. 143-145. Cf. aussi notre ouvrage : A. Bousnina, 2012, *Op.cit*, pp.91-95.

indices relatifs à l'éducation (l'alphabétisme et la scolarisation supérieure) et trois indices relatifs à l'infrastructure et à l'équipement (le raccordement des logements au réseau d'eau potable (SONEDE), le raccordement au réseau d'assainissement (ONAS) et la proportion des ménages connectés à internet) ;

- pour le calcul de l'IDH, la méthode est basée évidemment sur le calcul des indices en prenant en considération les valeurs minimales et maximales. Les indices se calculent sur la base de la formule suivante : Indice = (Valeur réelle – valeur minimale)/(valeur maximale - valeur minimale). L'indice économique a été approximé par l'indice du chômage à cause de l'indisponibilité des données sur le revenu ou sur la dépense par personne ou par ménage dans les différentes délégations :

L'indice économique (ou indice de l'emploi) = 1- indice du chômage (Indice du chômage= valeur réelle (ou taux du chômage) - valeur minimale (0)/valeur maximale (50)- valeur minimale (0). Donc l'indice économique est égal à : 1- (T. chômage/50).

Bien entendu, on ne peut pas étudier et analyser les indices de toutes les délégations (264), c'est pourquoi on a choisi dans chaque gouvernorat les indices les plus significatifs et les indicateurs les plus éloquents, notamment dans les délégations les plus défavorisées et les localités les plus marginalisées (ceci concerne tant la description que l'analyse des explications et des facteurs du développement ou du sous-développement dans les principales délégations dans chaque gouvernorat).

I- L'IDH et les inégalités locales au District de Tunis

Dans cette section, on va calculer et analyser l'IDH synthétique des différentes délégations de quatre gouvernorats : Tunis, Ariana, Ben Arous et Manouba.

Tableau n° 10- L'IDH synthétique dans les délégations du gouvernorat de Tunis

Délégation	I. de l'emploi[52]	I. de l'emploi supérieur[53]	T. d'alphab[54]	SCOL. SUP[55]	INTERNET[56]	SONEDE[57]	ONAS[58]	**IDH[59]**
Carthage	782	798	913	689	586	970	980	817
Medina	719	651	863	503	389	962	981	724
Bab El Bhar	806	824	941	683	581	963	988	826
Bab Souika	701	684	870	576	418	957	985	742
El Omrane	673	750	857	521	415	968	984	738
El Omrane supérieur	677	656	894	599	466	966	986	749
Ettahrir	705	698	914	606	547	969	987	775
El Menzah	875	891	956	759	810	967	989	**892**
Cité El Khadra	846	865	927	700	685	965	989	854
Le Bardo	745	761	910	663	564	968	982	799
Sijoumi	560	380	806	387	239	972	989	**619**
Ezzouhour	725	627	873	533	405	966	986	731
Elhrairia	660	582	873	464	352	964	976	696
Sidi Hassine	671	455	844	342	190	946	873	**617**
El Ourdia	679	697	887	531	436	971	982	740
El Kabaria	632	619	877	494	421	965	980	712
Sidi El Béchir	694	704	873	586	453	968	982	751
Djebel Jelloud	553	492	814	391	240	951	975	631
La Goulette	826	865	948	658	696	963	986	854
Le Kram	768	823	910	540	549	966	983	791
La Marsa	820	836	907	547	555	966	967	800
Total (Gouvernorat)	722	750	888	543	469	964	972	758
Total (Tunisie)	704	599	807	409	287	846	614	609

Source : Élaborés par nos calculs, à partir des données de l'INS (RGPH 2014)

L'IDH synthétique du gouvernorat de Tunis est nettement supérieur à la moyenne nationale, la plupart des délégations enregistrent des IDH supérieurs à 700 voire 800 (Bab El Bhar, Carthage, La Marsa, La Goulette et Cité El Khadra).

Cependant, l'analyse par délégation montre des disparités très importantes entre la délégation d'El Menzah (dont l'indice avoisine 900) et les deux délégations de *Sijoumi et Sidi Hassine* avec un indice proche de 600. Si les différences au niveau des indicateurs de

[52] Indice de l'emploi global (intégrant le taux de chômage général).
[53] Indice de l'emploi supérieur (intégrant le taux de chômage des diplômés du supérieur).
[54] Taux d'alphabétisme de la population (10 ans et plus).
[55] Taux de scolarisation au supérieur de la population (19-24 ans).
[56] Proportion des ménages connectés à internet.
[57] Taux de raccordement des logements au réseau d'eau potable (SONEDE).
[58] Taux de raccordement des logements au réseau d'assainissement (ONAS).
[59] La moyenne des 7 indicateurs (Référence 1000, pour l'IDH et les autres indices).

l'infrastructure (eau, assainissement…) ne sont pas flagrantes, les inégalités au niveau du chômage et du marché de l'emploi sont remarquables et elles ont un impact direct sur l'IDH dans les différentes délégations.

À cet égard, l'indice de l'emploi supérieur dépasse 891 à El Menzah alors qu'il est inférieur à 380 à Sijoumi et à 455 à Sidi Hassine (il en est de même pour l'emploi global). Ceci est inhérent à la faiblesse de l'activité économique dans quelques délégations, au sein de la Capitale de la Tunisie, où l'on trouve des quartiers et des localités caractérisés par une réelle marginalisation sociale et une faible intégration économique, avec des taux de chômage très élevés dans certaines délégations, notamment pour les diplômés du supérieur (ce taux dépasse 30,9 % à Sijoumi, 27 % à Sidi Hassine et 25 % à Djebel Jelloud, contre 5 % à El Menzah).

À noter, enfin, les inégalités considérables au niveau des taux de connexion à l'internet (81 % à El Menzah contre 18 % à Sidi Hassine) et également des taux de scolarisation supérieure (75 % et 34 % respectivement).

Bien que Tunis soit la principale zone industrielle du pays (avec le Sahel et Sfax), les disparités locales demeurent importantes ce qui explique la faiblesse de l'emploi dans certaines délégations. Ainsi, « l'inadéquation entre l'offre et la demande, la distorsion dans l'espace créent des déplacements très longs entre domicile et travail [...]. Il y a là le problème de *l'équilibre interzonal* dans le grand Tunis qui suppose une politique d'aménagement et de planification spatiale mettant l'accent sur un freinage des implantations dans le Sud, sur l'équipement prioritaire des zones déficitaires en emploi comme l'Ouest ou le Nord et enfin le desserrement du Centre-Ville encombré et encombrant en vue d'un bon fonctionnement de la Cité »[60].

Cette marginalisation de certaines délégations et de certains quartiers, au sein de la Capitale du pays, confirme les conclusions de plusieurs chercheurs depuis des décennies : comme l'a noté H.Tayachi depuis les années 1980, « la construction des cités par les pouvoirs publics, conçue comme une opération de relogement des habitants de

---

[60] Sethom Noureddine, 1992, *L'industrie et le tourisme en Tunisie : étude de géographie du développement,* Publication de l'Université de Tunis, Tome 2, 1992, p.520.

gourbivilles [...] n'a pas réalisé les objectifs qui lui ont été assignés au départ [...]. Toutes les cités laissent apparaître une *dépendance* importante vis-à-vis du centre *tant au niveau de l'emploi que celui des équipements* [...]. Les cités rendent comptent de cette urbanisation galopante et horizontale, responsable de l'étalement excessif de l'agglomération de Tunis. Leur *implantation périphérique* commandée par le besoin d'espace *ne fait qu'aggraver la marginalité des populations*, pour lesquelles le recours au centre demeure une donnée essentielle de leur vie active et quotidienne »[61].

En effet, dans certaines cités populaires de Tunis, la pression démographique et la faiblesse de l'activité économique jouent un rôle important dans l'accroissement du chômage. Comme l'a souligné Amor Belhedi, l'espace attractif (en début de période) subit négativement en seconde phase la pression migratoire, et « on se trouve parfois dans une situation paradoxale où les zones les plus réputées attractives et les plus favorisées se caractérisent par un taux de chômage très élevé. Cette situation s'explique en fait par les mécanismes cumulatifs de l'attraction qui font que l'attraction migratoire se prolonge au-delà du phénomène qui les a engendrés ou déclenché »[62]. De même, on trouve dans la Capitale une *concentration de la pauvreté* qui est due à l'importance des taux de chômage et à la faiblesse des revenus dans certaines localités, ceci est « à corréler avec la reprise relative des flux migratoires ; toute amélioration qui ne prendrait pas en compte les autres régions risque d'induire de nouveaux flux de misère [...]. Le problème se pose ainsi en termes d'aménagement beaucoup plus qu'en termes de développement, c'est-à-dire *en termes qualitatifs* »[63].

[61] Tayachi Hassen, 1988, *Les cités populaires programmées : solution à l'habitat spontané à Tunis,* Publication de l'Université de Tunis, 1988, pp. 459-462.
[62] Belhedi Amor, 1996, *Op.cit*, pp. 201-209.
[63] Ibid, pp.226-227.

Tableau n° 11- L'IDH synthétique dans les délégations du gouvernorat d'Ariana

Délégation	I. de l'emploi	I. de l'emploi supérieur	T. d'alphab	SCOL. SUP	INTERNET	SONEDE	ONAS	**IDH**
Ariana ville	851	878	956	731	758	975	986	**876**
Soukra	793	795	895	486	485	952	891	757
Raoued	795	792	897	523	473	937	705	732
Kalaat El Andalous	835	675	869	305	222	934	594	633
Sidi Thabet	746	653	838	352	238	916	386	**590**
Cité Ettadhamen	653	442	827	399	252	965	985	646
El Mnihla	723	715	849	425	281	927	872	685
Total (Gouvernorat)	775	790	887	504	456	950	854	745
Total (Tunisie)	704	599	807	409	287	846	614	609

Source : Élaborés par nos calculs, à partir des données de l'INS

À l'instar du gouvernorat de Tunis, l'IDH d'Ariana est supérieur à la moyenne nationale, mais il révèle des disparités relativement importantes entre plusieurs délégations. Si Ariana ville est la mieux lotie (avec un indice dépassant 875), *Sidi Thabet* est, par contre, moins nantie (son indice est inférieur à 600) notamment au niveau des indicateurs de l'infrastructure, avec un taux de connexion au réseau d'assainissement qui ne dépasse pas 40 % et une proportion de la connexion à internet inférieure à 24 %.

Outre l'aspect rural de la région, l'explication peut être parfois historique et socio-économique : les habitants de Sidi Thabet « étaient sans revenu et n'avaient pas besoin par conséquent d'un équipement de "confort". Le souci majeur du chef de la famille était toujours l'assurance de la survie de sa progéniture. Ainsi, toutes les maisons étaient dépourvues d'eau, d'électricité, de gaz, de réfrigérateur, de chauffage, de radio et de meubles »[64].

Quant à la délégation Cité Ettadhamen, la baisse de son indice synthétique est due essentiellement à l'importance du chômage et à la faiblesse de l'activité économique, ce qui explique l'augmentation du chômage en général et plus particulièrement celui des diplômés du supérieur, avec un taux de 27 % qui est nettement supérieur à la moyenne nationale.

---

[64] Jelassi Hechmi, *Le peuplement de Sidi Thabet au 20ème siècle*, Les éditions Sahar, Tunis, 2011, p. 120.

Dans ces différentes zones, il est nécessaire et urgent de créer une nouvelle dynamique économique et sociale et de diversifier les différents programmes de développement intégré, notamment dans les délégations les plus défavorisées. Si l'on prend l'exemple de Sidi Thabet, on trouve une liste des projets de développement qui sont programmés pour le plan quinquennal 2016-2020. Ces projets englobent les secteurs de l'équipement, des services, de l'industrie, des affaires sociales, de la santé, de l'agriculture, des affaires foncières, de la jeunesse, des sports et de l'enfance. Parmi les projets proposés figurent, l'aménagement et le bitumage des quartiers d'habitation et la construction de deux ponts. Ces projets portent aussi sur la création d'un bureau d'emploi, d'une recette des finances et d'une filiale de la STEG, d'un abattoir municipal et la promotion des services sanitaires au centre de santé de base, un laboratoire d'analyse et la consolidation du cadre médical et paramédical[65]. Certains de ces projets ont été réalisés récemment à Sidi Thabet. Fin octobre 2018 a eu, par exemple, l'inauguration de huit laboratoires, hébergés au BiotechPole, liés à des produits pharmaceutiques, cosmétiques et nutritifs. Services de recherche en chimie médicinale et technologies biophysiques pour le compte de l'industrie pharmaceutique, fabrication de produits pharmaceutiques et cosmétiques à base de produits naturels et de plantes, études et recherches cliniques, extraction d'ingrédients actifs, résinoïdes, pigments et colorants naturels à partir des microalgues…[66]

[65] https://www.webmanagercenter.com/2016/01/27/168080/tunisie-developpement-regional-sidi-thabet-presente-une-liste-de-projets-a-realiser-pour-les-5-ans-a-venir/ (Article publié le 27 janvier 2016)

[66] http://www.leaders.com.tn/article/25731-un-grand-espoir-tunisien-renait-a-biotechpole-de-sidi-thabet (Article publié le 18.10.2018)

Tableau n° 12- L'IDH synthétique dans les délégations du gouvernorat de Ben Arous

Délégation	I. de l'emploi	I. de l'emploi supérieur	T. d'alphab	SCOL. SUP	INTERNET	SONEDE	ONAS	**IDH**
Ben Arous	729	682	905	516	487	960	983	752
La Nouvelle Medina	735	731	911	536	511	960	982	767
El Mourouj	752	741	945	617	613	964	978	801
Hammam Lif	717	703	899	552	477	958	979	755
Hammam Chott	715	697	910	539	536	952	958	758
Boumhel El Bassatine	771	794	910	530	519	921	889	762
Ezzahra	787	817	927	633	610	973	988	**819**
Rades	762	771	924	561	554	960	971	786
Megrine	759	773	912	614	533	969	987	792
Mohamdia	694	582	855	390	290	943	901	665
Fouchana	708	624	868	385	260	942	891	668
Mornag	737	684	812	350	261	904	494	**606**
Total (Gouvernorat)	738	728	897	506	464	950	914	742
Total (Tunisie)	704	599	807	409	287	846	614	609

Source : Élaborés par nos calculs, à partir des données de l'INS

Pour le gouvernorat de Ben Arous, on remarque que les différentes délégations ont des indices souvent supérieurs à la moyenne nationale. En outre, les disparités entre les différentes localités ne sont pas très importantes, et ce contrairement à la plupart des gouvernorats en Tunisie : la majorité des indices sectoriels et synthétiques sont compris entre 600 et 800, ce qui reflète une relative "homogénéité" dans la région de Ben Arous caractérisée par des indicateurs d'infrastructure relativement satisfaisants et surtout par une dynamique économique, industrielle et commerciale parmi les plus importantes du pays.

Ce dynamisme économique et ce développement industriel peuvent expliquer le caractère attractif du gouvernorat de Ben Arous. Durant les années soixante par exemple (mais aussi au cours des années 1970), il y a eu une création de plusieurs zones industrielles dans la région, entre autres, Bir Elkassaa, Mégrine, Djebel Jelloud, Ben Arous Centre… À titre d'exemple, si l'on prend la commune de Mégrine, on peut remarquer qu'elle est connue par sa vocation industrielle, où les zones industrielles et artisanales couvrent plus de 167 hectares et contiennent plus de 200 entreprises (ou unités), en particulier trois zones principales (Sidi Rezigue, la zone Saint Gobin et Mégrine Riadh) ; le nombre total des occupés dans les unités industrielles dépasse 10 mille employés (en 2016), dont plus d'un tiers dans les industries mécaniques et électriques et le 1/10 dans les industries textiles et habillement[67].

Toutefois, on doit noter la faiblesse des différents indices à *Mornag*, caractérisée par l'importance de la composante rurale, la faible densité de la population, l'importance de l'habitat dispersé et la faiblesse des indicateurs de l'infrastructure (notamment la connexion à internet et le raccordement au réseau d'assainissement).

Tableau n° 13- L'IDH synthétique dans les délégations du gouvernorat de Manouba

Délégation	I. de l'emploi	I. de l'emploi supérieur	T. d'alphab	SCOL. SUP	INTERNET	SONEDE	ONAS	IDH
Manouba	697	715	924	659	580	965	977	760
Douar Hicher	617	374	804	404	229	958	967	622
Oued Elil	669	567	857	453	320	937	882	669
Mornaguia	741	660	847	441	307	932	547	639
Borj Amri	554	435	800	353	203	905	119	**481**
Jedeida	654	473	803	372	186	945	612	578
Tebourba	597	437	788	381	225	895	704	575
El Battane	644	312	771	335	140	822	442	**495**
Total (Gouvernorat)	654	570	834	446	305	936	778	646
Total (Tunisie)	704	599	807	409	287	846	614	609

Source : Élaborés par nos calculs, à partir des données de l'INS

Contrairement à Tunis, Ariana et Ben Arous, le quatrième gouvernorat du Grand Tunis (ou du District de Tunis) est caractérisé par l'existence de certaines délégations dont l'IDH synthétique est très faible et nettement inférieur à la moyenne nationale (voire inférieur à 500), notamment à *El Battane et Borj Amri* : la première est caractérisée par un indice de connexion internet très faible (14 %) et surtout une faible insertion professionnelle sur le marché de l'emploi, en particulier pour les jeunes diplômés du supérieur où le taux de chômage est de 35 %.

Quant à la deuxième délégation, en l'occurrence Borj Amri, elle est également caractérisée par un chômage supérieur élevé (28 %) mais aussi et surtout par la faiblesse des indicateurs de l'infrastructure, avec un taux de connexion à l'internet de 20 % et surtout un taux de raccordement au réseau d'assainissement qui ne dépasse pas 11 %.

[67] Cf, pour plus de détails, CGDR, 2018, *Le gouvernorat de Ben Arous en chiffres*, CGDR, Tunis, 2018.

En ce qui concerne *Douar Hicher*, et en dépit de l'amélioration relative des indicateurs de l'infrastructure, l'importance du *chômage* est indéniable avec un taux de près de 20 % pour le chômage global et de *plus de 31 %* pour les diplômés du supérieur. L'impact du chômage est, à cet égard, non seulement socio-économique mais aussi individuel et psychologique. Dans une enquête récente réalisée à Douar Hicher et à Ettadhamen, certains chercheurs ont étudié la représentation du chômage et ont souligné « l'importance des effets individuels (besoins matériels, déviance) du chômage, en comparaison avec ses effets sociaux (déni de reconnaissance, humiliations par les autres…), qui semblent occuper une place très modeste dans les réponses des enquêtés. Ainsi, la composante psychologique est-elle présente dans près de la moitié des réponses, 28,6 % des jeunes ayant recours à la notion de *souffrance* et 17,1 % parlant de *désespoir* ; au total, ce sont 45,7 % qui placent cette dimension du vécu du chômage au premier rang. On peut, du reste, se poser la question de savoir s'il n'y a pas lieu de classer dans la même rubrique ceux qui identifient le chômage au *mépris* (6,5 % des sujets) ; cette rubrique représenterait, alors, plus de la moitié de la population enquêtée »[68].

Dans ces quartiers populaires de Manouba, plusieurs études ont montré l'importance du chômage et son impact sur les différentes personnes enquêtées, notamment celle qui sont titulaires d'un diplôme universitaire : « Il apparaît que l'on est face à une conception du travail certes synonyme de satisfaction des besoins économiques, mais aussi d'épanouissement, de reconnaissance et de mise à l'épreuve de ses compétences, notamment celles acquises lors de longues études. En cela nous rejoignons Baudelot et Gollac quand ils écrivent : Ce dont souffrent les chômeurs, c'est *d'un traumatisme social généralisé* qui se répercute sur tous les aspects de la vie quotidienne et toutes les dimensions de la personne. Perte de repères dans l'espace et dans le temps, *conscience de leur inutilité au monde* […], *perte de l'estime de soi.* »[69]

---

[68] Ben Amor Ridha et Moussa Hayet, La représentation du travail et sa place dans la vie des jeunes, in, Lamloum Olfa et Ben Zina Mohamed Ali (dir), 2016, *Les jeunes de Douar Hicher et d'Ettadhamen : une enquête sociologique,* Edition Arabesques, Tunis, 2016, pp. 102-103.
[69] *Ibid*, p.104.

Les répercussions de ce chômage et de cette marginalisation sont nombreuses et elles concernent en particulier la violence et la délinquance des jeunes. Selon l'enquête sus-invoquée, « de nombreux indices, aussi bien dans l'enquête quantitative que dans les entretiens et surtout les focus groups, témoignent de l'importance de la violence à Douar Hicher et Ettadhamen, dans les différentes sphères de la vie sociale des jeunes. Cette violence transparaît dans les évocations de la *délinquance juvénile* et des rixes entre jeunes, des interventions policières, de la maltraitance des élèves, des rapports conjugaux et des relations filles-garçons en général, de l'addiction à la drogue… »[70].

II- L'IDH et les inégalités locales au Nord-Est

Cette partie concerne les trois gouvernorats du Nord-Est (Nabeul, Zaghouan et Bizerte) et l'analyse de l'IDH synthétique dans les différentes délégations de cette région.

Tableau n° 14- L'IDH synthétique dans les délégations du gouvernorat de Nabeul

Délégation	I. de l'emploi	I. de l'emploi supérieur	T. d'alphab	SCOL. SUP	INTERNET	SONEDE	ONAS	**IDH**
Nabeul	795	709	882	514	437	965	968	**753**
Dar Chaabane	822	646	886	397	347	948	895	706
Beni Khiar	859	642	890	376	330	891	850	691
Korba	836	618	859	327	258	877	679	636
Menzel Temime	839	442	818	303	198	827	557	569
El Mida	847	491	759	273	092	922	154	505
Kelibia	763	489	854	403	260	884	787	634
Hammam El Guezaz	836	514	831	390	227	811	505	588
El Houaria	785	292	760	345	107	760	319	**481**
Takelsa	819	554	777	290	087	800	074	**486**
Sliman	774	712	866	377	313	911	801	679
Menzel Bouzelfa	837	658	816	290	239	844	534	603
Beni Khaled	823	636	854	359	242	902	621	634
Grombalia	776	675	847	331	282	901	750	652
Bouargoub	769	594	811	300	175	834	350	548
Hammamet	740	659	854	358	367	891	750	660
Total (Gouvernorat)	801	616	844	363	275	885	684	638
Total (Tunisie)	704	599	807	409	287	846	614	609

source : Élaborés par nos calculs, à partir des données de l'INS

Le Cap Bon est l'une des régions les plus dynamiques de la Tunisie. Avec le District de Tunis et le Centre-Est, le gouvernorat de Nabeul est caractérisé par une dynamique économique intensive et par un niveau de développement élevé, dus à la diversification

[70] Lamloum Olfa et Ben Zina Mohamed Ali (dir), 2016, *Op.cit*, p.170.

économique sectorielle et au développement rapide du secteur touristique et industriel depuis l'indépendance.

Cependant, certaines délégations demeurent (jusqu'à maintenant) caractérisées par une faible intégration au tissu économique et par une infrastructure relativement faible. À titre d'exemple, on remarque que, pour *Takelsa*, le taux de connexion internet est inférieur à 10 % et le branchement au réseau d'assainissement ne dépasse pas 7 %. Pour *El Houaria*, l'IDH est fortement affecté par l'importance du chômage des diplômés du supérieur avec un taux de plus de 35 % (ceci est conjugué à la faiblesse des indicateurs de l'infrastructure).

Ces deux délégations enregistrent un IDH inférieur à 500, contrairement à la majorité des délégations de Nabeul dont l'indice est généralement supérieur à la moyenne nationale. Ceci explique, par ailleurs, le caractère attractif du Cap Bon et l'accroissement positif de la population durant les dernières décennies. À ce titre, la plupart des villes de Nabeul ont enregistré un taux d'accroissement démographique supérieur à 1,5 % entre 2004 et 2014, alors que le solde migratoire est souvent positif (plus de 13 mille entre 2009 et 2014)[71].

Cette attractivité de Nabeul est inhérente à ses multiples avantages et à ses nombreux atouts, en particulier ses ressources naturelles, *sa position géostratégique* (en plus des plages qui se succèdent sur une côte de 300 km de longueur et des conditions climatiques favorables, la presqu'île du Cap Bon dispose d'un grand nombre de sites naturels diversifiés. Le littoral du Cap Bon a joué un rôle primordial pour rendre la région un pôle touristique considérable pour le tourisme balnéaire surtout au golf de Hammamet) ; les matières premières de haute qualité (tels que l'argile, le marbre, les cannes…) employées dans l'artisanat ; les équipements collectifs (la proximité des aéroports et des ports, le réseau routier important, le réseau de chemins de fer, les ressources hydrauliques, les zones industrielles aménagées, les entreprises industrielles dans les différentes zones, les établissements d'enseignement supérieur…) ; la spécification dans le secteur de l'artisanat surtout la poterie, la céramique ; les opportunités

[71] Cf, pour plus de détails, concernant la population au Cap Bon : Kassar Hassene, 2017, Population et peuplement au Cap Bon, in, Bourgou Mongi (dir), *La péninsule du Cap Bon entre crises et mutations*, ouvrage collectif, Académie Tunisienne des Sciences, des Lettres et des Arts (Beit El Hikma), Tunis, 2017.

d'investissement dans plusieurs secteurs : le tourisme écologique et culturel, le thermalisme, les industries vertes...[72].

Tableau n° 15-L'IDH synthétique dans les délégations du gouvernorat de Zaghouan

Délégation	I. de l'emploi	I. de l'emploi supérieur	T. d'alphab	SCOL. SUP	INTERNET	SONEDE	ONAS	**IDH**
Zaghouan	762	714	800	418	272	867	600	633
Ezzeriba	790	805	714	251	222	852	563	599
Bir Mchergua	604	583	787	262	152	815	516	531
Elfahs	640	531	742	282	137	807	558	528
Ennadhour	584	604	636	251	048	432	274	**404**
Saouef	497	417	647	247	018	575	114	**359**
Total (Gouvernorat)	668	645	733	294	160	754	488	535
Total (Tunisie)	704	599	807	409	287	846	614	609

Source : Élaborés par nos calculs, à partir des données de l'INS

Dans le District du Nord-Est (avec le Grand Tunis), le gouvernorat de Zaghouan est le seul à avoir un IDH synthétique inférieur à la moyenne nationale. La faiblesse de l'infrastructure, le taux relativement élevé de l'analphabétisme, la situation critique du marché de l'emploi, la faiblesse du tissu industriel dans plusieurs délégations... Autant de facteurs qui expliquent ce niveau de l'IDH qui est même inférieur à 400 dans plusieurs localités, ce qui explique leur classement comme des zones de développement ou d'intervention prioritaire : il s'agit en particulier *d'Ennadhour et Saouef*, dans ces deux délégations, la proportion des analphabètes est supérieure à 35 %, le taux des ménages connectés à internet est en dessous de 5 % (1 % à Saouaf), le taux de raccordement au réseau d'assainissement ne dépasse pas 27 % (11 % à Saouaf). Le facteur géographique est, à cet égard, déterminant, par exemple pour la desserte en eau courante, les délégations d'Ennadhour et Saouef ont des taux en dessous de la moyenne régionale et nationale vu le caractère rural montagneux de ces deux délégations et le raccordement au réseau de l'eau potable par la SONEDE est très coûteux ; leur desserte se fait par le réseau du Génie Rural (GR)[73].

Ce facteur géographique est conjugué à la faiblesse du tissu économique dans la région en général et dans ces deux délégations en

[72] Ministère du Développement Régional et de la Planification, 2013, *Stratégie du développement du gouvernorat de Nabeul,* Tunis, 2013, pp. 4-10.

[73] Ministère du Développement Régional et de la Planification, 2012, *L'indicateur de développement régional. Gouvernorat de Zaghouan,* Tunis, Septembre 2012, p.7.

particulier, puisque le nombre d'entreprises privées dans le gouvernorat reste encore en dessous du niveau de plusieurs pôles industriels, l'indicateur industriel est très faible dans les deux délégations de Saouef et Ennadhour à cause de l'inexistence des zones industrielles aménagées malgré les avantages et les incitations octroyés par l'État à ces deux délégations classées comme zones prioritaires de développement régional[74].

La marginalisation de certaines délégations de Zaghouan n'est pas seulement économique, elle est parfois sociopolitique. Dans des études axées sur la localité d'*Oued Sbayhia*, certains chercheurs ont montré que la situation des femmes rurales « se caractérise par *la marginalisation par rapport aux différentes sources du pouvoir*. Celles-ci sont nombreuses. Les plus importantes sont celles qui ont trait à la position de la femme dans le système économique et particulièrement celui du travail. Cette situation prend son expression la plus nette dans l'exclusion des femmes des sources de revenus. En outre, la marginalisation a touché le système politique local, constitué, pour l'essentiel, des institutions représentant les différents ministères [...]. Fait significatif : les seules présences féminines dans la localité ont été remarquées dans deux institutions appartenant à la société civile, à savoir le GDAF et ASAD. Ceci montre que les femmes sont exclues du système politique local, en tant qu'appareil étatique appartenant à la société politique par opposition à la société civile »[75].

Parfois, on peut même parler de la prédominance du facteur culturel et religieux, qui affecte d'une manière directe le niveau de développement dans certaines localités tunisiennes. Selon l'étude sus-invoquée, le changement attendu de plusieurs femmes rurales adviendrait probablement « quand l'effort sera porté sur la culture ambiante, surtout celle qui est cristallisée dans la coutume et la tradition. Cette culture se fonde en grande partie sur les interprétations des textes et du corpus religieux dans le sens de la subordination des femmes pour des raisons biologiques et "naturelles". En effet, les explications de l'inégalité des sexes [...] proviennent d'une lecture

[74] *Ibid*, pp. 15-16.

[75] Arfaoui Souhail et Saadaoui Karim, 2016, Femme rurale et empowerment à Oued Sbayhia, in, Najar Sihem (dir), *Développement local, acteurs sociaux et genre. Enjeux et stratégies après la révolution*, ouvrage collectif, Cahiers du CERES, Série Sociologie n°30, CERES, Tunis, 2016, p.33.

rétrograde du corpus religieux, Texte et Tradition. C'est là un frein capital aux changements à introduire pouvant mener à l'empowerment et asseoir ainsi une construction identitaire durable de la femme rurale à Oued Sbayhiya »[76].

Le rapport officiel du Ministère du développement et du CGDR confirme toutes ces insuffisances et ces problématiques du développement dans les différentes délégations de Zaghouan. Dans cette synthèse, les auteurs du rapport affirment que le gouvernorat de Zaghouan se caractérise par des éléments endogènes et exogènes qui ont influé sur son mode de fonctionnement et peu des facteurs qui ont conditionné son degré de développement. Parmi ces principaux éléments, on trouve :

- un milieu naturel riche de sites et de paysages et un cadre géographique marqué par la proximité de la Capitale
- un capital humain sous-qualifié avec des taux élevés pour l'analphabétisme et l'abandon scolaire
- un monde rural dominant avec un nombre important de villages qui nécessitent un programme de développement spécifique et urgent
- un profil économique dominé par l'activité agricole et un secteur industriel en croissance moyenne
- un niveau d'équipements sociocollectifs insuffisant et des infrastructures déficitaires notamment en assainissement et en eau potable dans les zones rurales
- un foncier encore flou constituant un frein au développement et à la réalisation des projets
- un patrimoine riche et varié composé de grands monuments historiques et un environnement de qualité, mais sensible sous la menace de certaines nuisances
- un tissu associatif peu étoffé nécessitant des mesures de dynamisation[77].

Concernant ce tissu associatif, et outre la faiblesse de l'infrastructure et de l'activité économique dans plusieurs délégations défavorisées de

---

[76] *Ibid*, p.45.

[77] CGDR, 2017, *Élaboration d'une étude stratégique pour le développement du gouvernorat de Zaghouan à l'horizon 2030.* Troisième phase : Rapport de Synthèse et moyens de mise en œuvre, CGDR, Ministère de Développement, de l'Investissement et de Coopération Internationale, novembre 2017, p.15.

Zaghouan, on peut noter que l'impact des programmes de développement et de l'intervention de la société civile demeure souvent moyen et rencontre plusieurs obstacles dans la région. Si l'on se réfère à quelques enquêtes et recherches réalisées dans certaines zones rurales du gouvernorat, on remarque que les actions promues par des associations (visant l'encouragement des femmes à s'investir dans les microprojets par exemple) rencontrent plusieurs difficultés multidimensionnelles : « Au-delà d'un supposé intérêt général incarné par la réussite du processus de développement local et communautaire, nous avons pu constater que la concurrence et la collision entre les intérêts personnels des bénéficiaires sont la principale source de conflit [...], ces conflits engendrent des relations déterminées par un sentiment de méfiance [...]. Plusieurs bénéficiaires étaient frustrées par une certaine ségrégation [...] et par le problème général des inégalités sociales, qui se manifeste par le manque d'informations et **le favoritisme**. »[78]

Tableau n° 16- L'IDH synthétique dans les délégations du gouvernorat de Bizerte

Délégation	I. de l'emploi	I. de l'emploi supérieur	T. d'alphab	SCOL. SUP	INTERNET	SONEDE	ONAS	**IDH**
Bizerte Nord	737	687	905	595	460	955	931	753
Zarzouna	695	588	884	552	310	948	945	703
Bizerte Sud	726	572	785	321	169	840	585	571
Sedjnene	646	468	575	245	047	308	197	**355**
Djoumine	743	374	572	309	006	458	047	**358**
Mateur	683	460	776	379	185	831	738	586
Ghezalla	680	381	607	254	039	509	283	**393**
Menzel Bourguiba	662	516	820	434	263	917	856	638
Tinja	619	522	857	484	328	933	781	646
Utique	859	603	665	268	085	759	192	490
Ghar El Meleh	867	587	844	272	176	838	587	596
Menzel Djmil	739	581	884	405	342	957	896	686
El Alia	838	620	818	321	201	892	774	638
Ras Djbel	884	685	866	381	267	900	761	678
Total (Gouvernorat)	738	598	795	396	242	836	704	616
Total (Tunisie)	704	599	807	409	287	846	614	609

Source : Élaborés par nos calculs, à partir des données de l'INS

[78] Ben Daadouch Imen, 2016, De la dissonance au conflit dans les projets de développement local : le cas de Oued Sbayhia, in, Najar Sihem (dir), 2016, *Op.cit,* pp.54-57.

Le gouvernorat de Bizerte fait partie de l'axe littoral tunisien, un axe surdéveloppé au détriment de la périphérie intérieure sous-développée et marginalisée.

Toutefois, on trouve au sein du gouvernorat de Bizerte des délégations où l'IDH synthétique est très faible avoisinant la moitié du score national, avec une moyenne de *355 à Sedjnene et 358 à Djoumine* (393 à Ghezala contre plus de 750 à Bizerte Nord). Bien entendu, ces deux régions défavorisées possèdent des indices très faibles au niveau de l'infrastructure et même au niveau éducatif : pour Djoumine par exemple, le taux d'analphabétisme est supérieur à 42 %, le raccordement au réseau ONAS est de 4,7 % et la connexion internet est quasiment inexistante (0,6 %) ; il en est de même pour Sedjnene et Ghezala. On peut ajouter aussi l'importance du chômage, en particulier celui des diplômés du supérieur avec un taux oscillant entre 27 % et 31 %.

En fait, ces trois délégations souffrent d'une pauvreté élevée et des conditions de vie défavorables, ce sont des délégations qui « se situent au-dessus du niveau national pour le nombre de familles nécessiteuses par 1 000 habitants. Ces délégations sont classées parmi les zones défavorisées et nécessitent une intervention au niveau de développement régional. Ces familles sont caractérisées par un nombre élevé de personnes à charge qui dépasse parfois les dix personnes. Et elles n'ont pas parfois de revenus fixes et ne peuvent pas exploiter les richesses forestières à cause de leur manque de moyens pour créer des projets et leur "manque d'éducation" pour mener une bonne gestion »[79].

Un rapport de synthèse sur la région, réalisé par le CGDR, a permis de définir une stratégie de développement global pour Bizerte pour l'horizon 2030. Selon cette étude, l'orientation future de la région et ses perspectives de développement ont permis d'identifier les principaux axes de développement suivants :

- renforcer et améliorer le secteur industriel de Bizerte, ainsi que son attractivité et sa compétitivité
- l'exploitation des ressources agricoles, halieutiques et médicinales de la région

---

[79] Ministère du Développement Régional et de la Planification, 2012, *L'indicateur de développement régional. Gouvernorat de Bizerte,* Tunis, Septembre 2012, p.13.

- le renforcement des infrastructures et de la logistique pour le transport à l'intérieur et à l'extérieur du pays
- développer un plan pour la protection de l'environnement et sa mise en œuvre le plus tôt possible
- renforcer les fonctions de soutien pour améliorer la gouvernance dans le gouvernorat
- développement des capacités de l'économie verte, de l'économie bleue et de l'économie numérique
- réduire les disparités entre les délégations et améliorer les conditions de vie dans les délégations défavorisées[80].

III- L'IDH et les inégalités locales au Nord-Ouest

Dans cette section, l'intérêt est focalisé sur l'analyse des disparités locales dans le Nord-Ouest et sur l'étude de l'IDH synthétique des différentes délégations des quatre gouvernorats du district : Béja, Jendouba, Le Kef et Siliana.

Tableau n° 17- L'IDH synthétique dans les délégations du gouvernorat de Béja

Délégation	I. de l'emploi	I. de l'emploi supérieur	T. d'alphab	SCOL. SUP	INTERNET	SONEDE	ONAS	**IDH**
Béja Nord	640	497	775	387	239	821	731	584
Béja Sud	660	512	753	412	227	887	607	580
Amdoun	646	374	608	359	072	610	285	422
Nefza	639	411	603	370	069	478	208	**397**
Teboursouk	554	371	695	360	124	731	663	500
Tibar	566	363	742	312	101	809	031	418
Testour	630	493	688	334	113	822	527	515
Goubellat	537	326	653	299	038	652	257	**395**
Mdjez Elbeb	736	569	760	378	197	914	594	593
Total (Gouvernorat)	644	479	708	369	156	759	507	517
Total (Tunisie)	704	599	807	409	287	846	614	609

Source : Élaborés par nos calculs, à partir des données de l'INS

Si le gouvernorat de Béja enregistre un IDH inférieur à la moyenne nationale, et ce à l'instar de toutes les régions intérieures du pays, certaines délégations se caractérisent par un IDH très faible inférieur à 400 ; il s'agit notamment de *Nefza et de Goubellat* avec des scores

[80] CGDR, 2018, *Une étude stratégique sur le développement du gouvernorat de Bizerte à l'horizon 2030. Phase III : Résumé du rapport de synthèse*, CGDR, Ministère de Développement, de l'Investissement et de Coopération Internationale, février 2018, Tunis, p.14 (en arabe).

respectifs de 397 et 395 et où les indicateurs de l'infrastructure sont nettement inférieurs au seuil national.

Dans plusieurs zones rurales de Béja, la desserte en eau, par exemple, est très faible dans plusieurs localités, alors que, paradoxalement, les richesses hydrauliques et naturelles du gouvernorat sont très importantes, puisqu'il « existe de grandes ressources en eau dans la région : 3 grands barrages, 56 lacs, 22 barrages, puits profonds et superficiels. Ces ressources sont supposées ramener Béja dans les premiers rangs en desserte d'eau potable »[81].

Dans le même contexte, on doit noter la faiblesse du tissu industriel et de la création d'emploi dans la région (attestée par l'importance des taux de chômage notamment pour les cadres : plus de 31 % à Amdoun, Tebousouk, Tibar et Goubellat), et ce, en dépit de la diversité et de la richesse des ressources dans le gouvernorat de Béja : les terres cultivées, les terres forestières, la production des céréales, les ressources hydrauliques considérables, les sources d'eau minérale, la diversité des matériaux de construction, l'importance des ressources culturelles et des sites historiques et archéologiques, la diversité des opportunités économiques et touristiques, l'importance du secteur agroalimentaire...[82]

Tableau n° 18- L'IDH synthétique dans les délégations du gouvernorat de Jendouba

Délégation	I. de l'emploi	I. de l'emploi supérieur	T. d'alphab	SCOL. SUP	INTERNET	SONEDE	ONAS	**IDH**
Jendouba	552	423	790	473	272	863	655	571
Jendouba Nord	460	115	698	448	133	619	357	404
Bousalem	553	294	728	437	139	841	453	492
Tabarka	422	401	727	389	189	755	387	468
Ain Drahem	453	317	638	392	104	532	245	**383**
Fernana	563	298	553	297	030	239	093	**296**
Ghardimaou	487	239	590	292	103	555	367	**376**
Oued Mliz	355	065	644	388	092	577	174	**328**
Balta Bou Aouane	436	207	615	434	093	532	194	**359**
Total (Gouvernorat)	489	313	671	389	140	627	358	427
Total (Tunisie)	704	599	807	409	287	846	614	609

Source : Élaborés par nos calculs, à partir des données de l'INS

[81] Ministère du Développement Régional et de la Planification, 2012, *L'indicateur de développement régional. Gouvernorat de Béja,* Tunis, Septembre 2012, p.7.
[82] Ministère du Développement Régional et de la Planification, 2013, *Stratégie du développement du gouvernorat de Bejà,* Tunis, 2013, pp. 3-11.

En analysant les scores des différentes délégations du gouvernorat de Jendouba, certains points doivent être soulignés.

En premier lieu, toutes les délégations (sauf Jendouba centre) ont un indice nettement inférieur à la moyenne nationale et oscillant entre 300 et 490.

En second lieu, on doit noter l'existence de plusieurs localités enregistrant un IDH très faible inférieur à 400 (au moins cinq délégations).

En troisième lieu, *la délégation de Fernana "se distingue" par un score inférieur à 300*, ce qui reflète la réelle marginalisation de cette localité où l'on trouve des indices très faibles tant pour l'infrastructure que pour l'éducation et l'emploi : à titre d'exemple, on trouve à Fernana un taux de connexion internet de 3 %, un taux de desserte en eau courante seulement de 23 %, une proportion des ménages ayant un raccordement au réseau ONAS qui ne dépasse pas 9 %, un taux d'analphabétisme de plus de 44 %…

En quatrième lieu, on doit souligner l'importance du chômage global et surtout celui des diplômés du supérieur. Ceci concerne la quasi-totalité des délégations où l'on trouve un taux de chômage global toujours supérieur à 22 % (32 % à Oued Mliz) et surtout un taux de chômage des cadres qui est très "alarmant" dans certaines localités telles que Boussalem et Fernana (35 %), Ghardimaou (38 %), *Jendouba Nord (44 %) et Oued Mliz (46 %)*.

La faiblesse du tissu économique et des zones industrielles d'une part et la "déficience" de l'entrepreneuriat et de l'initiative privée d'autre part expliquent cette situation du marché du travail et la baisse des offres d'emploi (par rapport à la demande). Comme le note Rabah Nabli, dans plusieurs régions intérieures (dont Jendouba et le Nord-Ouest en général), « les opérateurs économiques souffrent à la fois d'un manque de culture et de traditions entrepreneuriales bien établies, d'absence d'une infrastructure fiable, de structures d'accompagnement de l'initiative privée et de l'éloignement des centres de décision […]. Tous ces facteurs constituent les obstacles majeurs à surmonter que les avantages fiscaux accordés par l'État n'ont pas suffi à neutraliser »[83].

[83] Nabli Rabah, 2008, *Les entrepreneurs Tunisiens. La difficile émergence d'un nouvel acteur,* Edition l'Harmattan, Paris 2008, p.381.

À l'instar de Béja, la marginalisation des différentes délégations de Jendouba coïncide avec l'importance des ressources et des potentialités du gouvernorat : superficies agricoles, forêts, périmètres irrigués, ressources hydrauliques et halieutiques, sites archéologiques, sources en eau minérale, parcs naturels, pôle touristique (Tabarka-Ain Drahem), opportunités d'investissement (zone frontalière avec l'Algérie)...[84]

Pour la ville de Jendouba précisément, de nombreux obstacles au développement doivent être soulignés : « La combinaison d'une urbanisation accélérée et incontrôlée, d'une infrastructure négligée depuis longtemps et d'un financement urbain déficient sur de nombreuses années a permis à la ville de cumuler des difficultés urbaines et socio-économiques. Les quartiers défavorisés sont devenus des facteurs potentiels de pauvreté pour leurs occupants. Ce mouvement d'urbanisation incontrôlé a généré le sous-équipement de ces quartiers et leur difficile intégration (absence d'équipement de base : infrastructures, moyen de transport, bâti précaire, statut foncier totalement ou partiellement irrégulier etc.). Bref, la ville n'arrive pas à dominer son espace. Cette situation a permis également le renforcement des ségrégations sociospatiales et l'émergence des phénomènes de marginalisation et d'exclusion. »[85]

En ce qui concerne la délégation la plus défavorisée, en l'occurrence **Fernana**, et en dépit de l'environnement qui offre de nombreuses *opportunités* de développement local et humain (une meilleure exploitation des ressources forestières à travers l'exploitation, la transformation ou le conditionnement les produits forestiers ligneux (liège et bois) et non ligneux : gibier, champignons, truffes, plantes aromatiques et médicinales), plusieurs *obstacles et menaces au développement* sont à souligner, notamment les obstacles administratifs et financiers, l'absence de certaines administrations (STEG, SONEDE) ; sur le plan financier, les banques sont également quasi-absentes et n'offrent pas de services adaptés aux sollicitations locales, le manque d'infrastructures (l'accès à l'eau potable est limité

---

[84] Ministère du Développement Régional et de la Planification, 2013, *Stratégie du développement du gouvernorat de Jendouba,* Tunis, 2013, pp. 3-7.

[85] Dhaher Najem, 2013, L'université, un outil de développement local ? Le cas de Jendouba en Tunisie, *JHEA/RESA*, *Journal of Higher Education in Africa / Revue de l'enseignement supérieur en Afrique,* Vol. 10, No. 2 (2012), pp. 63-80, Conseil pour le développement et la recherche en sciences sociales en Afrique 2013, p.72.

surtout dans les zones forestières, la qualité des routes dans les zones forestières, les capacités en moyens de transport insuffisantes, les centres de formation professionnelle comme les équipements de loisir inexistants), des menaces s'exercent également sur ce territoire à travers la population (du fait de la migration du capital et du travail non qualifié vers Jendouba, vers la Capitale et vers l'étranger, et en particulier la migration des jeunes filles, des conditions de vie déplorables et d'un taux de suicide de jeunes filles inquiétant)[86].

En résumé, plusieurs rapports et de nombreuses recherches ont montré la richesse du gouvernorat de Jendouba en dépit de la faiblesse de tous ces indicateurs : en réalité, *la région est particulièrement riche en ressources naturelles et celles-ci sont mal exploitées*, il existe un manque de volonté politique de les transformer sur place. Selon certaines enquêtes, ce phénomène s'explique par l'héritage historique, alors que d'autres insistent sur le fait que les postes à responsabilité de l'administration publique locale soient attribués à des personnes qui ne sont pas natives de la région. Dans le même ordre d'idée, il a été souvent précisé que la région n'est pas suffisamment mise en valeur et qu'un effort en termes de marketing régional doit être accompli. Pour plusieurs enquêtés, le constat est unanime : il y a, du côté des acteurs publics, un manque d'infrastructures et une absence de projets structurants et, du côté des acteurs privés, un manque d'initiative[87].

Dans les délégations les plus défavorisées, notamment Oued Meliz, Fernana et Ain Draham, il est unanimement reconnu que le secteur agricole reste particulièrement sinistré : l'agriculture est archaïque (productivité limitée), les terres morcelées (économie d'échelle réduite) et la production basée sur un management encore très traditionnel (faible valeur ajoutée). De plus, l'absence d'un raisonnement par filière empêche la continuité des projets et, par conséquent, des activités de transformation (absence de productions agroalimentaires dans toute la région de Jendouba, bien que l'activité principale soit l'agriculture). Ce phénomène aboutit, d'une part à la création d'emplois précaires, principalement occupés par les

---

[86] Touensa Association et Organisation Internationale pour les Migrations, 2013, *Rapport de diagnostic des gouvernorats de Kairouan, Siliana, Kef et Jendouba*, Association Touensa et Organisation Internationale pour les Migrations (OIM), Juillet 2013, pp.19-20.
[87] *Ibid*, p.17.

populations rurales et féminines, et, d'autre part à des flux migratoires importants vers la Capitale et le littoral[88].

Tableau n° 19- L'IDH synthétique dans les délégations du gouvernorat du Kef

Délégation	I. de l'emploi	I. de l'emploi supérieur	T. d'alphab	SCOL. SUP	INTERNET	SONEDE	ONAS	**IDH**
Kef Ouest	599	482	826	519	361	942	806	648
Kef Est	641	560	810	509	330	882	738	639
Nebeur	707	417	640	372	057	503	192	**413**
Sakiet Sidi Youssef	777	479	660	362	075	491	335	454
Tajerouine	599	341	729	432	176	682	554	502
Kalaat Snan	535	389	725	388	133	670	493	476
Kalaat Khesba	425	312	707	429	113	825	489	471
Djerissa	513	336	772	456	225	794	412	501
Elksour	685	475	681	370	108	578	388	469
Dahmani	556	267	698	366	112	604	512	446
Essers	677	357	745	387	152	653	535	501
Total (Gouvernorat)	629	441	737	428	193	712	541	526
Total (Tunisie)	704	599	807	409	287	846	614	609

Source : Élaborés par nos calculs, à partir des données de l'INS

Comme à l'accoutumée au Nord-Ouest, la quasi-totalité des délégations du gouvernorat du Kef enregistrent un IDH inférieur à la moyenne nationale (à l'exception du Kef Centre). En outre, le chômage des cadres est élevé dans la plupart des localités avec des taux dépassant souvent 30 % *(33 % à Tajerouine et à Djerissa, 34 % à kalaa Khesba et 36,6 % à Dahmani)*.

La délégation qui enregistre l'IDH le plus faible est *Nebeur*, où l'on trouve des indices nettement en dessous de la moyenne nationale, notamment concernant les indicateurs de l'infrastructure avec un taux de raccordement au réseau d'assainissement de 19 % et une proportion des ménages connectés à internet qui ne dépasse pas 5 % (avec un taux de chômage supérieur de près de 30 %).

Même le taux de raccordement à l'eau potable est très faible, car la plupart des délégations « ont un caractère rural avec un relief très accentué et une population éparpillée qui fait que le branchement des ménages reste très difficile avec les normes actuelles en matière de coût de branchement par ménage. Il est primordial de traiter la

[88] *Ibid*, p.18.

desserte en eau potable de façon indépendante selon le milieu et l'intervenant et ne pas se limiter aux interventions de la SONEDE »[89].

Parmi les explications du chômage, la grande faiblesse du tissu industriel dans la région : « Le bilan de plus de 50 ans de tentatives d'industrialisation du gouvernorat est très faible, la reconversion de l'économie industrielle du Kef s'est soldée d'un grand échec, l'industrie non manufacturière est en cours de disparition, les industries manufacturières sont très peu dynamiques, Le Kef enregistre les plus faibles performances industrielles du Nord-Ouest et probablement parmi les plus faibles du pays. »[90]

Les zones rurales du gouvernorat du Kef sont en décroissance en raison d'un exode important, ces zones souffrent de diverses défaillances, notamment un manque d'accès à l'eau potable ; le gouvernorat du Kef est caractérisé par l'importance de l'agriculture, essentiellement la culture des céréales, l'élevage et les forêts. Or, l'agriculture n'est ni diversifiée, ni extensive. Ceci explique en partie que les agriculteurs ne vivent pas sur leurs fermes mais dans les villes ; le modèle de développement du Nord-Ouest doit être revu avec un accent particulier sur le développement agricole et agroalimentaire, mais également au travers du développement de l'industrie et des services ; l'agriculture n'est plus un secteur recherché, il s'agit plutôt d'une activité familiale, ce qui explique le manque d'innovation et le non-recrutement des diplômés de l'enseignement supérieur[91].

En ce qui concerne l'une des délégations les plus défavorisées, en l'occurrence **Nebeur**, elle se caractérise par un potentiel agricole et environnemental important. Ces potentialités se traduisent en une abondance d'eau avec une pluviométrie supérieure à 400 mm/an, la présence du barrage Mellag, l'existence de deux périmètres irrigués, la richesse des ressources agricoles (lait, viande, etc.), 28 500 hectares de forêts riches en faune et flore… Cependant, *les obstacles au développement* sont multiples et les défaillances sont nombreuses :

---

[89] Ministère du Développement Régional et de la Planification, 2012, *L'indicateur de développement régional. Gouvernorat du Kef,* Tunis, Septembre 2012, p.8.

[90] Tizaoui Hamadi, 2018, *Pour un nouveau paradigme du développement régional en Tunisie. Pas de développement régional sans industrie*, Arabesques éditions, Tunis, 2018, p. 210.

[91] Touensa Association et Organisation Internationale pour les Migrations, 2013, *Op.cit*, pp.33-34.

l'agriculture qui est réalisée de façon classique, l'absence de possibilités de formation des agriculteurs à Nebeur à travers des structures pérennes, l'absence d'une nappe profonde, l'absence de coopératives fonctionnelles... Concernant le secteur clé de la délégation de Nebeur, à savoir l'agriculture, la première des menaces relevées concerne l'utilisation de l'eau, qui est loin d'être optimale : les périmètres irrigués ne sont pas utilisés pleinement (évalués à 13 % de leur capacité totale) en raison de problèmes techniques, l'eau n'est libérée que 3 mois sur 12 ce qui a engendré beaucoup de problèmes sociaux entre les agriculteurs, le barrage Mellag connaît un taux de salinité et il témoigne aussi de problèmes environnementaux en raison des déchets des municipalités et des hôpitaux, les problèmes de disponibilité d'eau potable à venir. De façon générale, et cela a été mentionné à maintes reprises par les représentants de la société civile, la migration des jeunes est importante, d'abord en raison du manque d'activité économique et ensuite en raison de l'infrastructure souvent manquante[92].

Cette marginalisation de la délégation de Nebeur et des différentes localités du Kef (et du Nord-Ouest en général) a poussé certains chercheurs à parler de « *blocage du développement* » : comme l'a analysé N. Mhidhi, « la population locale a toujours tendance à se diriger vers d'autres centres urbains plus importants. En fait, ces petites communes sont bloquées à l'amont et à l'aval :

- à l'amont parce que les autres centres plus grands, subrégionaux ou régionaux et même la Capitale, n'ont pas besoin de leur médiation pour étendre leur influence sur les espaces locaux
- à l'aval parce que l'espace concerné par ces communes du Nord-Ouest *est tellement pauvre qu'il n'a rien à apporter* et n'a besoin que de quelques services »[93].

Ce blocage du développement a généré des répercussions démographiques indéniables notamment la "dépopulation" de certaines délégations où le taux d'accroissement démographique est non seulement stable mais il est même négatif (entre les deux recensements de 2004 et de 2014, le TAAM au Kef est de -0,62), avec

[92] *Ibid*, pp.36-39.

[93] Mhidhi Noureddine, 1998, Le rôle des nouvelles communes des montagnes du Nord-Ouest de la Tunisie dans le développement local. Le cas de Nebber, Menzel Salem et Bni Mtir, in, Belhedi Amor (dir), *Quelques aspects du développement régional et local en Tunisie*, ouvrage collectif, Cahiers du CERES, Série Géographique n°20, CERES, Tunis, 1998, p.188.

un solde migratoire également négatif de -7 504 (entre 2009 et 2014). L'importance de l'exode rural et de la dépopulation dans ces localités et la faible fréquentation de ces communes nous permettent « de les qualifier de *centres vides*, ces communes ne représentent pas des lieux centraux dans leurs espaces locaux malgré la diversité du niveau d'équipements et de services, ce qui ne leur permet pas de jouer un rôle d'encadrement et de commandement territorial et une articulation dans un système global »[94].

Tableau n° 20- L'IDH synthétique dans les délégations du gouvernorat de Siliana

Délégation	I. de l'emploi	I. de l'emploi supérieur	T. d'alphab	SCOL. SUP	INTERNET	SONEDE	ONAS	**IDH**
Siliana Nord	694	605	786	414	302	799	692	613
Siliana Sud	689	550	737	383	179	666	428	519
Bouarada	527	499	675	361	120	709	636	504
Gaafour	592	404	697	403	175	740	684	528
Elkrib	613	456	661	402	234	761	511	520
Bourouis	399	359	660	361	135	520	315	**393**
Makthar	557	376	654	369	100	666	483	**415**
Errouhia	810	675	582	270	054	350	254	**428**
Kesra	853	593	603	335	045	637	282	478
Bargou	677	523	662	389	093	574	397	474
Elaroussa	489	441	682	376	103	681	310	440
Total (Gouvernorat)	647	517	679	368	168	656	476	502
Total (Tunisie)	704	599	807	409	287	846	614	609

Source : Élaborés par nos calculs, à partir des données de l'INS

Pour le gouvernorat de Siliana, seule Siliana Nord se distingue par un IDH supérieur à la moyenne nationale, contrairement à toutes les autres délégations qui ont souvent un score compris entre 400 et 500. Deux communes enregistrent des indicateurs très faibles par rapport au seuil national :

- *la délégation d'Errouhia* où le taux d'analphabétisme est très élevé (41 %) et où les indices de l'infrastructure sont déficients (avec un taux de connexion internet de 5 %, de desserte en eau courante de 35 % et de raccordement au réseau ONAS de 25 %)
- *la délégation de Bourouis* qui a un IDH synthétique de moins de 400, où l'on trouve des indicateurs de l'infrastructure également faibles mais aussi et surtout des taux de chômage très élevés (le taux de chômage global est de 30 %, tandis que celui des diplômés est de 32 %).

[94] *Ibid*, p.203.

En général, dans l'ensemble du gouvernorat de Siliana, on peut noter l'existence des ressources importantes mais on remarque une *très faible exploitation des opportunités*. Il s'agit de régions à vocation agricole où les zones irriguées sont assez importantes. Ces terres sont propices aux plantations arboricoles, aux cultures maraîchères, aux grandes cultures et à la culture des plantes médicinales, aromatiques, ornementales et la floriculture. On regrette une insuffisance de l'occupation de l'arboriculture. L'agriculture demeure assez classique, peu de formations étant proposées aux agriculteurs afin de remédier à cette insuffisance. Le manque d'innovation explique le fait que ces activités agricoles ne contribuent pas au recrutement des diplômés de l'enseignement supérieur. Les massifs montagneux et forestiers sont riches en faune et flore variées, et notamment en plantes aromatiques et médicinales. Le gouvernorat de Siliana est une région qui a un potentiel tant sur le plan du *tourisme culturel qu'écologique*. Au travers de la topographie, les sommets, les plaines, les cours d'eau, les plans d'eaux, les sources thermales, la nature offre d'éléments qui pourraient être utilisés en faveur du développement de projets tels que le thermalisme, le tourisme de chasse et les randonnées pédestres. La région compte également de nombreux sites archéologiques datant des civilisations antiques. Des projets pouvant contribuer au développement du tourisme culturel consisteraient en la valorisation des vestiges et l'aménagement d'unités hôtelières et des gîtes[95].

En prenant comme exemple la délégation d'**Errouhia**, qui est l'une des délégations les plus marginalisées de la région, on peut souligner que cette localité est une zone agricole caractérisée par des richesses agricoles très importantes, notamment les plantations arboricoles telles que les pommiers et les oliviers. On y trouve également des cultures maraîchères. Compte tenu du potentiel agricole, le taux de pauvreté peut être expliqué par une exploitation non optimale des ressources. L'agriculture y est menée de manière traditionnelle et ne permet pas de dégager une productivité suffisante. La délégation d'Errouhia ne compte pas de centre de formation professionnelle et peu de formations ont été proposées jusqu'à présent. De plus, le tissu industriel est faible voire inexistant. Errouhia compte une usine de confection (sous-traitant de la marque Benetton) qui emploie environ

[95] Touensa Association et Organisation Internationale pour les Migrations, 2013, *Op.cit*, pp.57-60.

90 personnes et dans laquelle les habitants regrettent le non-respect des droits de travail (les ouvrières sont payées des salaires souvent inférieurs au SMIG). *Errouhia est donc une zone vierge en ce qui concerne l'initiative privée*[96].

Ce déficit considérable de plusieurs délégations de Siliana, et du Nord-Ouest en général, reflète très clairement la marginalisation des zones intérieures et de la partie ouest du pays. Certains auteurs ne se contentent pas de parler seulement d'un inégal développement ou d'une marginalisation des régions intérieures, mais ils parlent même **d'un enclavement** de ces zones à cause de leur isolement tant au niveau productif que dans le secteur non productif : le premier est entamé par « l'absence de l'infrastructure routière ou par la pénurie des substituts, sinon par la détérioration des équipements à travers le temps de façon à rendre l'unité sociale (ou la région) peu intégrée au tissu qui l'entoure ». Quant au niveau non productif, « dévolu généralement à l'État, l'enclavement indique le manque des équipements socio-éducatifs et collectifs ».[97]

C'est un état d'isolement, par les pouvoirs publics, « *la politique ostraciste excluant des fruits de la croissance certaines populations* ou certaines régions de façon à rendre l'unité sociale peu intégrée au tissu qui l'entoure, provoquant ainsi un ralentissement dans les échanges interrégionaux, intergroupes sociaux, intercommunautaires ou bien réduisant une communauté à devenir réceptrice dans l'opération des échanges, créant par là *un déséquilibre dans le corps social*, et c'est ainsi que naissent les poches de pauvreté »[98].

Cette situation "d'enclavement" et de sous-développement a des effets démographiques néfastes notamment la dépopulation et l'exode rural :

- la dépopulation est attestée par un taux d'accroissement négatif dans tous les gouvernorats du Nord-Ouest (-0,05 à Béja, -0,37 à Jendouba, -0,62 au Kef et -0,48 à Siliana)
- le déplacement de la population est attesté par un solde migratoire toujours négatif reflétant le caractère répulsif de la région ; ce solde

[96] *Ibid*, pp.61-62.
[97] Amri Laroussi, 2002, *La femme rurale dans l'exploitation familiale. Nord-Ouest de la Tunisie*, Edition L'Harmattan, Paris, 2002, pp151-152.
[98] *Ibid*, p.151.

est de -35 mille entre 2009 et 2014 (en milliers : -7,6 à Béja ; -12,1 à Jendouba ; -7,0 au Kef et -8,3 à Siliana).

Cette crise du Nord-Ouest, et des régions rurales en général (une crise qui est à l'origine des flux migratoires importants qui génèrent parfois une stagnation, voire une diminution de la population) est inhérente à de nombreuses *causes structurelles qui expliquent la dépopulation* de cette région. Il s'agit notamment de : la concentration de la propriété, la faiblesse de la diversification de l'agriculture, la détérioration des revenus dans l'agriculture, la mécanisation de ce secteur (avec la non-diversification) ce qui a diminué le besoin en main-d'œuvre (la régression des journées de travail disponibles dans les campagnes de la région), la mécanisation par voie de location qui a généré un rapport d'exploitation et de domination et qui a accéléré le rythme de destruction de l'équilibre de l'économie familiale, l'absence des transformations structurelles de compensation (la faiblesse des investissements industriels et tertiaires)...[99]

IV- L'IDH et les inégalités locales au Centre-Est

Cette section est focalisée sur l'étude des IDH synthétiques et des disparités locales dans les différentes délégations du Centre-Est et ses quatre gouvernorats (Sousse, Monastir, Mahdia et Sfax).

---

[99] Dimassi Hassine et Zaiem M. Hedi, 1982, La dynamique socio-économique de population d'une région. L'exemple du Nord-Ouest tunisien, in AMEP, *Population et développement*, Actes du 5ème colloque de démographie maghrébine, AMEP, Rabat, 1982, pp. 16-32.

Tableau n° 21- L'IDH synthétique dans les délégations du gouvernorat de Sousse

Délégation	I. de l'emploi	I. de l'emploi supérieur	T. d'alphab	SCOL. SUP	INTERNET	SONEDE	ONAS	**IDH**
Sousse Medina	809	789	916	609	541	953	982	**800**
Sousse Riadh	720	631	931	473	422	962	960	728
Sousse Jawhra	795	793	925	596	588	962	974	**805**
Sidi Abdelhamid	699	557	860	368	268	950	961	666
Hammam Sousse	835	764	916	535	542	962	945	786
Akouda	846	760	897	519	424	944	636	718
Kalaa Kebira	801	580	823	411	222	920	832	656
Sidi Bouali	796	625	809	365	212	919	533	608
Hergla	733	559	829	411	288	958	641	631
Enfidha	634	530	789	298	134	923	331	520
Bouficha	726	616	781	249	144	924	445	555
Kondar	704	588	718	209	055	902	049	**461**
Sidi Elheni	782	553	725	238	051	922	043	**473**
Msaken	805	647	861	391	411	947	869	704
Kalaa Sghira	760	636	871	471	352	923	717	676
Zaouia Ksiba Thrayet	822	645	851	358	243	908	746	653
Total (Gouvernorat)	771	689	866	438	371	944	800	698
Total (Tunisie)	704	599	807	409	287	846	614	609

Source : Élaborés par nos calculs, à partir des données de l'INS

Avec la Capitale et Monastir, Sousse est l'un des gouvernorats les plus développés du pays. Ces trois villes constituent les régions les plus développées de la Tunisie et elles sont les villes les plus importantes de l'axe littoral qui constitue « l'épine dorsale » de l'espace tunisien. Selon les statistiques récentes, cet axe littoral représente plus de 92 % des entreprises off-shore. Il constitue, de plus en plus, un espace de desserrement métropolitain de la Capitale. Il concentre plus de 65 % des projets, 90 % de l'investissement et 91 % de l'emploi textile. *Quant à l'industrie exportatrice, sa part est souvent comprise entre 92 et 95 %. La dynamique économique se limite ainsi à un triangle BKM* entre Bizerte-Kélibia et Mahdia. Le NE et le CE représentent 59 % de la population et 75,6 % du PIB[100].

[100] Belhedi Amor, 2018, Dimensions et enjeux territoriaux du modèle de développement en Tunisie, colloque : *Diversité des modèles de développement en Afrique du Nord au prisme de l'expérience tunisienne*. Political and socio-institutional change in North Africa : competition of models and diversity of national trajectories ; ERC TARICA, 11-12 octobre 2018, Sidi Dhrif, Tunis, pp.9-10.

La "Perle du Sahel" bénéficie de plusieurs "avantages comparatifs" dont notamment son emplacement géographique, l'importance des zones touristiques, le développement de l'infrastructure et des équipements collectifs, les investissements considérables (tant publics que privés) dans l'industrie (électrique, mécanique...) et dans le secteur du tourisme...

Selon les termes de M. Jedidi, « le Sahel est incontestablement l'une des régions du pays qui semblent le plus profiter des réalisations du régime depuis l'indépendance [...]. Cette région connaît des transformations extrêmement rapides, tant dans ses paysages géographiques que dans les activités socio-économiques [...]. L'économie a connu des mutations radicales : l'oléiculture qui était le fondement de l'économie régionale a nettement régressé cédant rapidement le pas aux activités non agricoles, à la fois secondaires (notamment l'industrie moderne de transformation) et tertiaires (tourisme, services commerciaux et non commerciaux...) qui sont ainsi devenues prépondérantes »[101].

Cependant, et en dépit de toutes ces mutations et de tous ces avantages, on remarque des disparités locales relativement importantes, entre les délégations les mieux loties enregistrant un score supérieur ou égal à 800 (en l'occurrence Sousse Medina et Sousse Jawhra) et les délégations les moins nanties ayant un score inférieur à 480 (à savoir *Kondar et Sidi Elheni*), soit un écart entre les extrêmes de près de 340 points.

La marginalisation de ces deux délégations est confirmée par de nombreux indicateurs, en particulier les indices relatifs à l'infrastructure et à l'éducation :

- le taux de raccordement au réseau d'assainissement est négligeable à Sidi Elheni et à Kondar (moins de 5 %) alors qu'il est de 80 % dans l'ensemble du gouvernorat
- le taux d'analphabétisme est de près de 30 % dans ces deux localités alors que le taux moyen du gouvernorat ne dépasse pas 13,4 % ; il en est de même pour la scolarisation supérieure (entre 22 % et 23 % contre près de 44 % pour la région de Sousse).

Ces délégations sont caractérisées par la prédominance de la population rurale et agricole, ce qui explique la faiblesse du tissu économique et la déficience des zones industrielles, et ce qui génère

[101] Jedidi Mohamed, 1986, *Croissance économique et espace urbain dans le Sahel tunisien depuis l'indépendance,* Publication de l'Université de Tunis, Tunis, 1986, tome 1, p. 17 et p.369.

un taux de pauvreté supérieur à la moyenne du gouvernorat et un chômage - en particulier des jeunes diplômés - relativement plus élevé par rapport aux autres communes de Sousse (20 % à Kondar et 22,4 % à Sidi Elheni, contre 10 % à Sousse Medina et Sousse Jawhra).

Tableau n° 22- L'IDH synthétique dans les délégations du gouvernorat de Monastir

Délégation	I. de l'emploi	I. de l'emploi supérieur	T. d'alphab	SCOL. SUP	INTERNET	SONEDE	ONAS	**IDH**
Monastir	801	733	935	672	518	961	967	797
Werdanine	784	548	871	315	273	928	888	658
Sahline	820	701	891	402	327	958	923	717
Zarmdine	718	419	837	353	190	947	585	578
Beni Hassen	803	446	837	367	208	917	555	590
Jammel	841	546	873	354	251	942	846	665
Benbla	863	665	856	410	257	959	948	708
Moknine	816	590	851	339	218	935	667	631
Bekalta	868	594	837	392	302	956	715	666
Teboulba	855	606	910	394	333	958	728	683
Ksar Helal	816	645	890	380	310	943	869	693
Ksibet Elmediouni	808	590	902	461	361	948	908	711
Sayada Lamta Bouhjar	856	698	894	460	391	958	887	735
Total (Gouvernorat)	819	640	884	450	331	949	833	701
Total (Tunisie)	704	599	807	409	287	846	614	609

Source : Élaborés par nos calculs, à partir des données de l'INS

À l'instar de Sousse et de Tunis, Monastir peut être considéré comme l'un des gouvernorats les plus développés du pays et "la perle" non seulement du Sahel mais de tout l'axe littoral. Mais, contrairement à Sousse et au Cap Bon, Monastir se distingue par la quasi-absence des délégations marginalisées. Il faut noter, à ce titre, que ce gouvernorat enregistre un taux d'urbanisation de 100 %, c.-à-d. que la population rurale à dominante agricole et "laissée pour compte" est quasiment inexistante (en témoigne le taux de pauvreté parmi les plus faibles du pays). En 2015 par exemple, le taux de pauvreté extrême est de 0,3 % et le taux de pauvreté globale est de 8,3 % (contre des taux nationaux respectifs de 3 % et de 15 %).

Même les délégations les moins classées du gouvernorat enregistrent un IDH de près de 600, alors que l'indice moyen de la région est nettement supérieur à la moyenne nationale. On doit souligner, à cet égard, que les indices de l'emploi global et ceux de l'emploi des diplômés sont nettement élevés dans la plupart des communes de Monastir par rapport aux autres délégations du pays, avec un taux de chômage global de 9 % (contre 15 % au niveau national).

Ceci reflète le niveau de développement du marché de l'emploi à Monastir, en particulier grâce à la croissance rapide du secteur industriel et touristique :

- pour le secteur industriel, l'industrialisation a connu un développement remarquable après les années 1960 (et aussi la décennie 1970) avec le soutien primordial de l'État : « Les premières grandes unités industrielles dans la région (Les Tissages de Ksar Helal, La Sogitex de Monastir et de Moknine...) sont toutes publiques et elles ont été réalisées presque toutes dans le textile [...]. Dès le début des années 1970, l'État a décidé de renoncer à son rôle d'investisseur direct et il n'a épargné aucun effort pour doter la région d'une infrastructure de base moderne, dans le but d'y orienter les investisseurs tunisiens et étrangers ; par la loi d'avril 1972 puis la loi d'août 1974, beaucoup d'avantages et d'exonérations sont accordés aux projets, à vocation exportatrice, et générateurs de devises. »[102]

- concernant le secteur touristique, le rythme de croissance du tourisme a été nettement plus rapide que dans l'ensemble du pays : il a presque doublé « pour le nombre d'établissements hôteliers, les entrées de touristes étrangers, les emplois directs hôteliers et les recettes en devises, plus que doublé pour les unités touristiques et presque triplé pour la capacité d'hébergement »[103].

Outre le développement rapide du secteur touristique (en 2018, la région touristique Monastir-Skanes comporte plus de 50 hôtels classés, totalisant une capacité de plus de 22 mille lits, 62 agences de voyages...), le dynamisme du secteur industriel a joué un rôle primordial dans le développement économique et social de la région. L'exemple de Ksar Helal est significatif à plus d'un titre.

En ce qui concerne l'industrialisation précisément, certaines délégations sont caractérisées par un dynamisme économique particulier. Citons notamment *Ksar Helal* qui est marquée historiquement et structurellement par l'activité textile. Les industries du textile, de l'habillement et du cuir regroupent à elles seules 85 %

---

[102] R. Nabli, 2008, *Op.cit*, p.227.
[103] M. Jedidi, 1986, *Op.cit*, p.257.

des entreprises et 93 % de l'emploi que compte l'industrie hélalienne. Le "cluster" de Ksar Helal s'articule globalement de la manière suivante : en amont, se situent les fournisseurs de fils avec deux types d'acteurs, les filatures modernes et la centaine de grossistes importateurs de fils ; au cœur nous trouvons les entreprises officielles de tissage industriel autour desquelles gravitent les unités informelles de tissage industriel ainsi que les tisserands manuels. En aval, nous trouvons la confection composée de deux types de fabricants : les sociétés totalement exportatrices et les entreprises écoulant, exclusivement sur le marché tunisien, les articles d'habillement produits. Autour de ces derniers se concentre un certain nombre de travailleurs à domicile qui réalisent tous les travaux de finition sur les produits d'habillement[104].

Ainsi, Ksar Helal apparaît comme une ville atelier animée par toute une communauté qui en tire profit et qui a façonné un cluster très ancré territorialement mais, aussi, ouvert d'une façon sélective sur l'international. Les entrepreneurs de la confection et du tissage hilalien profitent au maximum d'un marché de travail performant en nombre et en qualité, jouissant d'une flexibilité remarquable, surtout pour l'activité confection, pour l'adaptation à demande du marché, étranger surtout. La tradition aidant, puisque tout le monde pratique l'industrie textile et dès le jeune âge à Ksar Hellal. En 2000 par exemple, la zone Ksar Helal-Moknine comporte 150 entreprises et 14 243 salariés dans l'industrie textile, soit 82 % des entreprises et 92,2 % des salariés. Parmi les principales caractéristiques de ce cluster hilalien c'est sa capacité d'innovation (le processus hilalien de création envoyant à un autre processus de veille/copie/amélioration) et d'adaptation (à la faiblesse de la Recherche/développement et de l'infrastructure technologique moderne)[105].

---

[104] Tizaoui Hamadi, 2013, *Le décrochage industriel des régions intérieures en Tunisie*, Arabesques éditions, Tunis, 2013, p.300.
[105] H.Tizaoui, 2018, *Op.cit*, pp.172-175.

Tableau n° 23- L'IDH synthétique dans les délégations du gouvernorat de Mahdia

Délégation	I. de l'emploi	I. de l'emploi supérieur	T. d'alphab	SCOL. SUP	INTERNET	SONEDE	ONAS	**IDH**
Mahdia	788	667	867	442	343	946	795	693
Boumerdes	729	518	807	252	109	939	215	510
Ouled Chamekh	642	416	662	257	073	855	066	**424**
Chorbene	610	437	714	272	056	750	060	**414**
Hebira	797	664	687	312	056	686	023	461
Essouassi	758	474	712	193	058	915	255	481
Eldjem	745	531	775	260	128	914	468	546
Chebba	818	667	832	411	290	936	378	619
Meloulech	745	358	739	310	196	842	069	466
Sidi Alouane	760	545	736	211	103	893	067	474
Ksour Essef	803	566	813	341	190	902	425	577
Total (Gouvernorat)	759	578	779	304	177	900	388	555
Total (Tunisie)	704	599	807	409	287	846	614	609

Source : Élaborés par nos calculs, à partir des données de l'INS

Contrairement à Sousse, Monastir et Sfax, le gouvernorat de Mahdia constitue "le mauvais exemple" du Sahel et de l'axe littoral : c'est le gouvernorat qui fait l'exception au Centre Est, avec des indices très faibles par rapport aux autres gouvernorats du district. De toutes les délégations de Mahdia, seule Mahdia Ville a un IDH supérieur à la moyenne nationale, tandis que les autres localités (sauf Chebba) enregistrent des scores compris souvent entre 400 et 500.

Certaines délégations se distinguent par la faiblesse considérable des indicateurs de l'infrastructure et, subséquemment, l'obtention d'un IDH inférieur au seuil moyen de 500. Il s'agit notamment de *Chorbene, Ouled Chamekh, Hebira, Meloulech et Sidi Alouane*, où l'on trouve - dans toutes ces villes - un indice d'assainissement toujours inférieur à 7 % (2,3 % à Hebira). Il en va de même pour le taux de connexion à internet (avec une proportion oscillant entre 5 % et 10 %). Ceci est conjugué à un taux de chômage des cadres qui est relativement élevé dans plusieurs délégations à dominante agricole et rurale, et où l'on remarque une déficience de la création d'entreprise et une faiblesse de l'activité économique et industrielle. À titre d'exemple, on trouve un taux de chômage supérieur de 28 % à Chorbene, de 29 % à Ouled Chamekh et de 32 % à Meloulech.

En dépit de plusieurs atouts et de nombreux avantages (sa position géographique, sa proximité de grands pôles de développement tels que Sfax, Monastir, et Sousse, sa forte capacité d'attractivité touristique et culturelle), le gouvernorat de Mahdia, dans son élan de développement, se heurte, aujourd'hui, à plusieurs *difficultés* qui constituent de véritables problématiques au développement de cette région dont :
- une infrastructure routière qui ne répond guère aux besoins et attentes des populations
- un taux de chômage assez élevé
- un déficit en eau assez compromettant pour le développement de l'agriculture dans la région
- la marginalisation et l'isolement de certaines délégations qui ont créé un phénomène d'exode préoccupant
- le morcellement des terres agricoles qui rend difficile la mise en œuvre d'un plan stratégique opérationnel de développement agricole
- la propagation de la pollution marine et terrestre qui devient préoccupante et surtout la faiblesse du tissu industriel notamment dans les délégations intérieures[106].

Les problèmes que connaît le secteur industriel à Mahdia constituent les principales entraves au développement de la région. Parmi les problématiques les plus importantes de l'industrie à Mahdia, le rapport sus-invoqué du CGDR cite notamment les points suivants :
- le secteur industriel à Mahdia est le plus faible de la région du Centre-Est de la Tunisie ; où on enregistre, en 2014, à Sousse 545 entreprises industrielles employant 10 personnes et plus, à Sfax 655 et à Monastir 658 entreprises alors qu'à Mahdia il existe actuellement seulement 147 entreprises
- les incitations insuffisantes (pour les entrepreneurs) pour l'investissement dans la région notamment dans les délégations de Melloulech, Hébira, Ouled Chamekh et Chorbane (avec les procédures administratives liées à l'investissement jugées lentes et compliquées)
- l'absence de pôle technologique dans la région surtout dans le domaine du textile et agroalimentaire pilier de l'économie régionale

[106] CGDR, 2018, *Étude stratégique pour le développement du gouvernorat de Mahdia à l'horizon 2030,* Rapport de synthèse de la phase III : Synthèse et Tableau de Bord de la Stratégie de développement du gouvernorat de Mahdia, Horizon 2030, CGDR, Ministère du Développement, de l'Investissement et de la Coopération Internationale, Février 2018, p.11.

- le manque d'investissement dans les zones périphériques, l'infrastructure industrielle limitée et l'infrastructure de transport insuffisante engendrant l'enclavement de la région
- certaines délégations souffrent de la quasi-inexistence du secteur industriel (cas des délégations de l'intérieur du gouvernorat)
- les filières économiques les plus rentables du secteur, du point de vue emplois générés et production, sont exposées à des menaces et à des défis multiples qui peuvent compromettre sérieusement l'existence même de ces filières (la filière textile souffre de la forte concurrence internationale d'une part et la dominance des entreprises sous-traitantes d'autre part ; pour la filière production laitière, la survie de cette filière dépend du prix de fourrage et de la qualité de service rendu par les sociétés coopératives à auxquelles ont adhéré tous les éleveurs)[107].

Pourtant, les ressources et les opportunités dans les différentes délégations de Mahdia sont considérables. Outre son emplacement géographique (avec 75 km de côtes sur la Méditerranée), les avantages touchent tant l'agriculture (production d'huile très importante, les produits de la pêche de près de 14 % de la production nationale, le bassin laitier…) que le secteur industriel (les zones industrielles et aussi les avantages octroyés aux zones de développement régional) et les secteurs touristique et artisanal (tourisme balnéaire, centres de thalassothérapie, spécialité dans certains métiers tels que la soie et la mosaïque, le patrimoine archéologique très important)…[108]

---

[107] *Ibid*, pp.15-18.
[108] Ministère du Développement Régional et de la Planification, 2013, *Stratégie du développement du gouvernorat de Mahdia,* Tunis, 2013, pp. 5-16.

Tableau n° 24- L'IDH synthétique dans les délégations du gouvernorat de Sfax

Délégation	I. de l'emploi	I. de l'emploi supérieur	T. d'alphab	SCOL. SUP	INTERNET	SONEDE	ONAS	**IDH**
Sfax Ville	820	737	884	540	436	976	959	**765**
Sfax Ouest	796	702	907	571	428	977	908	756
Sakiet Ezzit	831	706	904	539	408	927	552	695
Sakiet Eddair	837	708	892	457	340	957	632	689
Sfax Sud	842	725	891	474	387	889	326	648
Tina	763	558	861	331	237	887	466	586
Agareb	594	399	762	263	142	824	157	449
Djbeniana	675	456	775	313	120	842	143	475
El Amra	687	465	756	254	095	873	060	456
El Hancha	751	525	738	222	063	809	139	464
Menzel Chaker	763	543	649	172	041	771	046	469
Ghraiba	491	251	731	278	042	587	031	**344**
Bir Ali Ben Khlifa	603	257	638	291	060	273	051	**310**
Skhira	472	172	707	286	132	463	027	**323**
Mahres	596	523	776	302	221	803	502	532
Kerkenah	801	492	819	467	292	976	309	594
Total (Gouvernorat)	762	650	831	412	291	864	485	614
Total (Tunisie)	704	599	807	409	287	846	614	609

Source : Élaborés par nos calculs, à partir des données de l'INS

La capitale du Sud est, avec Tunis et le Sahel, parmi les régions les plus dynamiques du pays et "la métropole économique" du sud de la Tunisie. Selon Rabah Nabli, les principaux facteurs explicatifs de la prospérité de Sfax sont les suivants :

« - la situation géographique privilégiée de la ville : Sfax est entourée d'une région agricole riche, avec comme principales cultures les céréales, les arbres fruitiers et les oliviers [...], ce qui favorise le développement d'une production agroalimentaire

- la deuxième caractéristique est liée à l'importance du port de Sfax, ce port connaît depuis toujours un trafic intense grâce notamment à l'exportation de l'alfa, de l'huile d'olive et surtout des phosphates

- la troisième - et peut-être la plus importante - caractéristique consiste dans l'existence à Sfax d'un tissu productif efficace, constitué pour une large part par de petites et moyennes entreprises. »[109]

En outre, l'un des principaux facteurs de l'emploi et de la création de la richesse c'est le développement du secteur industriel et la diversification du tissu industriel sfaxien : la région est le deuxième

[109] R. Nabli, 2008, *Op.cit*, p.171.

foyer industriel du pays derrière Tunis. L'Industrie Textile de l'Habillement et du Cuir (ITHC) apparaît comme dominante à Sfax avec 238 établissements et 17 859 salariés (54,8 % des salariés industriels à Sfax). Viennent ensuite les industries agroalimentaires (IAA) avec 94 établissements et 4 367 salariés, les IMME avec 82 établissements et 4 297 salariés. Tous les autres secteurs confondus totalisent 172 entreprises et 6 059 salariés[110].

Le rôle de *"l'entrepreneuriat sfaxien"* est ici prépondérant grâce à la culture locale favorisant l'initiative privée et l'esprit d'entreprise. En effet, le tissu entrepreneurial sfaxien est fortement diversifié et, dans ce contexte, il est incontestable que « les unités économiques, outre les emplois créés, ont eu des effets induits positifs sur l'ensemble du tissu économique qu'elles ont stimulé à partir d'une production desservant des aires de marché variées allant du local au national et atteignant de plus en plus les marchés extra-nationaux »[111].

Par conséquent, la culture entrepreneuriale à Sfax a joué, et joue encore, un rôle fondamental dans le développement de la région. Ainsi, le facteur socioculturel est primordial à cet égard : différentes expériences entrepreneuriales montrent à quel point « le milieu sfaxien est générateur d'esprit d'entreprise ; que l'on soit à Sfax ou ailleurs, que l'on soit homme ou femme, on est porté par l'initiative économique privée. Dans ce milieu, on fait non seulement le culte de l'initiative privée mais aussi celui de la performance. L'initiative économique est vécue comme mode de vie articulé sur le changement, l'innovation, mais aussi sur l'inquiétude, l'instabilité [...]. La famille demeure en dépit des mutations sociales et culturelles que connaît la société d'aujourd'hui, un lieu dépositaire des valeurs »[112].

Outre l'entrepreneuriat et la culture entrepreneuriale, le milieu sfaxien lui-même offre plusieurs opportunités au développement régional et local : pour comprendre la dynamique économique de Sfax, les outils conceptuels de district industriel et de milieu innovateur ont un intérêt opérationnel certain. Sfax est un exemple de milieu économique dynamique où les potentialités du milieu et ses paradoxes génèrent la production de savoir et de richesses. *Le milieu*

---

[110] H. Tizaoui, 2018, *Op.cit*, pp.175-177.

[111] R. Nabli, 2008, *Op.cit*, p.195.

[112] *Ibid*, p.189.

local offre une proximité des clients et des fournisseurs, une concentration de corps de métiers et donc des opportunités d'affaires et de coopérations. Il offre aussi la proximité de l'ancien employeur et l'aide précieuse qu'il apporte par le biais de la sous-traitance et de la partition des activités. La famille apporte son soutien financier, son capital social et son capital de savoir[113].

Cet environnement économique et culturel favorable a été à l'origine d'un dynamisme économique et industriel indéniable qui a facilité le développement d'un secteur secondaire qui a eu, lui-même, des effets d'entraînement sur le développement de la région en général. « Nous sommes à Sfax dans une culture d'entrepreneurs qui s'appuie sur un milieu économique historiquement fidèle à ses traditions, marqué par un tissu socioculturel homogène et une représentation de l'appartenance très forte [...]. Mais deux choses distingueraient Sfax et lui donnent une spécificité à l'intérieur de toute la Tunisie. En premier lieu, l'industrialisation sfaxienne est quasi-totalement l'œuvre de la communauté sfaxienne [...]. La deuxième spécificité est l'originalité et l'exemplarité du modèle entrepreneurial sfaxien : ce tissu évolue par démultiplication croissante des entreprises [...] et la structure de travail essentiellement familial. »[114]

Toutefois, et nonobstant ce développement de la "capitale du Sud", certaines délégations demeurent caractérisées par un très faible niveau de développement économique et humain, enregistrant des indices proches de 300. Il s'agit notamment de *Bir Ali Ben Khlifa, Ghraiba et Skhira*, où l'on trouve un *IDH inférieur à 350* et des indicateurs sectoriels montrant une "vulnérabilité" et une marginalisation incontestables :

- pour l'infrastructure par exemple, le taux de raccordement au réseau ONAS est compris entre 2 % et 5 %, la proportion des ménages ayant un accès à internet oscille entre 4 % et 13 %
- concernant le marché de l'emploi, le taux de chômage global est relativement élevé (20 % à Bir Ali Ben Khlifa, entre 25 % et 26 % à Ghraiba et Skhira), alors que le chômage des cadres est, quant à lui,

---

113 Ben Hassine Adel, 2005, Développement économique local et nouvelles technologies : le cas de Sfax, *Networks and Communication Studies, NETCOM,* Vol. 19, n°1-2, pp. 71-73.

114 H.Tizaoui, 2013, *Op.cit,* pp.303-304.

très important avec des taux qui sont compris entre 37 % et 41 % dans ces trois délégations.

V- L'IDH et les inégalités locales au Centre-Ouest

Dans cette section, on va étudier les disparités locales dans le Centre-Ouest, grâce à l'analyse de l'IDH synthétique des différentes délégations de trois gouvernorats : Kairouan, Kasserine et Sidi Bouzid.

Tableau n° 25- L'IDH synthétique dans les délégations du gouvernorat de Kairouan

Délégation	I. de l'emploi	I. de l'emploi supérieur	T. d'alphab	SCOL. SUP	INTERNET	SONEDE	ONAS	**IDH**
Kairouan Nord	645	447	785	433	254	928	823	616
Kairouan Sud	670	512	734	380	236	794	628	565
Echbika	734	321	632	293	039	649	000	438
Sebikha	694	391	599	222	035	438	066	**350**
El Oueslatia	627	503	589	307	025	396	258	386
Haffouz	701	462	602	324	042	587	183	457
El Alaa	764	530	567	264	031	664	074	413
Hajeb El Ayoun	636	517	602	291	037	550	291	418
Nasrallah	539	428	635	372	033	452	000	**351**
Echrarda	640	475	639	204	019	610	013	**371**
Bouhajla	624	449	537	206	021	450	094	**340**
Total (Gouvernorat)	661	467	650	314	104	634	320	450
Total (Tunisie)	704	599	807	409	287	846	614	609

Source : Élaborés par nos calculs, à partir des données de l'INS

En analysant les différents gouvernorats du Centre-Ouest, et en commençant par Kairouan, *on remarque non seulement la faiblesse mais aussi et surtout l'absence totale de certains équipements et de plusieurs services.* En ce qui concerne l'assainissement par exemple, *l'indice est égal à zéro à Echbika et Nasrallah,* et à l'exception de Kairouan Nord et Sud, le taux de raccordement demeure inférieur à la moyenne nationale. Ce taux est très faible surtout dans les petites agglomérations (Cherarda, Nasrallah, El Alaa, Chbika). À Chbika, il n'existe aucun réseau d'assainissement et les rejets se font dans des fosses septiques avec toutes les menaces qui peuvent avoir lieu sur la nappe. À Sbikha, des problèmes écologiques commencent à se faire observer autour de la ville à cause de l'insuffisance du réseau d'assainissement et des rejets des eaux usées à proximité de la ville[115].

Même pour le taux de raccordement à l'eau potable, on remarque qu'il est nettement inférieur à la moyenne nationale, avec près de 50 % ou, parfois, 60 % de la population qui ne bénéficie pas des services de la SONEDE. Dans ces délégations rurales, on peut souligner aussi la faiblesse de l'accès à internet (entre 2 % et 3 %) et l'importance des proportions d'analphabètes (plus de 40 % dans quatre localités).

En ce qui concerne le marché de l'emploi, et à cause de l'absence des débouchés (surtout pour les cadres) et de la quasi-absence des zones industrielles, en particulier dans les zones rurales, les taux de chômage sont élevés notamment pour les diplômés du supérieur, avec un taux de 28 % à Nasrallah et de plus de 30 % à Echbika et Sbikha.

Concernant la délégation *d'El Ouslatia* par exemple, et qui est l'une des délégations les plus défavorisées du Kairouan (et de toute la Tunisie), plusieurs contraintes et de nombreux obstacles au développement peuvent être soulignés : comme pour Nasrallah et El Alaa, il n'y a aucune industrie au niveau local. Les habitants sont agriculteurs, apiculteurs ou fonctionnaires (environ 1 500) et le reste de la population travaille à l'extérieur de la délégation, voire très souvent hors du gouvernorat ; les filles qui travaillent ne le font pas dans leur délégation ni même dans le gouvernorat mais bien dans les industries textiles et de câblerie du Sahel ou en tant qu'aide-ménagère pour 90 % d'entre elles[116]. Au niveau sectoriel, les contraintes dans cette délégation sont très nombreuses :

- pour l'agriculture, la population (notamment les éleveurs) dit ne plus s'en sortir, à cause de la sécheresse et du prix élevé du fourrage. Ils ne peuvent plus vivre de l'élevage mais ne savent que faire pour avoir des revenus. D'ailleurs, d'après les autorités locales, même les villageois qui ont reçu des aides pour acheter du bétail vendent rapidement leur élevage par nécessité économique, avant même qu'il

---

[115] Ministère du Développement Régional et de la Planification, 2012, *L'indicateur de développement régional. Gouvernorat de Kairouan,* Tunis, Septembre 2012, p.7.

[116] Touensa Association et Organisation Internationale pour les Migrations, 2013, *Op.cit*, p. 84.

n'arrive à maturité, pour se reproduire ou avoir du lait. De ce fait, le nombre de bovins est passé de 1 700 à 200 en moins de trois ans
- concernant la santé, comme dans les autres délégations, et même avec plus d'acuité, le problème de la santé se pose. La population dispose d'un hôpital local et d'une section urgence mais de peu de médecins (3 médecins pour 56 000 habitants) et peu voire pas d'équipements (les hôpitaux les plus proches sont ceux de Kairouan (60 km) et de Siliana (36 km)
- pour l'industrie, on note l'absence totale d'entreprises industrielles et seule la société qui exploite l'eau minérale, est implantée dans la région (elle n'emploie que 60 personnes durant les périodes de fortes activités). L'artisanat, qui constituait un complément de revenu important, et qui consistait notamment en la fabrication des tapis, a quasiment disparu[117].

À cet égard, les statistiques confirment la régression rapide de l'industrie artisanale non seulement à El Oueslatia mais dans tout le gouvernorat : on note, en effet, une chute de l'emploi manufacturier qui a touché tous les gouvernorats du Centre-Ouest et plus particulièrement le gouvernorat de Kairouan qui a connu un rythme de régression toujours rapide ; cette régression très rapide des actifs dans les industries manufacturières au sens large s'explique par la crise profonde que connaissent les industries artisanales à Kairouan surtout celles des tapis et des couvertures traditionnelles (- 10 897 emplois féminins entre 1994 et 2009)[118].

Bien que l'on remarque une dynamique industrielle récente dans la région, l'industrialisation de ce gouvernorat est plutôt une affaire de la ville de Kairouan qui concentre l'essentiel du tissu industriel régional aux dépens des villes et des délégations de l'ouest du gouvernorat[119].

---

[117] *Ibid*, pp. 84-86.
[118] H.Tizaoui, 2018, *Op.cit*, p.226.
[119] *Ibid*, p.249.

Tableau n° 26- L'IDH synthétique dans les délégations du gouvernorat de Kasserine

Délégation	I. de l'emploi	I. de l'emploi supérieur	T. d'alphab	SCOL. SUP	INTERNET	SONEDE	ONAS	**IDH**
Kasserine Nord	441	358	815	450	291	926	827	587
Kasserine Sud	638	306	678	297	085	463	000	**352**
Ezzouhour	351	239	716	405	215	944	856	532
Hassi Ferid	817	673	443	227	006	264	000	**347**
Sebeitla	582	384	697	293	089	495	275	402
Sebiba	722	289	616	240	046	463	139	**359**
Djedeliane	686	283	645	374	043	541	000	**367**
El Ayoun	531	389	551	292	007	282	000	**293**
Thalla	438	148	695	407	105	653	452	414
Hidra	558	299	585	347	094	494	000	**340**
Foussana	668	337	659	278	045	402	135	416
Feriana	535	289	652	281	086	685	369	414
Majel Bel Abbes	503	093	628	299	041	696	000	**323**
Total (Gouvernorat)	553	305	674	323	112	602	330	414
Total (Tunisie)	704	599	807	409	287	846	614	609

Source : Élaborés par nos calculs, à partir des données de l'INS

Comme on l'a analysé dans des recherches précédentes[120], l'aspect chronique et persistant de l'inégal développement est confirmé par l'existence de la même classification régionale même si l'on utilise d'autres indicateurs, d'autres méthodologies et d'autres périodes de référence : l'indicateur synthétique de développement, l'IDH classique, l'IDH synthétique, l'IPH, le « coefficient de développement », l'indice de bien-être, l'IMH… Tous ces indicateurs font ressortir la même typologie régionale reflétant la marginalisation de l'intérieur et le développement du littoral et montrant très nettement que le niveau de développement n'a pas été bouleversé à des nuances près. Nous sommes à même d'affirmer *qu'il y a plusieurs Tunisies dans le même pays distinguant « la Tunisie développée » et la « Tunisie sous-développée ».*

Ceci concerne notamment Kasserine et Sidi Bouzid qui ont "maintenu" souvent les dernières places du classement. Mais l'analyse minutieuse et approfondie des indicateurs, non seulement au niveau global du gouvernorat, mais surtout au niveau des délégations montre ***l'ampleur de la marginalisation de ces localités et la primauté voire l'urgence de leur désenclavement. On peut dire sans exagérer qu'il***

---

[120] Cf. notre ouvrage : A.Bousnina, 2012, *Op.cit*, pp.187-194.

s'agit d'une population qui a été trop longtemps laissée pour compte. Il suffit de lire quelques indicateurs très éloquents :

- *pour l'IDH, six délégations ont un indice inférieur à 360, dont El Ayoun qui a un score inférieur à 300*
- *pour le réseau d'assainissement,* ***le taux est de 0 % dans six délégations*** et il est inférieur à 14 % dans deux autres localités
- concernant la desserte en eau courante, ce taux ne dépasse pas 28 % à El Ayoun et 26 % à Hassi Ferid
- pour l'accès à internet, le taux est souvent inférieur à 10 % et il ne *dépasse pas 0,7 % à El Ayoun et 0,6 % à Hassi Ferid*
- en ce qui concerne l'emploi supérieur, les taux de chômage sont supérieurs à 30 % dans toutes les délégations (sauf Hassi Ferid) ; les taux les plus élevés sont enregistrés à Ezzouhour, Thalla et Majel Bel Abbes (avec des taux respectifs de 38 %, 42 % et 45 %).

En étudiant cette bande occidentale du pays (qui inclut Gafsa, Le Kef et surtout Kasserine), certains géographes concluent qu'elle constitue « un *espace déprimé* au regard de nombreux indicateurs socio-économiques car affecté par l'importance du chômage et des activités informelles et l'ampleur des migrations [...]. Ces régions subissent toujours le poids de multiples *facteurs limitatifs* : faible attractivité des activités exportatrices, industrielles ou touristiques (en raison de l'éloignement des villes littorales), faible qualification de la main-d'œuvre (peu nombreuse pour pouvoir attirer les nouvelles entreprises), la situation en cul-de-sac des couloirs et des axes de communication articulés sur le littoral (subissant l'effet contraignant du relief orientant la vie de relation selon une direction est-ouest de manière à s'ériger en obstacle au développement des relations nord-sud) [...]. Certes, elles sont plus urbanisées que les régions de la bande médiane, elles restent néanmoins incapables d'impulser la croissance de leur économie »[121].

Selon les termes de H. Sethom, il s'agit d'une « *périphérie dominée et exploitée* [...] qui se vide continuellement de son contenu humain et économique » et qui reste déshéritée « à cause du chômage, de

[121] Hayder Adnane, 2006, Les dynamiques régionales en Tunisie : de la régionalisation à la métropolisation, *Revue Tunisienne de Géographie* n°37, Faculté des Sciences Humaines et Sociales de Tunis, Tunis, 2006, pp.25-26.

l'insuffisance des investissements et de la sévérité des conditions naturelles »[122].

Huit ans après la révolution et la transition politique, depuis janvier 2011, le résultat (à Kasserine) « est *une plongée dans le désenchantement* et la persistance de la colère populaire [...]. La réalité est implacable : peu de choses ont changé dans le gouvernorat de Kasserine depuis la chute du dictateur. La pauvreté et le sous-développement sont endémiques [...]. La pauvreté a sévi et n'a plus lâché prise. Comme le saule, elle a enfoncé ses racines, s'est ancrée et propagée sur la terre [...]. À Kasserine comme à Thalla, Majel Bel Abbes ou El Ayoun, c'est le même sentiment d'abandon et d'injustice qui prévaut »[123].

Ce sentiment d'oubli et d'abandon est aisément explicable : dans certaines localités, l'investissement est négligeable voire inexistant. Si l'on prend l'exemple de l'industrie, on peut souligner que le tissu industriel « est majoritairement concentré dans la ville chef-lieu du gouvernorat [...]. Foussana, Majel Bel Abbes, Djedeliane et Sbiba n'abritent qu'entre 1 et 3 entreprises industrielles pour quelques dizaines d'emplois. Dans ces villes, l'activité industrielle reste embryonnaire. **Les villes de Hassi Ferid, de Hidra et d'El Ayoun ne connaissent pas encore l'usine** »[124].

Les explications de la très grande faiblesse du tissu industriel sont multiples : « La position frontalière du gouvernorat et l'impact négatif du commerce parallèle frontalier avec l'Algérie est un vrai obstacle pour le développement futur de l'industrie dans cette région. En outre, la persistance du problème du terrorisme dans les montagnes et les villes du gouvernorat de Kasserine risque de fragiliser le tissu industriel régional et de remettre en cause les entreprises déjà en activité. »[125]

---

122 Sethom Hafedh, 1992, *Pouvoir urbain et paysannerie en Tunisie,* Cérès production, Tunis, 1992, pp. 217-221.
123 Belkaid Akram, 2018, Les voix oubliées de Kasserine, *Revue Manière de voir : Le défi tunisien,* numéro 160, Aout-Septembre 2018 (Le monde diplomatique), pp.82-84.
124 H. Tizaoui, 2018, *Op.cit*, p.261.
125 *Ibid*, p.272.

Avec cet « oubli volontaire » de la région, la contrebande et le secteur informel constituent les alternatives principales pour les jeunes de la région[126], avec le coût économique considérable de ces différentes activités (des données récentes de la Banque Mondiale estiment le manque à gagner fiscal pour l'État, a minima à 2 milliards de dinars par an, soit 7 % du budget ou encore 2,5 % du PIB. Le tabac à lui seul représente 30 % du total du manque à gagner et le gasoil 15 %. L'économie informelle est estimée aujourd'hui à plus de 50 % de l'économie globale. Depuis la révolution, face à la faiblesse de l'État et à son indigence, elle a pris des proportions spectaculaires[127]).

Tableau n° 27- L'IDH synthétique dans les délégations du gouvernorat de Sidi Bouzid

Délégation	I. de l'emploi	I. de l'emploi supérieur	T. d'alphab	SCOL. SUP	INTERNET	SONEDE	ONAS	**IDH**
Sidi Bouzid Ouest	673	435	786	367	234	789	572	551
Sidi Bouzid Est	611	241	706	313	126	448	094	**363**
Jilma	737	458	634	221	071	489	072	**383**
Cebalit Ouled Asker	609	271	649	225	083	466	044	**335**
Bir Elhfey	729	376	689	262	098	474	013	**377**
Sidi Ali Ben Aoun	600	206	649	243	071	453	123	**335**
Menzel Bouzaine	464	096	662	371	091	390	011	**298**
Meknassy	377	104	739	484	144	729	494	439
Souk Jdid	679	337	654	266	024	303	000	**323**
Mezzouna	628	452	628	288	066	451	028	**363**
Rgueb	817	409	728	241	062	338	008	**372**
Ouled Haffouz	678	394	695	340	053	612	029	400
Total (Gouvernorat)	660	329	700	298	110	510	159	**395**
Total (Tunisie)	704	599	807	409	287	846	614	609

Source : Élaborés par nos calculs, à partir des données de l'INS

La situation de Kasserine est quasiment similaire à celle de Sidi Bouzid. Cette dernière comporte des délégations caractérisées par une marginalisation indubitable, en dépit de l'importance et du *dynamisme*

[126] Cf. pour plus de détails, l'ouvrage consacré aux régions périphériques de la Tunisie de : Ben Zina Mohamed Ali, Abelbaki Meryem et Lamloum Olfa (dir), 2018, *Sociologie des périphériques en Tunisie, études dans les zones frontalières et les cités populaires,* Éditions Mohamed Ali, Alert international, mars 2018 (en arabe), en particulier le chapitre consacré à Kasserine pp.79-110.

[127] Meddeb Radhi, 2018, *Le désenchantement du jasmin,* Imp.Simpact, Tunis, avril 2018, p.159.

du secteur agricole, où l'intensification des cultures est diversifiée et où l'on enregistre « l'extension de l'arboriculture sèche et surtout la multiplication des périmètres irrigués (autour de puits de surface) où sont pratiquées des cultures maraîchères ou industrielles (piment, tomate industrielle, légumes d'hiver, cucurbitacées, etc.) ainsi que l'élevage intensif »[128].

Le tableau ci-dessus montre que, d'une part, 8 délégations (sur un total de 12) enregistrent un taux de raccordement au réseau d'assainissement inférieur à 7 % (0 % à Souk Jedid et 0,8 % à Rgueb), et, d'autre part, 9 délégations ont un taux de connexion des ménages inférieur à 10 % (2,3 % à Souk Jedid). Pour le chômage des diplômés du supérieur, n'oublions pas qu'il était le facteur principal du déclenchement de la révolution tunisienne en 2011, justement à partir de Sidi Bouzid où l'on trouve les taux les plus élevés du chômage des cadres, un taux qui est (en moyenne) supérieur à 35 % mais qui dépasse 40 % à Sidi Ali Ben Aoun et 45 % à Meknassy et à Menzel Bouzaine.

Pour toutes ces raisons, on doit noter que, malgré l'importance du secteur agricole, le gouvernorat de Sidi Bouzid est le seul qui enregistre un indice moyen inférieur à 400, à cause de la faiblesse des IDH dans la quasi-totalité des localités, avec des *scores qui oscillent, dans 9 délégations, entre 298 et 383.*

L'activité industrielle est très limitée et pourrait théoriquement diversifier l'économie de la région et promouvoir une autre source de création d'emploi surtout pour les diplômés chômeurs. Or, le constat est tout à fait le contraire : le stock de firmes et d'emplois industriels à Sidi Bouzid, en 2013, est négligeable : 40 entreprises et 3 070 emplois. L'industrie non manufacturière est en crise, les industries manufacturières sont très peu dynamiques (un peu moins de cent emplois par an durant la décennie 2002-2012). Sidi Bouzid possède les plus faibles performances industrielles du Centre-Ouest et probablement parmi les plus faibles du pays[129].

En résumé, le Centre-Ouest est la région qui est probablement la plus marginalisée du pays : « Tous les paramètres indiquent que le

---

128 A. Hayder, 2006, *Op.cit*, p.22.
129 H. Tizaouii, 2018, *Op.cit*, p.185.

Centre-Ouest occupe souvent le dernier rang : l'éducation (taux d'analphabétisme), l'équipement des ménages ou le chômage [...]. En plus de l'enclavement géographique, les régions intérieures en général et le Centre-Ouest en particulier se trouvent aussi déconnectés des réseaux de communication modernes : autoroutes, aéroports et ports. La faiblesse des villes régionales constitue un autre handicap majeur qui bloque toute initiative de développement endogène ou exogène. »[130]

Plusieurs conditions spatiales ont concouru pour que la révolution tunisienne se déclenche du Centre-Ouest :

- c'est la région la plus pauvre et la plus marginalisée du pays, la moins urbanisée et la plus rurale où l'habitat est très dispersé et le taux d'équipement est le plus bas

- c'est une région où la structure sociale est encore très solide, les liens familiaux sont encore très importants avec une organisation tribale encore vivace

- c'est une région qui a pu retenir sa population mais qui est devenue depuis une décennie la première région d'émigration extra-régionale avant le Nord-Ouest qui occupait jusque-là ce rang[131].

Pourtant, les opportunités et les "avantages comparatifs" des trois gouvernorats du district ne sont pas négligeables, en particulier les ressources en eau, les matériaux de construction, les sites naturels et archéologiques... et plus particulièrement le dynamisme du secteur agricole. Comme l'a souligné A. Haydar, « dans le Centre-Ouest, les dynamismes agricoles sont les plus affirmés, plaçant les territoires concernés au-devant de la scène pour ce qui est de l'approvisionnement du pays. C'est le cas des campagnes de Sidi Bouzid, autrefois agropastorales, qui se sont imposées comme le premier secteur de production de légumes et comme l'un des premiers bassins laitiers. C'est le cas du terroir de *Sbiba* qui s'est spécialisé depuis trois décennies dans la culture du pommier et qui assure

---

[130] Belhedi Amor, 2012, *La fracture territoriale. Dimension spatiale de la révolution tunisienne*, Wassiti éditions, Tunis, 2012, p.161.
[131] *Ibid*, p.225.

actuellement le cinquième de la production tunisienne pour moins du dixième de la superficie plantée »[132].

En somme, on peut parler (au Centre-Ouest en particulier) d'un blocage structurel des régions intérieures, qui forment des espaces bloqués à l'Ouest par une frontière étanche, à part quelques points de passage, laissant la porte ouverte à la contrebande et l'économie parallèle qui forme de nos jours plus de la moitié de l'économie nationale. En réalité, il faut distinguer deux grands espaces dans les régions intérieures : les espaces frontaliers bloqués à l'Ouest et soumis à la logique sécuritaire, les espaces médians plutôt de passage et de transit qui profitent de la proximité des centres dynamiques du littoral et constituent des espaces d'épaulement. Les régions intérieures ont peu bénéficié des investissements, à part quelques grands projets lancés depuis les années 1970. Ces régions n'ont attiré que 20 % de l'investissement. Elles représentent 41 % de la population en 1984 mais 30,5 % en 2015. C'est en termes de carence généralisée que le problème des régions intérieures se pose au niveau des ressources, des compétences, de la logistique, des cadres, des finances et du sol, de la conception et de la formulation des besoins donnant lieu à un blocage structurel[133].

VI- L'IDH et les inégalités locales au Sud-Est

Dans cette section, on va calculer et analyser l'IDH synthétique des différentes délégations de trois gouvernorats : Gabes, Médenine et Tataouine.

[132] A. Hayder, 2006, *Op.cit*, p. 39.

[133] Belhedi Amor, 2017, Développement des régions intérieures. Spécificités, contraintes et potentialités, Séminaire *« Pour un développement spécifique aux régions intérieures »,* 15-17 mars 2017, FLHA, Université Manouba, pp.9-11.

Tableau n° 28- L'IDH synthétique dans les délégations du gouvernorat de Gabes

Délégation	I. de l'emploi	I. de l'emploi supérieur	T. d'alphab	SCOL. SUP	INTERNET	SONEDE	ONAS	**IDH**
Gabes Medina	625	354	875	497	363	971	948	662
Gabes Ouest	637	274	839	405	294	954	697	586
Gabes Sud	618	440	908	645	460	958	851	697
Ghannouch	833	378	845	282	193	935	548	573
El Metouia	649	322	868	466	307	899	748	608
Menzel El Habib	787	197	702	298	044	537	055	**374**
El Hamma	501	108	776	441	191	921	669	515
Matmata	684	186	675	310	056	791	021	**389**
La nouvelle Matmata	576	188	705	395	125	671	030	**384**
Mareth	619	204	758	340	168	788	236	445
Total (Gouvernorat)	619	301	823	458	279	887	605	567
Total (Tunisie)	704	599	807	409	287	846	614	609

Source : Élaborés par nos calculs, à partir des données de l'INS

Par rapport à la situation après l'indépendance, le Sud-Est et plus particulièrement Gabes ont connu une croissance soutenue et une amélioration indéniable du niveau de développement[134]. Le secteur industriel a joué, à Gabes précisément, un rôle primordial grâce à l'importance des investissements industriels déployés notamment durant les années 1970 : « À Gabes, la décision de mettre en place un pôle chimique a associé dès le départ la création d'un port moderne à l'implantation d'unités de revalorisation des ressources du sous-sol du sud tunisien. La zone industrialo-portuaire de Ghannouch comprend en plus de la centrale thermique, des turbines à gaz et un terminal du gazoduc du sud, un ensemble de grosses et moyennes unités traitant surtout le phosphate de chaux ou ses dérivés. Le secteur chimique occupe au total 43,7 % des salariés de toute l'industrie gabésienne. En outre, (on peut citer) la société des ciments, les ateliers de construction

[134] A. Bousnina, 2012, *Op.cit*, pp. 168-191. Sur le sujet de l'industrialisation à Gabes, Cf pour plus de détails, l'ouvrage suivant : Hayder Adnane, 1986, *L'industrialisation à Gabes et ses conséquences : étude de géographie humaine et économique,* Publication de l'Université de Tunis, 1986.

métallique, l'industrie des matériaux de construction et le secteur mécanique. »[135]

Mais il faut aussi voir "le revers de la médaille" : *les effets pervers de l'industrie chimique* et son impact sur l'environnement et sur la pollution. Comme l'a noté le géographe et réalisateur Habib Ayeb, si Gabes possède la seule oasis littorale du monde, il ne faut pas oublier que ce véritable patrimoine de biodiversité locale est en voie de disparition à cause de la pollution : « Devant la palmeraie, une boue noirâtre s'écoule vers la mer […]. C'est près de la plage de Chott Essalem et devant une oasis côtière - une rareté dans le monde - que le Groupe Chimique Tunisien (GCT), une société publique exploitant les mines de phosphate, s'est implanté dans les années 1970. Tous les jours, ses unités de production déversent 14 000 tonnes du phosphogypse dans la mer, selon les autorités. En plus de cette boue nuisible à l'environnement, l'usine dégage de l'acide phosphorique dans l'air. » [136]

Ce problème de pollution à Gabes est conjugué à une très importante problématique du chômage des diplômés à cause de l'essoufflement du secteur industriel et de la faiblesse des débouchés dans les autres secteurs. Dans l'industrie chimique par exemple, après la révolution, et avec la baisse considérable de la production du phosphate *(-54 % entre 2010 et 2016)*, le groupe chimique a connu une baisse "draconienne" de sa production, avec un fonctionnement compris seulement entre 30 % et 40 % de sa capacité productive entre janvier 2011 et septembre 2017[137].

Ainsi, le chômage des cadres demeure très élevé, il est supérieur à *40 % à Menzel El Habib, Matmata et Mareth (il dépasse même le seuil de 45 % à El Hamma*).

Il en est de même pour l'infrastructure, en particulier la connexion internet et l'assainissement qui sont nettement en dessous du seuil

---

[135] Dlala Habib, 1993, *Structuration et fonctionnement de l'espace industriel tunisien. Approche macroscopique,* Publication de l'Université de Tunis, Tunis, 1993, p. 161.

[136] Kaouther Larbi, 2017, En Tunisie, Gabès, ville "victime", lutte contre la pollution industrielle, www.huffpostmaghreb.com/ publication 11/08/2017.

[137] Ces chiffres sont cités par la direction du CPG et rapportés par de nombreux journaux dont Le Maghreb du 16 septembre 2017.

national (à titre d'exemple, le taux de raccordement au réseau ONAS est de 5 % à Menzel El Habib, 3 % à la Nouvelle Matmata et 2 % à Matmata. Dans ces trois délégations précisément, on enregistre un IDH inférieur à 400). Ceci peut être attribuable, entre autres, à des facteurs naturels et à des contraintes géographiques (l'habitat dispersé, la prédominance des oasis et du Sahara dans certaines délégations…).

Avec des investissements publics considérables (surtout dans la période 68-74), l'État voulait faire de Gabes un nouveau pôle industriel et souhaitait par l'effort d'industrialisation et la restructuration de l'espace urbain « encourager les entrepreneurs de la région à renoncer à leur réflexe rentier et à investir dans le secteur industriel, *mais le résultat fut décevant* ; ils étaient peu nombreux à vouloir relever ce défi [...]. Les données statistiques montrent de manière incontestable que les entrepreneurs de cette région n'ont pas su profiter des mesures juridico-politiques favorisant l'initiative économique privée comme ils n'ont pas su non plus profiter de l'ouverture du pays pour conclure des accords de partenariat »[138].

Nonobstant ces difficultés de développement, le gouvernorat de Gabes possède plusieurs avantages et de *nombreuses opportunités* qui pourraient, en cas d'une bonne gestion, faciliter le décollage de la région. Il s'agit notamment de la pêche, de l'aquaculture, de l'agriculture biologique pouvant concerner principalement différents produits (grenades, dattes, olives, maraîchage de plein champs et sous abris), de la possibilité d'implantation des industries lourdes, la valorisation des substances utiles disponibles dans la région (sable, argile, bentonite, pierre rose de Gabes...), la transformation des produits agricoles et de pêche, l'importance du thermalisme (les ressources potentielles très importantes non encore judicieusement exploitées, la qualité des eaux et la composition chimique y afférente constituent un facteur encourageant pour l'exploitation en thermalisme. Les sites de Hallouga et El-Khebai à El-Hamma et Zarat à Mareth ont été identifiés potentiellement porteurs pour la création des stations thermales pour soins thérapeutiques, loisirs…)[139].

[138] R. Nabli, 2008, *Op.cit*, pp.353-354.

[139] Ministère du Développement Régional et de la Planification, 2013, *Stratégie du développement du gouvernorat de Gabes,* Tunis, 2013, pp. 14-22.

Tableau n° 29-L'IDH synthétique dans les délégations du gouvernorat de Médenine

Délégation	I. de l'emploi	I. de l'emploi supérieur	T. d'alphab	SCOL. SUP	INTERNET	SONEDE	ONAS	**IDH**
Médenine Nord	624	340	845	348	281	857	513	544
Médenine Sud	579	309	845	383	276	787	292	496
Beni Khadech	562	214	725	370	055	643	000	**367**
Ben Guerdane	628	243	810	260	235	856	000	433
Zarzis	719	514	834	262	317	923	181	536
Djerba Houmet Souk	802	681	905	350	385	946	304	625
Djerba Midoun	816	636	894	300	326	904	159	576
Djerba Ajim	800	565	843	325	256	908	000	528
Sidi Makhlouf	625	026	707	283	067	660	000	**338**
Total (Gouvernorat)	698	438	839	314	280	864	193	518
Total (Tunisie)	704	599	807	409	287	846	614	609

Source : Élaborés par nos calculs, à partir des données de l'INS

Avec un IDH de 518, le gouvernorat de Médenine enregistre un score inférieur à la moyenne nationale. Certaines délégations sont caractérisées par la faiblesse des différents indicateurs et par un IDH inférieur à 370, il s'agit notamment de *Sidi Makhlouf* et de *Beni Khadech.* Dans ces localités, on trouve des indicateurs de l'infrastructure nettement en dessous du seuil national (0 % pour le réseau d'assainissement et 5 % ou 6 % pour l'accès à internet).

Les contraintes naturelles jouent ici un rôle primordial ; à titre d'exemple, la densité à Sidi Makhlouf et à Beni Khadech est comprise entre 6 et 20 habitants par km^2 ce qui reflète l'importance de l'habitat dispersé. Comme l'a minutieusement analysé H. Mzabi, la région du Sud Est (en général) « appartient au domaine présaharien caractérisé par une structure subtabulaire simple [...]. Cette structure a donné naissance au relief de cette région composé par quelques grands ensembles peu variés. La faible importance du pendage, l'alternance du matériel dur et tendre ont favorisé une action *d'érosion* qui a engendré un immense relief de cuesta [...]. Cette région sur les marges de la zone méditerranéenne est particulièrement fragile et son infériorité résulte des contraintes de son milieu naturel »[140].

D'autre part, on remarque dans plusieurs délégations de Médenine la faiblesse de l'indice de l'emploi (notamment supérieur). À ce titre, le taux de chômage des cadres à Beni Khedache est de 40 % alors qu'il a atteint un seuil très alarmant à Sidi Makhlouf avec un taux de près de 50 %. Parmi les principaux facteurs, on peut citer notamment la faiblesse de la dynamique économique et industrielle dans la région et ce pour de nombreuses raisons : « L'étroitesse du marché régional, les faibles moyens financiers des locaux malgré l'attraction occasionnelle des promoteurs de la région, la faible qualification des promoteurs et de la main-d'œuvre, constituent les conditions difficiles dans lesquelles se trouve la promotion industrielle à Médenine. Malgré les politiques incitatives, l'industrie à Médenine ne dispose pas d'atouts particuliers [...]. (On peut ajouter) l'orientation des promoteurs privés vers les projets touristiques et de services et surtout dans les sites littoraux. Ce dernier facteur définit désormais les conditions de l'investissement industriel à Médenine. »[141]

Par contre, on doit noter l'importance de l'IDH dans l'île de Djerba (en particulier *Djerba Houmet Souk*) où l'on trouve des indices nettement supérieurs à la moyenne nationale reflétant la prospérité économique et le sur-développement de l'agglomération. À notre avis, ceci est inhérent à deux raisons principales : l'entrepreneuriat (ou le commerce) et le tourisme.

En premier lieu, la culture entrepreneuriale et commerciale est bien ancrée à Djerba : « Par tradition, les entrepreneurs djerbiens ont entamé leur ascension sociale à partir d'un capital accumulé dans le commerce ou le négoce. Ils se situent généralement dans une logique de continuité, d'ailleurs même leurs projets industriels ne sont en réalité qu'une extension sous forme industrielle de leur activité initiale, le commerce. Enrichis par des transactions sur des produits agricoles, ils ont été incités à prolonger leur activité de négoce en activité fabricatrice, aidés en cela par l'accroissement de la population urbaine et les

---

[140] Mzabi Hassouna, 1993, *La Tunisie du Sud Est. Géographie d'une région fragile, marginale et dépendante,* Publication de l'Université de Tunis, Tunis, 1993, pp. 17-19.

[141] Hayder Adnane, 1998, Industrie et développement régional à Médenine, in, Belhedi Amor, 1998, *Op.cit*, pp. 94-98.

besoins qui lui sont corrélatifs. Les chaussures et l'alimentation sont leur domaine et leur succès est assuré, car ils sont - de longue date - les seuls avec les sfaxiens à bien connaître les circuits commerciaux. »[142]

En second lieu, le développement indubitable du secteur touristique à Djerba a été considérable depuis les années 1960 faisant de la ville "l'île des rêves" et l'une des principales destinations touristiques de la Tunisie (en 2015 par exemple, la capacité en lits pour l'ensemble des régions touristiques en Tunisie est égale à 241,4 mille, dont plus de 57 mille pour la région Djerba-Zarzis, soit près de 24 % ; pour les nuitées touristiques, elles sont souvent comprises entre 25 % et 30 %).

Le tourisme balnéaire est ici prépondérant : « La zone touristique proprement dite est formée d'une bande littorale qui se déroule sur une dizaine de kilomètres sur la côte nord-est de l'île [...]. Certes, les qualités balnéaires de la côte sont indéniables. La mer y est limpide, plus profonde, la plage faite de sable fin piqueté de palmiers sauvages confère à ce secteur une grande beauté du paysage [...]. Ce tourisme a rénové l'économie somnolente de Djerba durant le début des années 1960. Il est à l'origine de tous les équipements modernes de l'île. »[143]

Tableau n° 30-L'IDH synthétique dans les délégations du gouvernorat de Tataouine

Délégation	I. de l'emploi	I. de l'emploi supérieur	T. d'alphab	SCOL. SUP	INTERNET	SONEDE	ONAS	**IDH**
Tataouine Nord	536	317	816	314	239	848	631	529
Tataouine Sud	408	181	846	397	275	898	434	491
Smar	439	303	741	224	137	828	000	**382**
Bir Lahmar	448	188	820	499	269	909	000	448
Ghomrassen	579	385	842	452	297	917	418	556
Dhehiba	152	143	822	212	193	944	000	**352**
Remada	237	236	801	264	095	773	000	**344**
Total (Gouvernorat)	459	270	818	339	238	870	400	485
Total (Tunisie)	704	599	807	409	287	846	614	609

Source : Élaborés par nos calculs, à partir des données de l'INS

142 R. Nabli, 2008, *Op.cit*, p.201.
143 H. Mzabi, 1993, *Op.cit,* pp.397-431.

Avec une superficie de 38,889 km^2, le gouvernorat de Tataouine occupe près de 25 % de la superficie du pays et plus de 43 % de celle du Sud. C'est le gouvernorat le plus grand du pays mais qui a la plus faible densité (seulement 4 habitants/km^2), ce qui explique l'importance de l'habitat dispersé et subséquemment la grande faiblesse des indicateurs de l'infrastructure, notamment à *Smar, Dhehiba et Remada.* Toutes ces délégations ont un IDH inférieur à 400 et enregistrent des indices d'assainissement de 0 % et des taux de connexion internet compris entre 9 % et 13 %.

En ce qui concerne le marché de l'emploi, et excepté Ghomrassen (30 %), le taux de chômage des cadres est toujours supérieur à 34 % et il dépasse le seuil de 40 % à Tataouine Sud, Bir Lahmar et Dhehiba. Pour le *chômage féminin*, on trouve un taux pour les diplômées du supérieur qui est supérieur à 50 % dans la quasi-totalité des délégations (*53 % à Smar, 55 % à Bir Lahmar et 56 % à Tataouine Sud*)[144], ce qui reflète nettement la faiblesse de l'activité économique et la "déficience" de la création d'entreprise dans la région.

Paradoxalement, la région est très riche en ressources agricoles et naturelles (tels que le gypse ou le marbre) et surtout la richesse pétrolière où l'on trouve 42 % de la production nationale du pétrole, produite à partir des champs d'El Bourma et des champs modernes comme Zar, Elwara… Ceci peut expliquer le mécontentement de la population et l'importance des sit-in et des grèves dans la région (citons notamment le fameux sit-in d'El Kamour qui a paralysé le secteur pétrolier et qui a débouché sur de violents affrontements entre mai et juin 2017).

En somme, tant pour Gabes que pour Médenine et Tataouine, la situation de l'emploi demeure préoccupante et le chômage reste épineux : « La région apparaît en définitive comme une région où tant le nombre de chômeurs que le taux de chômage ont sensiblement augmenté en raison de deux facteurs : le maintien de leur population active sur place, d'une part, le faible nombre de créations d'emplois,

---

[144] Cf, pour plus de détails : Office de Développement du Sud, 2017, *Gouvernorat de Tataouine en chiffres*, Tunis, Ministère du Développement, d'Investissement et de la Coopération Internationale, juillet 2017, p.31.

d'autre part. Sans doute, faut-il y ajouter le retour de Libye d'un important contingent de travailleurs. »[145]

La faiblesse de la création d'emploi et l'importance du chômage (notamment celui des diplômés) expliquent les différents mouvements de protestation (dans le Sud Tunisien) qui « *entendent faire prévaloir le droit à l'emploi. Et qui, pour l'imposer, arrêtent la production.* Cela a commencé en 2016 à Kerkennah [...] puis s'est poursuivi à Tataouine et à Kebili avec l'arrêt de la production des puits [...]. En termes financiers, les pertes directes de production ont été évaluées à 280 millions de dinars. Mais ces pertes directes ne sont qu'une partie des pertes supportées par le secteur énergétique [...]. Le travail d'évaluation effectué par les services spécialisés du Ministère de l'Énergie estime *les pertes totales à 926 millions de dinars* »[146].

VII- L'IDH et les inégalités locales au Sud-Ouest

Cette section concerne l'étude des disparités locales et l'analyse des indices synthétiques de développement humain dans le Sud-Ouest, et plus précisément dans les différentes délégations de trois gouvernorats : Gafsa, Tozeur et Kebili.

Tableau n° 31- L'IDH synthétique dans les délégations du gouvernorat de Gafsa

Délégation	I. de l'emploi	I. de l'emploi supérieur	T. d'alphab	SCOL. SUP	INTERNET	SONEDE	ONAS	**IDH**
Gafsa Nord	784	032	646	292	053	314	052	**310**
Sidi Aich	555	206	729	306	083	513	000	**342**
El Ksar	475	219	827	486	293	881	779	566
Gafsa Sud	533	327	846	475	352	902	829	609
Om Elaraies	260	**000**	743	378	116	797	255	**364**
Redeyef	214	**000**	795	378	188	910	632	445
Metlaoui	283	**000**	864	485	267	937	623	494
Mdhila	503	091	765	418	228	796	389	455
El Gtar	560	167	787	397	234	829	196	453
Belkhir	749	319	636	365	044	396	000	**358**
Sned	567	152	663	375	089	581	053	**354**
Total (Gouvernorat)	475	170	789	428	238	806	526	490
Total (Tunisie)	704	599	807	409	287	846	614	609

Source : Élaborés par nos calculs, à partir des données de l'INS

[145] Ben Romdhane Mahmoud, 2018, *Tunisie. La démocratie en quête d'État. Ou comment reprendre la voie de la prospérité partagée*, Sud Éditions, Tunis 2018, p.158

[146] *Ibid*, pp.171-172.

L'étude du gouvernorat de Gafsa est un peu spécifique pour une raison très simple : c'est le seul gouvernorat où l'on trouve trois délégations avec un indice d'emploi (des cadres) égal à 0 *(Om Elaraies, Redeyef et Metlaoui, où ce taux de chômage dépasse 50 %*) et 5 autres délégations où cet indice est compris entre 32 et 219, c.-à-d. un taux de chômage supérieur compris entre 39 % et 48 % (le taux de chômage des cadres dans l'ensemble du gouvernorat est égal à 41,5 %). Bien entendu, ceci affecte directement l'IDH qui est inférieur à 500 dans neuf délégations et il est même en dessous de 365 dans cinq communes.

Ainsi, la problématique du chômage et de l'emploi est centrale dans le gouvernorat de Gafsa. Mais l'emploi minier et l'activité minière ont fortement reculé suite à la modernisation et au renforcement capitalistique depuis les années 1970 : la crise de l'emploi a touché des milliers de salariés « ce qui n'est pas sans avoir de réelles implications sur la situation économique de la région, notamment dans les centres miniers de Metlaoui, Redeyef, Mdhilla et Om Elaraies [...]. Le recul de l'emploi minier n'est pas sans conséquences sur l'économie locale, sur les tensions sociales en cas de problème de structuration ou de modernisation du secteur »[147].

À propos de ces tensions sociales, et comme l'a minutieusement analysée Mahmoud Ben Romdhane, la situation au bassin minier peut être assimilée à une descente aux enfers : « À partir de 2011, les jeunes de la région ont revendiqué leur droit à l'emploi et, pour en imposer la mise en œuvre, ont perturbé l'activité d'extraction et l'acheminement vers les lieux de transformation [...]. *L'œuvre de destruction massive s'est poursuivie* [...]. **Les pertes collectives ont atteint 8,5 milliards de dinars en exportations perdues et 7,4 milliards en valeur ajoutée perdue au cours des sept dernières années** [...]. *Tout est sujet d'arrêt de la production, rien n'est sanctionné. Le cycle du sous-développement est enclenché ; il est irréversible.* »[148]

La problématique du phosphate à Gafsa est ainsi centrale et certains chercheurs parlent même de la *"malédiction du phosphate"* dans le bassin minier qui est devenu, à la fois, « une région moribonde

[147] A. Belhedi, 2012, *Op.cit*, pp.82-84.
[148] M. Ben Romdhane, 2018, *Op.cit,* pp.161-165.

et une véritable poudrière ; le pouvoir central a fait de Gafsa "*une région outragée, brisée et martyrisée"* » ; il s'agit au moins de *quatre catastrophes* que vit actuellement le bassin minier : une catastrophe écologique (à cause de la pollution de l'industrie chimique), une catastrophe sanitaire (augmentation des taux des personnes atteintes par le cancer), une catastrophe sociale (entre autres les rivalités tribales)[149] et surtout une catastrophe économique : « La Compagnie de Phosphate de Gafsa (CPG), ou la Cobbanya comme la nomment les Gafsiens, constitue la pierre angulaire de l'activité économique du bassin minier. Il fut un temps, pas si lointain, où Gafsa *fut la CPG et la CPG* Gafsa. Tout le monde y travaillait. La Cobbanya payait la consommation en eau et électricité de tous les foyers du bassin minier. Elle prenait en charge l'éducation des enfants […]. Depuis plus d'un siècle, encore aujourd'hui (et je ne l'espère pas pour toujours), *l'économie de la région est tributaire de la CPG*. Le tissu économique est rudimentaire. Et par voie de conséquence, *le coup de la restructuration fut rude, très rude* ! Il suffit de se promener dans les rues de Metlaoui, jadis appelée Petit Paris, pour se rendre compte de *l'ampleur de la crise* : chômage de masse, oisiveté de la jeunesse, des quartiers fantômes et des tentes de Sit-in partout, on se croirait dans un camp de réfugiés. »[150]

Comme on l'a précédemment cité, après la révolution, et avec la multiplication des sit-in et des grèves, la production du phosphate a connu une baisse considérable de *-54 % entre 2010 et 2016*, les exportations du phosphate étaient de 1 335 millions de dinars en 2010 ; elles n'ont pas dépassé 423 millions de dinars à la fin de 2015 et 623 MD en 2016[151].

L'existence du phosphate et de la CPG a constitué ainsi un véritable handicap pour la région, car *l'économie est restée "monosectorielle"*, le recul de l'emploi minier a commencé « à peser sur l'économie régionale et surtout locale » et « les tentatives de reconversion sont restées très limitées ce qui explique la profondeur de la crise actuelle de la zone. Ni les Industries Chimiques de Gafsa

---

149 Elyès Loungou, 2015, GAFSA : La bénédiction de l'histoire et la malédiction du phosphate - Une feuille de route pour sauver le bassin minier, *Revue Leaders*, 27/04/2015.

150 Ibid.

151 Journal Le Maghreb du 16 septembre 2017.

(ICG), ni le développement de l'irrigation à Segdoud, ni l'aéroport de Gafsa ne vont résoudre le problème qui s'est cristallisé essentiellement autour de l'emploi et de la Compagnie des Phosphates de Gafsa »[152].

Dans le même contexte, dans une recherche sur la région de Gafsa (réalisée sous notre direction), les résultats de l'enquête montrent que le niveau d'insatisfaction de la population est très élevé, c.-à-d. près de 98 % des enquêtés ne sont pas satisfaits du tissu économique et du niveau de développement de la région, en particulier en relation avec la faiblesse des flux d'investissement (publics et privés). La majorité des personnes interrogées pensent même que l'État doit réserver un quota ou une proportion des revenus du phosphate pour le développement de la région, ce quota diffère selon la population enquêtée : 5 % des revenus pour 56 % des interrogés, 10 % pour 20 % des enquêtés et il dépasse 20 % des dividendes du phosphate pour 16 % de la population interviewée. En outre, plus de 85 % des enquêtés pensent que la cause principale du sous-développement réside essentiellement dans la volonté politique et l'impact de l'action des différents régimes politiques[153].

Tableau n° 32- L'IDH synthétique dans les délégations du gouvernorat de Tozeur

Délégation	I. de l'emploi	I. de l'emploi supérieur	T. d'alphab	SCOL. SUP	INTERNET	SONEDE	ONAS	**IDH**
Tozeur	678	491	877	439	319	929	881	**659**
Degach	660	429	826	384	134	914	312	523
Tameghza	615	291	763	319	087	638	087	**400**
Nafta	774	458	851	403	215	920	899	645
Hazoua	723	396	761	315	067	897	139	471
Total (Gouvernorat)	691	461	846	401	227	905	676	601
Total (Tunisie)	704	599	807	409	287	846	614	609

Source : Élaborés par nos calculs, à partir des données de l'INS

Pour le gouvernorat de Tozeur, on remarque l'importance de l'IDH à Tozeur Centre qui dépasse la moyenne nationale, et la faiblesse de l'indice dans les autres délégations (sauf Nafta). À

[152] A. Belhedi, 2012, *Op.cit*, pp.83-84.

[153] Rouached Omar, 2014, *Récession démographique et e développement régional : cas de la région de Gafsa,* Mémoire de Mastère en Démographie, Faculté des Sciences Humaines et Sociales de Tunis, Décembre 2014, pp. 75-85.

Tameghza par exemple, l'IDH est égal à 400, les indices de l'infrastructure sont très faibles (8,7 % pour la proportion d'accès à internet et pour le taux de branchement au réseau d'assainissement), alors que l'indice de l'emploi des cadres est inférieur à 300, soit un taux de chômage de plus de 35 %.

Pourtant, à Tameghza, les avantages de l'oasis sont remarquables et l'originalité du produit touristique est incontestable : « Les sites de *Tamaghza, Chbika et Mides*, situés en hauteur sont connus pour leurs sources d'eau naturelles et leurs oasis. Le circuit touristique offre aux visiteurs qui passent par la route montagneuse appelée « Djebel Mouadheb » une vue panoramique surplombant la montagne, les oasis, les cours d'eau, les oueds et les villages installés au cœur et au pied de la montagne dont « Mides » et « Foum Khanga ». Le tourisme de passage dans la région a créé une nouvelle dynamique de développement à travers l'ouverture de commerces et de points de vente d'articles de l'artisanat ainsi que de restaurants. En plus des oasis montagneuses de renommée internationale, la délégation comprend trois cascades : la grande et petite cascade de Tamaghza et celle de Chbika, reliées entre elles par des circuits touristiques. Ces régions sont connues pour leurs monuments romains et byzantins dont notamment les médinas de Tamaghza, Chbika et Midès et les villages abandonnés bâtis sur les hauteurs. » [154]

À cet égard, on doit noter l'importance des investissements agricoles et tertiaires mais aussi et surtout leur concentration dans certaines délégations, ce qui explique les disparités locales dans la région. Si Tozeur est basée sur l'économie oasienne et sur l'agriculture (la production annuelle des dattes est comprise entre 35 et 40 mille tonnes), le développement du *tourisme saharien* a eu un impact positif indéniable sur l'économie de quelques localités.

Plusieurs phases ont marqué la politique de développement du tourisme saharien : pendant les années 1960, la création des premiers établissements touristiques dans le Sud ; durant les années 1970, la diversification de l'activité et la construction des premières zones touristiques à Nafta et Tozeur ; à partir de la fin des années 1980, accorder des avantages spécifiques à l'investissement dans les régions sahariennes et la mise en œuvre de la stratégie du développement du

[154] http://www.investir-en-tunisie.net

tourisme saharien[155]. Ces différentes mesures ont généré un accroissement rapide de l'activité touristique qui s'exprime par l'augmentation considérable de la capacité d'hébergement de la région : la capacité en lits pour la région touristique Gafsa-Tozeur est passée de 2 988 lits en 1984 à 6 821 en 1992 et à 11 111 lits en 2015. De même, le nombre d'établissements est passé de 33 à 90 entre 1985 et 2015.

Cependant, et en dépit de l'essor rapide du tourisme saharien, ce dernier demeure limité dans l'espace et il n'a touché que quelques localités et certains centres particuliers. En effet, l'intégration du Sud saharien dans l'économie tunisienne « s'est effectuée pour l'essentiel en créant un tourisme dépendant du tourisme balnéaire, un sous-produit de ce dernier permettant de le diversifier quelque peu. L'espace touristique saharien est structuré par des sociétés touristiques non régionales, autour de sites plutôt comparables et peu diversifiés qui incitent peu à un séjour prolongé et à la multiplication des effets sur l'économie régionale [...]. Les effets géographiques du tourisme se limitent aux localités situées sur les axes de croissance [...]. Quelques villes situées sur les axes majeurs concentrent l'essentiel de l'activité et des infrastructures et équipements d'accompagnement (aéroport, zones touristiques aménagées, école de tourisme, festivals, musées...)»[156].

Tableau n° 33- L'IDH synthétique dans les délégations du gouvernorat de Kebili

Délégation	I. de l'emploi	I. de l'emploi supérieur	T. d'alphab	SCOL. SUP	INTERNET	SONEDE	ONAS	**IDH**
Kebili Sud	596	072	844	389	262	911	392	495
Kebili Nord	563	262	834	425	314	929	566	556
Souk El Ahad	597	101	790	379	228	937	088	446
Douz Nord	611	314	830	359	322	887	531	551
Douz Sud	635	203	816	345	263	911	259	490
Faouar	432	118	735	266	099	745	074	**353**
Total (Gouvernorat)	579	189	813	363	260	896	345	492
Total (Tunisie)	704	599	807	409	287	846	614	609

Source : Élaborés par nos calculs, à partir des données de l'INS

[155] Hayder Adnane, 1995, Les régions sahariennes dans les politiques d'aménagement du territoire, *Revue Tunisienne de Géographie* n°27, Faculté des Sciences Humaines et Sociales de Tunis, Tunis, 1995, pp. 161-162.
[156] Ibid, pp.163-164.

L'IDH du gouvernorat de Kebili est nettement inférieur à la moyenne nationale (et toutes les localités ont un indice inférieur à 600), l'IDH est encore plus faible dans certaines délégations telles que *Faouar* où il est égal à 353 et où l'on trouve des indicateurs de l'infrastructure inférieurs à 10 %. Ceci explique l'intégration de plusieurs délégations de Kebili dans les zones de développement prioritaire et la multitude des incitations fiscales et financières pour l'investissement dans ces communes.

Parmi les facteurs explicatifs de la faiblesse des indices de développement à Kebili, on peut citer les déterminants naturels. Selon les termes de certains spécialistes, il est certain que les données naturelles n'ont pas été un facteur favorable, elles constituent plutôt une contrainte majeure au développement de la région avec les valeurs extrêmes de chaleur et de sécheresse conduisant à des processus de désertification très actifs en dépit des efforts de fixation des sols entamés depuis le début de l'indépendance[157].

Outre les facteurs naturels, les explications politiques et économiques jouent aussi un rôle important : « L'État n'a pas beaucoup investi dans la région à part l'administration et les services sociocollectifs qui se sont avérés insuffisants pour retenir la population sur place. Les investissements industriels sont très limités, les services régionaux sont déficients et les habitants se trouvent obligés souvent de recourir à Gabes, Gafsa, voire Sfax. Le chef-lieu du gouvernorat se trouve commandé de l'extérieur et l'activité touristique est restée très limitée sous forme d'un tourisme de passage notamment à Douz et secondairement à Kebili. La région se trouve en bas de l'échelle en termes de développement régional et d'attractivité. »[158]

Mais ce qui est encore plus "alarmant" c'est la grande faiblesse du tissu économique et industriel et l'importance des taux de chômage, en particulier pour les diplômés du supérieur. En effet, le taux de chômage global est de 21 % pour l'ensemble du gouvernorat et il oscille entre 19 % et à Douz et 28 % à Faouar. En ce qui concerne le chômage des cadres, ce taux demeure très élevé et il dépasse 40 %

---

[157] Belhedi Amor, 2018, *Les Le développement socio-économique de Nefzaoua. Quelques éléments de réflexion,* http://amorbelhedi.m.a.f.unblog.fr/files/2018/10/nefzaoua.pdf

[158] Ibid, p.10.

dans 4 délégations : Douz Sud, Souk El Ahad (44,9 %), Faouar (44,1 %) et Kebili Sud (46,4 %). Le chômage est encore plus grave pour le sexe féminin, avec un taux global de 44 % à Kebili Sud et 48 % à Faouar, et surtout *un taux de chômage des diplômées qui dépasse 53 % à Douz Sud, 58 % à Kebili Sud, 59 % à Souk El Ahad et 62,9 % à Faouar*[159].

Parmi les principales explications du chômage à Kebili, notamment celui des cadres, on trouve surtout la quasi-absence des zones industrielles et la prédominance du secteur agricole (l'importance de la production des dattes), un secteur qui embauche rarement, à Kebili, les cadres et la population féminine. Même les entreprises qui opèrent dans le secteur industriel de la région, elles sont peu nombreuses et elles opèrent souvent dans le conditionnement des dattes.

Cette faiblesse du tissu économique coïncide paradoxalement avec l'importance des ressources et *des opportunités* dans le gouvernorat de Kebili, notamment les substances utiles (elles sont disponibles sous forme de nombreuses matières premières utilisées dans les industries manufacturières telles que la boue rouge, les pierres, le sable et le sel, ces matériaux représentent un élément important dans l'incitation à l'investissement industriel afin de diversifier la base économique et la création d'emplois), la mise en place des filières économiques et la valorisation des produits de palmiers (industries manufacturières : confiture, la production fourragère de déchets des dattes, l'industrie du bois, produits de soin, produits pharmaceutiques, sucre, industrie du papier…), la diversification des produits agricoles à travers l'orientation vers l'agriculture biologique (les dattes, les arbres fruitiers, l'élevage…), l'utilisation des eaux souterraines chaudes dans le tourisme thermal, l'utilisation des matériaux de construction (rose de sable, gypse, argile rouge, cristaux des sables), les énergies renouvelables (solaire et éolienne) pour la production de l'électricité…[160]

La faible diversification de l'économie à Kebili nécessite l'adoption d'une *stratégie de développement intégré* qui doit inclure :

---

[159] Cf, pour plus de détails : Office de Développement du Sud, 2017, *Gouvernorat de Kebili en chiffres*, Tunis, Ministère du Développement, d'Investissement et de la Coopération Internationale, juillet 2017, p.35.

[160] Ministère du Développement Régional et de la Planification, 2013, *Stratégie du développement du gouvernorat de Kebili,* Tunis, 2013, pp. 6-8.

- une stratégie d'intégration interne du secteur agricole (le développement de la production des dattes, la valorisation des ressources naturelles, l'aménagement de l'ancienne oasis, l'amélioration de la production animale, l'orientation vers la création des parcelles pilotes pour la production géothermique, biologique et animale, le développement des ressources fourragères…)

- une stratégie de développement externe ou entre les différents secteurs de production (l'intégration industrie-agriculture, l'intégration tourisme-artisanat et agriculture, l'intégration commerce-agriculture) : ceci nécessite une coordination adéquate entre : le secteur agricole (le producteur qui doit connaître la quantité offerte durant une année), le secteur industriel (fixer la quantité requise pour le conditionnement et la transformation) et enfin le secteur commercial (promouvoir le commerce interne et externe et assurer le point d'équilibre)[161].

En somme, le Sud peut être situé dans une position intermédiaire entre le littoral développé et les régions intérieures défavorisées ; il constitue « une entité différenciée qui se détache du littoral et des zones de l'ouest. Après une période de dynamique liée aux différents projets des années 1970 (le pôle chimique de Gabes) et 1980 (les industries chimiques) […], la promotion des centres administratifs à la suite de la création de nouveaux gouvernorats n'a pas pu absorber la demande d'emploi et n'a pas été suffisante pour absorber la débauche minière, [c'est pourquoi] le Sud enregistre un solde migratoire négatif depuis la fin des années 1980 »[162].

En résumé, les différentes analyses ont montré qu'on peut distinguer trois Tunisies : la Capitale, les centres secondaires comme Sfax et Sousse-Monastir ; le Sud occupe une place intermédiaire entre le littoral oriental et l'Ouest avec le Nord-Est et Mahdia ; enfin l'Ouest avec deux niveaux : le Nord-Ouest et le Centre-Ouest. Au centre, on a un blocage structurel : le cercle vicieux du développement et de la misère, de la circulation de la richesse et du capital. La déficience d'un côté, la concentration de l'autre, se trouvent derrière la répulsion et l'attraction, le clivage et la fracture territoriale. L'analyse de la place des jeunes

---

[161] Hassine Hakim, 2016, *Le développement régional et local en Tunisie. Le cas du gouvernorat de Kebili,* Mémoire de Mastère en Démographie, Faculté des Sciences Humaines et Sociales de Tunis, Décembre 2016, pp. 64-70.

[162] A. Belhedi, 2012, *Op.cit*, pp.118-130.

(moins de 20 ans) en 2014 et la tendance dessinée nous permet de distinguer trois ensembles : Un espace attractif des jeunes avec une place croissante : tout le littoral à part le gouvernorat de Mahdia et Bizerte. Un espace de rétention des jeunes avec une proportion faible : tout le Sud à part Gabes et Medenine. Un espace de désertion et une proportion réduite : l'Ouest à part Kasserine et Mahdia où la proportion est élevée[163].

Tableau n° 34. Les 24 dernières délégations du classement selon l'IDR et l'IDH

Délégation et rang	IDR	Délégation et rang	IDH [164]
241-Sbiba	418	241-Sbiba	359
242- Majel Bel Abbes	417	242- Balta Bou Aouane	359
243-Feriana	417	243-Djoumine	358
244-Errouhia	417	244-Sejnane	355
245-Sidi Ali Ben Aoun	416	245-Kasserine Sud	352
246-El Ouslatia	414	246-Nasrallah	351
247-Souk Jedid	411	247-Sbikha	350
248-Menzel Bouzaine	408	248-Hassi Ferid	347
249-Sbeitla	406	249-Remada	344
250-Foussana	405	250-Sidi Aich	342
251-Regueb	404	251-Bouhajla	340
252-Balta Bou Aouane	404	252-Hidra	340
253-Sedjnane	398[165]	253-Sidi Makhlouf	338
254-Ain Drahem	397	254- Sidi Ali Ben Aoun	335
255-El Alaa	394	255-Sebalet Ouled Asker	335
256-Dahmani	393	256-Oued Mliz	328
257-Nefza	391	257-Skhira	323
258-Mezzouna	385	258-Souk Jedi	323
259-El Ayoun	385	259-Majel Bel Abbes	323
260-Ghardimaou	384	260-Gafsa Nord	310
261-Bouhajla	382	261-Bir Ali Ben Khlifa	310
262-Djoumine	378	262- Menzel Bouzaine	**298**[166]
263-Hassi Ferid	376	263-Fernana	**296**
264-Fernana	358	264-El Ayoun	**293**

Source : Élaborés par nos soins, à partir de nos calculs de l'IDH et du CGDR (2018)

[163] Belhedi Amor, 2015, Re-penser la rupture territoriale, *Séminaire : Sciences sociales en révolution*, Bibliothèque Nationale, avril 2015, pp.6-8.
[164] Tous les IDH sont inférieurs à 360.
[165] À partir de cette délégation, l'IDR est inférieur à 400.
[166] À partir de cette délégation, l'IDH est inférieur à 300.

Chapitre V

Perception et représentations des problèmes de développement local en Tunisie : résultats d'une enquête

I. Présentation de l'enquête

I.1. Les objectifs de l'enquête

L'objectif fondamental de l'enquête est l'analyse des perceptions de la population sur divers aspects relatifs à la problématique du développement local en Tunisie. Pour ce faire, notre enquête et notre questionnaire ont été basés sur quatre thèmes principaux : la perception du développement local, les explications et les répercussions de l'inégal développement local, la planification et la décentralisation et quelques aspects de la gouvernance locale.

Parmi les principaux centres d'intérêt du premier thème, on peut citer notamment la perception de la population du concept de développement local, des conditions du développement local égalitaire et équilibré, du dynamisme et des atouts (ou des handicaps) de la délégation de l'enquêté…

Quant au second thème relatif à l'inégal développement local, on vise surtout à :

- analyser les facteurs et les explications du déséquilibre local et les causes de sa persistance (bien entendu, selon la vision de la population enquêtée)

- étudier la perception de la population concernant les conséquences et les répercussions de l'inégal développement local.

Le troisième thème concerne la planification et la décentralisation et il vise à dégager les représentations de la population (et des acteurs de développement) concernant l'efficacité de la planification et de la décentralisation, leurs avantages et leurs limites, leurs différents obstacles, l'impact de la décentralisation sur le développement local…

En ce qui concerne le quatrième thème, il est focalisé sur la perception des différents aspects relatifs à la gouvernance locale, entre autres les problèmes de l'aménagement du territoire au niveau local, la situation des collectivités locales (satisfaisante ou préoccupante), les avantages et les lacunes de la gouvernance locale…

I.2. La population interviewée et l'élaboration de l'échantillon

L'échantillonnage a été réalisé grâce à une méthode non probabiliste, la méthode « boule de neige » qui est « une technique qui consiste à ajouter à un noyau d'individus tous ceux qui sont en relation avec eux (relation de travail, d'amitié…) […]. Lorsque l'enquête vise à répondre à certaines questions ou à vérifier certaines hypothèses […], il peut être inutile de construire un échantillon représentatif de la population de l'ensemble du pays »[167].

Les caractéristiques de notre échantillon sont données par le tableau suivant :

Tableau n° 35. Répartition de l'échantillon selon l'âge et le sexe

Caractéristique	Effectif	%
Sexe		
Hommes	206	48,7
Femmes	217	51,3
Âge		
20-25	114	26,9
25-30	157	37,1
30-39	83	19,6
40-45	51	12,1
45 ans et plus	18	4,2
Ensemble	423	100

Source : Enquête personnelle 2018

On doit noter, à ce titre, l'importance de la population ayant un niveau d'instruction supérieur dans la population enquêtée, étant donné la spécificité de l'enquête qui concerne le développement local et la gouvernance locale et qui comporte certaines questions relativement difficiles pour les analphabètes ou pour la population ayant un niveau primaire ou secondaire seulement, c'est pourquoi plus de 86 % des enquêtés ont un niveau universitaire.

---

[167] Gautier Benoît et Bourgeois Isabelle (Dir), *Recherche sociale. De la problématique à la collecte des données,* Presses de l'Université du Quebec, 6ème édition, 2016, pp.274-277.

Enfin, on a complété la première enquête quantitative par une deuxième enquête qualitative grâce à la réalisation des entretiens avec une vingtaine de responsables développementistes, notamment au ministère du Développement économique (MDE), au commissariat général de développement régional (CGDR), dans quelques municipalités et avec quelques universitaires et experts ; ces entretiens ont été très utiles notamment au niveau *explicatif et analytique*, en particulier des facteurs et des déterminants de l'inégalité locale et de l'analyse de la gouvernance locale.

II. La perception du développement local [168]

II.1. Le concept de développement local

Selon les différents individus enquêtés, le concept de développement local comporte différentes dimensions qui doivent être complémentaires, bien que certains enquêtés focalisent l'intérêt sur une seule dimension qui apparaît comme substantielle et essentielle.

À titre d'exemple, quelques personnes interrogées centrent leur vision sur la planification au niveau de la commune, de la délégation dans le but ''de développer l'économique, le social, d'améliorer le bien-être des citoyens (santé, éducation, proximité des services, environnement sain, loisirs...)''.

D'autres enquêtés montrent l'importance de l'amélioration des conditions de vie ; selon eux, le développement local vise à améliorer (par ses différentes actions) le niveau et les conditions de vie de la population dans une localité. C'est un ensemble d'activités économiques, sociales et environnementales qui peut servir à améliorer ces conditions de vie. En outre, il faut chercher comment ''les collectivités locales contribuent au développement économique et social via des initiatives locales.

Pour d'autres enquêtés, la dimension économique est prépondérante, puisque le développement local est, selon les termes

[168] Dans cette section (et dans les sections suivantes), les phrases ou les termes ou les expressions mis entre '' '' (et parfois en italique) sont ceux de la population interrogée et des responsables enquêtés. Les termes mis entre « » sont ceux de certains auteurs (dont le bas de page nous donne la référence exacte).

d'un interviewé, ''un processus utilisant les initiatives locales au niveau des petites collectivités comme moteur du développement économique. Il est prôné dans les pays en développement en complément des mesures macroéconomiques et des grands projets. Il signifie la création d'une dynamique économique au niveau local afin d'améliorer les conditions de vie à travers la création de l'emploi en utilisant les ressources (humaines et naturelles) locales. C'est un processus de diversification et d'enrichissement des activités économiques et sociales sur un territoire donné.

Bien entendu, la dimension humaine et sociale est bien présente dans ce concept ; selon les termes d'un responsable enquêté, ''le développement local englobe les besoins fondamentaux de la région en matière de Sécurité sociale, la lutte contre le chômage, l'alimentation, l'accessibilité des soins, l'éducation, et les moyens de divertissement de la région. C'est le progrès social, économique et environnemental d'une communauté. C'est aussi le rapprochement des services d'État aux citoyens et la répartition équitable des richesses sur tout le territoire, surtout entre l'espace rural et urbain.

D'autre part, on ne peut pas négliger la primauté de la dimension territoriale, étant donné que le développement local est un processus qui a comme objectif de développer et d'enrichir l'ensemble des activités sociales et économiques sur le territoire local et national. Le développement local concerne ces actions mobilisant les initiatives locales au niveau des petites collectivités ; c'est un développement au niveau municipal qui vise le développement des territoires en utilisant la société locale (les secteurs public et privé) dans le but de les intégrer dans le développement. Le développement local est ainsi basé sur un ensemble d'acteurs publics et privés, ''il est défini comme ce qui est particulier à un lieu, à une région, à un pays, à une commune….

Selon les termes d'un directeur au CGDR, il s'agit d'une synthèse de toutes ces dimensions, puisque le développement local doit être ''un effort commun (administration, citoyen, société civile, législation…) pour améliorer le bien-être des individus d'une localité. Cet effort peut être endogène réalisé par une population pour améliorer son sort et mettre en valeurs les potentialités disponibles sur le lieu, ou bien exogène avec l'intervention extérieure pour investir et produire les richesses.

II.2. Les conditions d'un développement local égalitaire et équilibré

Si le développement local est un concept multidimensionnel, les conditions nécessaires (pour un développement local égalitaire et équilibré) doivent être aussi multidimensionnelles et plurisectorielles.

Selon les termes d'un jeune enquêté, ''pour qu'un développement soit égalitaire et équilibré, il faut qu'il soit complet et global : il inclut tous les domaines (économique, social, politique, environnemental...) et il concerne tous les acteurs (ONG, population, associations...)''.

Le développement humain occupe, à cet égard, une place primordiale selon un responsable interviewé : le développement local est lié au développement humain. Il désigne ''l'amélioration des conditions et de la qualité de vie d'une population au niveau de : l'éducation, la santé, la sécurité alimentaire, l'accès aux services essentiels, l'autonomisation des femmes qui sont le socle de ce développement, comme l'infrastructure et l'équipement qui sont considérés comme des atouts nécessaires pour la construction des systèmes productifs locaux

Selon les termes d'un responsable interrogé, il y a six conditions nécessaires et fondamentales pour la réalisation d'un développement local équilibré :
- une population avertie sur les potentialités de sa localité et bien encadrée par la société civile et le pouvoir administratif
- une bonne présentation des priorités de développement
- être au courant des opportunités à saisir pour présenter les dossiers des préoccupations de la commune
- l'administration centrale doit avoir les outils nécessaires pour faire une politique cohérente de ses interventions à l'échelle locale
- les représentants des citoyens dans les différentes instances locales, régionales et centrales doivent être à l'écoute et comprendre les priorités de développement des localités
- le problème financier arrive en dernière préoccupation si les dossiers sont bien préparés.

D'autres conditions ''sectorielles'' sont citées par la population enquêtée, il s'agit notamment de :
- l'importance de l'infrastructure de base, avec des ressources financières suffisantes et des ressources humaines qualifiées
- la responsabilité, la compétence, la disponibilité des ressources nécessaires, l'intégration des femmes dans la vie professionnelle et sociale
- une bonne infrastructure, une main-d'œuvre responsable, une "révolution" dans la stratégie de développement et dans la stratégie budgétaire
- l'investissement, l'augmentation de la production, des acteurs locaux responsables et compétents et des ressources locales suffisantes
- la décentralisation et une autonomie financière et administrative régionale et locale
- une bonne législation, une disponibilité des ressources humaines compétentes et des ressources financières, une clarté dans l'attribution des tâches au niveau central, régional et local
- un développement local est équilibré s'il touche toutes les dimensions politiques, économiques et sociales, et il est égalitaire s'il touche tous les acteurs locaux
- l'infrastructure (réseau routier, port et aéroport...), le climat social et politique propice, la qualification du personnel et de la main-d'œuvre, un cadre légal et institutionnel adéquat et une politique efficace de redistribution de la richesse (sur la base de la discrimination positive).

Bien entendu, l'absence d'une stratégie de développement local et la non-concrétisation de ces différentes conditions de développement équilibré peuvent générer un échec de la politique de développement local et régional. Dans ce cas, on se trouve devant un déséquilibre local ou un développement local inégal qui a plusieurs conséquences et de nombreuses retombées sur le territoire :
- la mauvaise distribution des projets économiques entre les cités, les régions et les communes
- le retard d'un territoire par rapport aux autres territoires, au niveau du développement et des disparités spatiales et sociales
- le déséquilibre local et les fruits de la croissance repartis d'une manière inégale entre les régions et entre les délégations
- la distribution inégale et non contrôlée des ressources au niveau local dans un seul gouvernorat
- une région plus favorisée en comparaison avec d'autres localités

- les inégalités entre les régions et les communes, le déséquilibre au niveau local

- la production de la richesse ne s'accompagne pas de l'amélioration des conditions de vie et aussi la répartition inégale de la richesse entre les individus de la société locale.

II.3. Le dynamisme, les atouts et les "handicaps" de la délégation

La plupart des enquêtés pensent que leur délégation n'est pas très dynamique ou elle n'est pas dynamique du tout ; ces deux réponses concernent plus de 68 % de la population enquêtée, la perception du degré de dynamisme des différentes localités est ainsi nettement négative pour la majorité de la population et en particulier pour les jeunes.

Tableau n° 36. Le dynamisme de la délégation de l'enquêté

Question : Diriez-vous que (du point de vue du développement) votre délégation est ?		
	Effectif	
Très dynamique	34	8,0
Assez dynamique	101	23,9
Pas très dynamique	227	53,7
Ou pas dynamique du tout	61	14,4
Ensemble	423	100

Source : Enquête personnelle 2018

Pour les enquêtés ''optimistes'' qui pensent que leur délégation est dynamique (31,9 %), il y a plusieurs atouts de la délégation du point de vue du développement, entre autres :

- une nouvelle création administrative, donc de nouveaux besoins en installation des administrations et d'employés entraînant de nouveaux besoins et en même temps de nouvelles possibilités financières pour la cité, engendrant une nouvelle dynamique de constructions et circulation des richesses internes (''une cité en cours de reconversion'')

- un niveau de vie équilibré et l'existence des opportunités de travail

- un bon niveau d'instruction et de formation pour la majorité des jeunes, l'infrastructure, le capital humain, une main-d'œuvre flexible grâce à sa formation de base et à son capital culturel

- les zones industrielles et la disponibilité des administrations et des services publics
- la proximité des services publics, un tissu économique bien développé et une infrastructure relativement développée.

Par contre, pour la population ''pessimiste'', il y a de nombreux handicaps dans les différentes délégations qui entravent leur développement ; parmi ces principaux obstacles au développement local, les enquêtés citent notamment :
- la non-exploitation des ressources naturelles et le financement des projets
- une faiblesse de la valorisation des potentialités disponibles au niveau local et des projets d'investissement qui valorisent ces potentialités
- une faiblesse d'intégration avec l'environnement agricole pour installer des projets de valorisation des produits agricoles spécifiques au territoire
- les difficultés de valorisation des monuments historiques pour un tourisme alternatif
- l'insuffisance des sources d'eaux pour l'agriculture, les problèmes d'infrastructure et des zones industrielles et l'absence d'une zone touristique
- les moyens financiers encore très limités, l'absence d'une infrastructure adéquate, l'accès aux services essentiels, le rôle de la société civile très limité et la participation des habitants quasiment absente
- les problèmes de déplacement et de transport, une forte densité démographique, la saturation et le manque de réserves foncières…

Tableau n° 37. La situation de la délégation de l'enquêté (favorisée ou défavorisée) par rapport aux autres délégations.

Question : Par rapport aux autres délégations, est-ce que votre délégation est ?		
	Effectif	
Assez favorisée	94	22,2
Assez défavorisée	329	77,8
Ensemble	423	100

Source : Enquête personnelle 2018

Par ailleurs, l'importance des atouts ou des handicaps de la délégation expliquent, selon les enquêtés, sa situation par rapport aux autres communes. L'existence de plusieurs obstacles au développement local est à l'origine de la prédominance des ''pessimistes'' parmi les individus interrogés, dont près de 78 % qui estiment que leur délégation est assez défavorisée par rapport aux autres localités. Les facteurs et les explications de cette marginalisation sont nombreux ; selon les termes des enquêtés, parmi les principaux facteurs, on peut citer :

- la délégation est défavorisée à cause du manque des ressources matérielles et financières et de la faiblesse des activités économiques
- elle est défavorisée à cause de l'inégale répartition des ressources de l'État et des mauvais choix des politiques de développement
- défavorisée puisque les responsables ne travaillent pas, ils n'ont même pas la notion de responsabilité
- il n'y a pas de budget spécifique pour la délégation, de plus, il y a une mauvaise gestion économique, administrative et sociale dans la commune
- selon les termes de l'un des interrogés, la délégation est assez défavorisée, surtout en matière de santé, ''l'hôpital régional manque de matériel et du personnel médical ainsi que du cadre médical. Pour une simple chirurgie ou accouchement, nous sommes obligés d'aller à l'hôpital universitaire''. De plus, malgré la richesse du patrimoine et la beauté des paysages et de la plage, la région est dépourvue de toute activité culturelle ou de divertissement : ''L'infrastructure est catastrophique. La délégation est défavorisée pour des raisons politiques notamment. Elle a vu la lumière pendant Bourguiba ; après, durant l'époque de Ben Ali, elle a connu une chute dans tous les domaines, et la situation est pire encore après la révolution''
- les causes de la marginalisation sont nombreuses : des raisons politiques, des raisons historiques et des facteurs économiques, la délégation est défavorisée car il y a plusieurs contraintes comme le chômage des diplômés et des non diplômés, un manque d'équipements, un environnement déséquilibré, l'absence des programmes d'encouragement au travail indépendant et l'insuffisance des ressources locales et nationales
- selon les termes d'un autre interviewé, la délégation est défavorisée par rapport aux autres et les causes sont multiples : le leadership politique est absent, la centralisation de décision laisse cette délégation marginalisée, la politique de développement local est absente et la qualité de service est médiocre. De plus, il y a une

concentration des investissements au Nord et sur le Sahel, contrairement aux délégations du Sud et de l'intérieur.

III. L'inégal développement local : les explications et les répercussions

III.1. L'inégal développement local : les explications et les déterminants

– **Les facteurs politiques :** Les déterminants et les explications des disparités locales sont multiples et elles touchent simultanément l'administratif, le politique, le social, l'historique et l'économique. À cet égard, le facteur politique est primordial selon la plupart des enquêtés et ce pour de nombreuses raisons.

Tout d'abord, on doit citer l'absence de la volonté politique et l'instabilité politique qui engendrent une instabilité des politiques publiques et le changement fréquent des priorités et des orientations en matière de développement.

Ensuite, certains interrogés citent d'un côté ''la faible adhésion de la population à la vie politique qui continue de subir les retombées au lieu d'être membres actifs dans des partis politiques'' et de l'autre côté ''la domination du discours politique, orienté vers les conflits entre partis politiques et non basé sur les soucis et les attentes économiques réelles du citoyen''.

Le rôle de l'État est fondamental selon plusieurs enquêtés ; ceci est inhérent à ''l'absence ou à l'inefficacité des stratégies de développement national, régional et local, à l'absence de politiques publiques pour le développement, au développement monopolistique d'une destination particulière, à l'instabilité politique, à l'intervention inefficace de l'État, à la centralisation de la décision politique dans la Capitale et dans les régions dominantes''.

D'autres facteurs étroitement liés à la politique sont cités par plusieurs personnes enquêtées, notamment la corruption, la détérioration de la situation sécuritaire, l'absence des initiatives politiques, la politique de discrimination et de marginalisation, la prédominance des objectifs électoraux au détriment de l'intérêt public, l'absence des stratégies de développement et des ''décisions courageuses'' pour les régions intérieures et spécialement pour les zones rurales…

D'autres enquêtés ont souligné, surtout, l'existence d'hommes politiques corrompus et **l'importance de la corruption**. Cette perception confirme les résultats de plusieurs enquêtes nationales, dont celle de l'INS qui vient d'être publiée récemment. Selon cette enquête, plus de 63 % des personnes interrogées ont déclaré que le phénomène de corruption existe dans de nombreux établissements publics et que les transactions dans la région sont basées essentiellement sur la corruption. Selon 74 % des citoyens, le phénomène de la corruption est l'un des plus grands problèmes actuellement. Le secteur de la santé est le plus touché par la corruption (63 %), suivi du secteur de la police (et de la sécurité en général, avec 52 %). Il convient de noter que la proportion de la perception de la corruption est plus élevée chez les jeunes (75,3 % pour le groupe 18-29 ans ; pour ces jeunes, la proportion s'élève à 82,2 % dans le secteur de la sécurité). En ce qui concerne le traitement des affaires de corruption, environ 53,9 % des citoyens ont déclaré que ce traitement (au niveau régional) n'est pas réalisé de manière sérieuse par les autorités régionales et locales. En termes de lutte contre la corruption, 55,7 % des enquêtés estiment que les efforts déployés par l'État pour lutter contre ce phénomène (dans les différents secteurs) sont inefficaces[169].

Par ailleurs, certains responsables interrogés ont souligné que les politiques actuelles ont freiné l'émergence d'acteurs régionaux et locaux de développement et surtout l'absence de l'autonomie au niveau de la prise de décision. À cet égard, on a toujours noté le problème de la centralisation de la planification et sa non-régionalisation à cause de ``la non mise à niveau des lois pour favoriser l'indépendance budgétaire et réglementaire et la réelle autonomie des conseils régionaux'' et puisque ``les conseils n'ont pas un pouvoir absolu pour l'ordonnancement et la conception des grands projets''. Ceci constitue une réelle entrave au développement régional et surtout au développement local. En effet, le succès des actions locales ne réside pas dans le potentiel de croissance, mais dans la capacité des acteurs locaux à atteindre un niveau de plus en plus élevé

---

[169] INS, 2018, *Enquête nationale sur la perception des citoyens sur la sécurité, les libertés et la gouvernance locale en 2017,* Tunis, Juin 2018 (en arabe), pp.30-36.

de maîtrise de l'espace et du territoire qui ne peut résulter d'une simple juxtaposition de petites actions différentes. La réhabilitation du local commence et finit par la réhabilitation du pouvoir local, elle nécessite une correspondance totale et une réconciliation entre le pouvoir et son espace[170].

- **Les facteurs économiques**

Selon les termes d'un directeur enquêté, les explications économiques de l'inégalité locale sont multiples, mais elles peuvent être résumées dans trois facteurs essentiels :

- une accumulation depuis des décennies des inégalités entre les régions en matière d'intervention de politique économique. Les plans de développement jusqu'au 8e plan étaient préparés et exécutés depuis l'administration centrale
- la politique régionale de développement depuis les années 1990 axée sur la promotion de l'investissement privé, et le rôle du secteur privé n'a pas donné les résultats prévus, les retombées sont négatives sur l'emploi et sur la valorisation des potentialités locales et régionales ainsi que les problèmes de l'environnement
- avec la libéralisation des activités économiques et le rôle accordé au secteur privé pour dynamiser l'économie des régions peu favorisées (en donnant des incitations fiscales et monétaires), nous assistons encore à un effet très faible du rôle du privé dans la vie économique de ces régions défavorisées.

D'autres facteurs économiques ont été évoqués par la population enquêtée ; on peut citer notamment :
- une cartographie déséquilibrée des unités de production et des disparités littoral/intérieur
- une infrastructure sous-développée et épuisée, qui décourage les investisseurs à s'installer dans les régions et dans les délégations défavorisées (la faiblesse de l'infrastructure : route, port, aéroport dans certaines régions, le manque de zones industrielles dans les régions marginalisées)
- la concentration des activités économiques dans les zones géographiques côtières et le développement du secteur tertiaire au détriment de l'agriculture

---

170 A. Belhedi, 1996, *Op. cit*, pp324-325.

- la faiblesse des secteurs de l'agriculture et de l'industrie et la faiblesse des ressources pour la réalisation des investissements et des projets

- la crise économique au niveau national et international et les fluctuations de la croissance économique

- l'absence des stratégies de croissance économique urbaine et surtout rurale. Les régions et les délégations de l'intérieur du pays restent en grande partie à l'écart du développement économique

- un déséquilibre flagrant au niveau des investissements en Tunisie (souvent localisés au Nord et sur le Sahel) et la négligence des autres zones et délégations intérieures.

Dans ce cadre, certains chercheurs insistent sur l'impact de l'extraversion de l'économie tunisienne et sur les effets des disparités cumulatives du marché : avec la consécration de la voie capitaliste néolibérale, le secteur privé a été renforcé et il est devenu un facteur fondamental pour l'accès à de nouveaux paliers de développement. Or, il est évident que le développement du secteur privé est d'autant plus important que les conditions initiales soient plus favorables (à cause de la recherche de la rentabilité et du profit sûrs et rapides), c'est-à-dire dans les zones disposant d'une infrastructure importante (moyens de transport et de télécommunication, infrastructures ferroviaires, portuaires, routières...) et des services publics et privés indispensables (et comme on l'a souligné précédemment, le littoral est nettement mieux nanti que l'intérieur dans la majorité - sinon dans la totalité - de ces ''conditions initiales''). Ainsi, les effets du marché ont fait que les zones les plus avancées ont le plus progressé et qu'il y a une continuité des processus spatiaux et un processus d'accumulation spatiale. Là où les conditions de départ étaient favorables, l'action de l'État s'est souvent jointe à celle du privé, ce qui explique le renforcement de l'axe littoral (en particulier le Sahel et le Nord-Est) au détriment de l'intérieur suite à la conjonction des deux logiques en sens opposés et aux disparités liées aux mécanismes de marché[171].

- **Les facteurs administratifs**

La décentralisation administrative (et son inefficacité) est l'une des explications les plus citées par la population enquêtée. Selon les

---

[171] Belhedi Amor, 1995, Littoralisation et mondialisation : état des lieux et enjeux, *R.T.G n° 30*, Tunis, 1995, pp.11-12.

termes d'un directeur au MDE, cette " décentralisation administrative est un processus qui a démarré et qui peut prendre plusieurs années encore, avec le découpage administratif des régions prévu pour les années ou les décennies à venir. À l'instar des inégalités entre les régions en matière de disponibilité de services administratifs, ces inégalités sont observables aussi à l'intérieur de chaque région. Ceci est le plus souvent relatif à la disponibilité du foncier pour installer les équipements fournissant les services aux citoyens dans les lieux les plus adéquats''.

Outre l'inefficacité de la décentralisation, d'autres facteurs administratifs ont été cités par la population enquêtée ; on peut citer, entre autres :

- la bureaucratie administrative, la centralisation de la prise de décision et la réglementation qui n'est pas actualisée
- l'inefficacité des procédures, la bureaucratie de l'administration, la mauvaise gestion administrative (les projets de développement qui durent des années) et l'absence de motivation
- la corruption, les pots-de-vin et le népotisme
- le développement local a été toujours du ressort du pouvoir central au détriment des autorités locales
- la qualification du personnel administratif au niveau national, régional et local et le faible taux d'encadrement
- la non-proximité de certains services administratifs dans les régions et la centralisation des décisions dans le District de Tunis.

- **Les explications historiques et sociales**

Souvent, les facteurs historiques de l'inégalité locale (et régionale) sont négligés en dépit de leur importance majeure. Certains responsables interrogés ont focalisé leur analyse sur certaines explications historiques qui sont fondamentales ; selon les termes d'un responsable interviewé, "le cumul historique s'impose en tant que donnée pour expliquer la situation actuelle de déséquilibre entre les délégations et les régions. Certaines régions ont subi des effets négatifs comme le NO, avec les interventions directes lors de l'époque beylicale pour la collecte d'impôts répressifs auprès des tribus de la région. On considère que les régions de l'Est ont été plus réservées de ce point de vue, bien que certaines recherches montrent que les régions côtières ont subi aussi ces répressions''.

Selon d'autres enquêtés, l'époque coloniale a mis en place des infrastructures importantes mais qui ne sont pas orientées pour le développement des régions, mais pour valoriser les investissements en agriculture et dans les mines d'extraction. À une époque plus lointaine, les régions et les délégations côtières ont bénéficié des retombées du commerce maritime pour développer des cités commerciales et un développement industriel et commercial le long des côtes au détriment des régions de l'Ouest.

On peut ajouter à ces considérations historiques la concentration des plans de développement et des projets de développement, depuis l'indépendance, dans les zones et les délégations orientales (la concentration des zones industrielles et des réseaux de transport et de communication dans certains gouvernorats et dans certaines délégations).

Par ailleurs, certains facteurs sociaux de l'inégalité ont été cités par la population enquêtée et par quelques responsables interrogés, notamment :

- l'inégal accès à certaines structures sociales, éducatives et sanitaires (hôpitaux) au niveau des régions et des communes de l'intérieur
- le manque de qualification et des compétences surtout dans les régions et dans les délégations intérieures
- la faiblesse du niveau d'instruction de la population dans la plupart des délégations intérieures et l'importance de l'analphabétisme
- le problème du chômage et son impact social, en particulier les contestations socio-économiques dans tout le pays et surtout à l'intérieur du territoire, ce qui paralyse l'activité économique et le développement local
- une politique sociale inefficace basée sur les aides et qui n'a pas comme objectif l'inclusion sociale
- la société civile qui n'est pas impliquée et qui n'est pas très présente dans plusieurs localités
- le nombre considérable des grèves et des sit-in
- l'existence des universités et de la main-d'œuvre spécialisée dans certaines zones au détriment d'autres.

- Les autres explications

Outre les facteurs politiques, socio-économiques et historiques, les disparités locales peuvent être dues à d'autres explications en particulier les facteurs naturels.

Selon certains enquêtés, ''les régions côtières sont orientées à l'ouverture *sur la Méditerranée,* le commerce et l'industrie. Les régions de l'intérieur bénéficient des potentialités agricoles et naturelles importantes mais elles sont peu valorisées et ont faiblement bénéficié des retombées du développement national. Ceci a engendré les phénomènes de migration et d'exode vers les régions côtières d'autant plus que les villes de l'intérieur sont incapables de retenir la population''.

Ainsi, les déterminants naturels sont étroitement liés au positionnement géographique des régions (côtières/intérieures), aux ressources naturelles (rares dans certaines délégations et abondantes dans d'autres) et au climat qui est dur caractérisé par la sécheresse dans quelques régions.

On peut ajouter à ces facteurs aussi la faiblesse de quelques ressources énergétiques nécessaires pour la production et le développement et le fait que quelques régions n'occupent pas des positions stratégiques ce qui explique la faiblesse des investissements.

D'autres facteurs de l'inégalité locale ont été cités par la population enquêtée et par quelques responsables interrogés, entre autres :

- l'instabilité politique et le terrorisme qui ont influencé négativement les investissements et le tourisme
- la centralisation de la recherche scientifique et des universités qui n'a pas bénéficié aux régions et aux délégations défavorisées
- les changements climatiques ont des répercussions plus profondes sur le monde rural agricole et ils ralentissent la valorisation du capital de la terre, et par conséquent ils sont une autre cause des migrations internes
- le système de formation (éducation, enseignement supérieur, formation professionnelle) qui n'a pas pu atténuer les disparités régionales et locales.

III.2. L'inégal développement local : les effets et les répercussions

Les effets et les répercussions de l'inégal développement local sont multiples et ils concernent surtout les répercussions politiques et administratives et les effets socio-économiques.

Au niveau politique et administratif, plusieurs effets de l'inégalité locale ont été cités par les enquêtés ; parmi les principales réponses de la population et des responsables interrogés, on peut citer notamment :

- un désengagement du citoyen de la vie politique et une méfiance quant aux discours politiques des responsables nationaux ou locaux, ainsi que des tensions politiques et des divergences des politiques publiques
- un manque de confiance des citoyens par rapport aux hommes politiques (ou "l'absence de confiance entre les citoyens et les responsables politiques non qualifiés")
- la crise de la démocratie locale et l'augmentation des grèves et de l'instabilité politique
- l'absence d'une réglementation et de lois claires sur le développement régional et local
- des régions plus dotées de services administratifs que d'autres, et des délégations plus attractives en matière des ressources humaines qualifiées
- des conflits d'intérêts administratifs et un accroissement de la corruption
- une dépendance par rapport au central et une dégradation des services administratifs
- une surcharge des administrations centrales, un retard dans le traitement de certains dossiers et une inefficacité des acteurs administratifs au niveau des régions.

Au niveau socio-économique, les principales répercussions citées par les enquêtés sont les suivantes :

- des difficultés à créer une dynamique interne, même pour les investissements publics en infrastructures et en équipements sociaux collectifs dans les régions de l'intérieur
- une tendance vers une plus grande polarisation en matière de gestion des ressources naturelles et surtout l'eau, avec une potentialité

localisée dans les régions du NO et du CO, une population et une activité économique plus concentrées sur le littoral

- une faible possibilité des villes et des délégations de l'intérieur à maintenir la population quittant le monde rural, surtout avec les différents changements climatiques
- une fuite des capitaux et des investisseurs vers les délégations et les régions les plus développées et ''la polarisation économique''
- la faiblesse de la croissance et des revenus, l'augmentation des taux de pauvreté et du chômage et le déséquilibre économique au niveau régional et local
- des régions plus servies en matière de services sociaux que d'autres. Par exemple, un déséquilibre réel en matière de distribution des cliniques ou des centres commerciaux
- les indicateurs sociaux et des conditions de vie font apparaître une grande disparité entre les régions surtout au niveau local
- l'aggravation des problèmes sociaux tels que la pauvreté, le chômage, l'immigration illégale, la criminalité, le suicide et parfois le régionalisme
- l'importance des inégalités devant l'emploi et la santé et l'accroissement considérable des protestations, des grèves et des sit-in
- un sentiment de frustration dans les régions et les délégations défavorisées, la hausse de la criminalité et de la pauvreté *et surtout un échec de l'ascenseur social par l'éducation*[172].

IV. La planification et la décentralisation

IV.1. La planification

Une part importante de la population enquêtée estime que la planification est envisagée au niveau national (63 %) et seulement moins de 15 % des interrogés estiment qu'elle est envisagée au niveau local ; le niveau intermédiaire est lié évidemment à l'échelle régionale qui concerne 22 % des enquêtés.

---

[172] Pour les effets démographiques, ils sont multiples, notamment la concentration de la population, l'exode rural, la migration interne, la dépopulation de certaines régions et de plusieurs gouvernorats… Ces répercussions et ces effets ont été analysés dans des recherches précédentes, c'est pourquoi on a préféré ne pas refaire l'analyse dans ce chapitre. Cf. pour plus de détails, A. Bousnina, 2012, *Op.cit*, pp.206-216.

Tableau n° 38. La dimension (nationale ou locale) de la planification

Question : La planification du développement, comment est-elle envisagée ?		
	Effectif	%
au niveau national	267	63,1
au niveau régional	93	22,0
au niveau local	63	14,9
Ensemble	423	100

Source : Enquête personnelle 2018

Ceci confirme notre analyse (dans la section précédente) concernant la centralisation politique et administrative et qui concerne ici la planification et les politiques de développement. C'est pourquoi, d'ailleurs, une part considérable des interviewés (plus de 81 %) estime que la conception et la réalisation de cette planification ne sont pas efficaces, et ce comme le confirme le tableau suivant :

Tableau n°39. L'efficacité de la planification selon les enquêtés

Question : La conception puis la réalisation de cette planification sont-elles efficaces ?		
	Effectif	%
Oui	77	18,2
Non	346	81,8
Ensemble	423	100

Source : Enquête personnelle 2018

Les explications de cette inefficacité de la planification - selon les termes des interrogés - sont multiples ; parmi ces facteurs, on peut évoquer :

- la planification n'a pas été établie par la section locale qui est au courant des lacunes et des besoins des citoyens
- la planification n'intègre pas tous les problèmes locaux, alors que chaque délégation a ses problèmes spécifiques et très particuliers
- les acteurs locaux n'ont pas été impliqués dans cette planification
- il y a des obstacles que peut rencontrer cette planification au niveau de : la stratégie du travail, la formation des ressources humaines, l'infrastructure et les décisions politiques
- les citoyens ne sont pas impliqués dans les projets de développement local, ensuite il n'y a pas un contrôle efficace sur les sociétés sous-traitantes qui réalisent les projets (qui s'arrêtent d'ailleurs pour plusieurs raisons).

D'autres individus interrogés et surtout quelques responsables interviewés ont essayé d'analyser l'inefficacité de la planification du développement en étudiant les limites de cette planification, notamment :

- la mauvaise gestion administrative et politique, ce qui peut contribuer à un grand retard de développement socio-économique
- la non-réalisation de ce qui a été planifié et le manque de suivi pour connaître les différentes erreurs
- ne pas concrétiser les objectifs locaux et régionaux, la faiblesse des ressources matérielles et financières, le manque de continuité, la perte de crédibilité, le gaspillage et la corruption
- la non-participation des acteurs locaux à la planification et les moyens financiers organisationnels et humains très limités
- la vision à court terme au niveau de la planification, la mauvaise compréhension de la réalité, l'absence des compétences et des connaissances requises relatives aux diverses approches
- les déséquilibres budgétaires, l'écart entre les objectifs initiaux et la réalisation réelle des projets et les obstacles administratifs et politiques, surtout la corruption dans les phases de réalisation.

D'autre part, l'une des problématiques essentielles relatives à la planification est sa non-régionalisation qui est à l'origine de la centralisation des plans et de la négligence de la dimension régionale et locale. Les raisons de la non-régionalisation de la planification du développement sont multiples ; les enquêtés citent, entre autres :

- l'installation du processus est assez longue, surtout après quelques mois des élections municipales
- les problèmes politiques et la mauvaise gestion des différents planificateurs de développement
- le manque de l'enracinement de la culture de la décentralisation et l'importance de la centralisation politique et administrative
- la faiblesse de la conscience collective et du savoir, l'insuffisance de l'engagement de la part de l'État et le manque de financement et des équipements
- les décideurs politiques ne délèguent pas la planification et le pouvoir aux responsables régionaux et locaux
- l'État ne s'appuyait pas sur une politique d'aménagement du territoire et les régions ne bénéficient pas d'autonomie financière et administrative

- cette planification n'est pas encore régionalisée car il n'y a pas un plan, un programme et une vision à moyen et à long terme quant à l'efficacité de cette procédure de choix et d'orientation de la politique de développement. En outre, les délégations n'ont pas ''la même importance politique''.

Tableau n° 40. La relation planification/décentralisation

Question : Cette "non-régionalisation" de la planification est-elle due à l'absence de la décentralisation ?		
	Effectif	%
Oui	381	90,1
Non	42	9,9
Ensemble	423	100

Source : Enquête personnelle 2018

Selon plus de 90 % des enquêtés, cette non-régionalisation de la planification est due à l'absence et à la faiblesse de la décentralisation. Comme le confirme l'un des responsables interrogés, ''en l'absence de la décentralisation, les décideurs régionaux et locaux ne peuvent pas prendre la décision appropriée, en fonction des besoins de la région sans le consentement de l'État''. De plus, ''toutes les décisions de développement sortent des bureaux des ministres, il en est de même pour les moyens de financement et le budget, *sans tenir compte des spécificités régionales et locales*''.

Selon les termes d'un autre responsable interviewé, ''l'absence de la décentralisation représente un facteur principal de la non-régionalisation de la planification, car l'entrée par la décentralisation et la régionalisation s'inscrit dans l'actualité des réformes administratives et territoriales, et la décentralisation recouvre le transfert des compétences de l'État à des collectivités territoriales où à des établissements publics''. En fait, cette centralisation ne valorise pas l'apport des responsables régionaux et élimine, de toute véritable participation à la décision, tous ceux qui sont en relation directe et permanente avec les données de base des réalités profondes ; le choix est toujours le résultat des intentions et de la volonté des hautes instances du pouvoir, ce qui a laissé le projet de développement très maniable et ayant des axes différents qui peuvent être supprimés en partie ou en totalité voire reformés en fonction de la conjoncture [173].

Toutes ces considérations montrent l'importance et la primauté de la décentralisation, c'est sur quoi nous nous pencherons dans le paragraphe suivant.

IV.2. La décentralisation

Malgré son importance et ses effets positifs sur la planification et sur le processus de développement, plusieurs obstacles peuvent entraver la décentralisation en Tunisie. Selon les enquêtés, ces obstacles et ces handicaps sont nombreux ; les plus importants sont les suivants :

* *Au niveau politique*

- il y a trop de partis politiques mais qui sont peu efficaces à l'échelle locale en matière d'attractivité des citoyens
- la société civile est actuellement en mutation, il lui faut un peu de temps pour être plus efficace pour avoir des programmes intéressants pour la population
- le régime politique peut entraver la décentralisation ainsi que l'existence ''formelle'' de la démocratie
- la volonté politique de transférer le pouvoir du centre aux régions et aux délégations ; parfois l'absence de cette volonté politique et les décisions limitées aux administrations centrales et la marginalisation des régions et des communes
- la politique de l'État qui est centrée sur certaines zones et l'existence des objectifs purement politiques qui ne sont pas centrés réellement sur le développement régional et local.

* *Au niveau administratif*

- l'administration est en cours de mutation, en vertu des lois sur les prérogatives des communes (qui couvrent actuellement tout le territoire), ce qui nécessite une transformation des pouvoirs des autres administrations représentant l'administration centrale
- le découpage des régions n'est pas encore mis à jour et risque de créer un dysfonctionnement dans l'avenir

---

[173] Sahbani Abdessatar, 1988, *Décentralisation et développement régional. Le cas tunisien. Exemple du Centre Ouest,* Thèse de doctorat (3ème cycle), FSHS, Tunis, 1988, p.347.

- l'acteur local n'a pas accepté le projet ainsi que le coût élevé pour la création de nouvelles circonscriptions administratives

- l'absence de formation des élus locaux et la faiblesse de la décentralisation politique

- le taux d'encadrement dans les directions régionales et locales est plus faible par rapport à celui du niveau central ; donc on trouve des ressources humaines peu qualifiées et rarement motivées

- les réticences liées au transfert des compétences et aux mesures d'accompagnement, et surtout l'existence d'une administration de ''promiscuité'' et de ''familiarité''

- les ressources humaines mal réparties entre l'administration centrale et locale, les services publics à faible qualité et la bureaucratie administrative.

* *Au niveau juridique*

- les textes de loi ne répondent pas aux exigences de la décentralisation (c.-à-d. les lois régissant le rôle des collectivités locales, les institutions du contrôle et l'administration)

- l'absence de dispositions législatives qui contribuent et encouragent la décentralisation. Il n'y a pas de lois protégeant le projet

- la mise en œuvre des textes législatifs n'est pas toujours évidente, par exemple une loi doit être complétée par des décrets, des circulaires et même des notes

- les textes sont parfois déconnectés de la réalité ou bien obsolètes

- la décentralisation doit être accompagnée de vision et de législation, pour doter les différents acteurs locaux (administration, société civile, partis politiques..) de moyens financiers conséquents.

Ainsi, parmi les principales explications politiques et juridiques de l'inégal développement (au niveau régional et surtout au niveau local), on trouve d'abord l'absence (ou la lenteur) de la décentralisation ou, en d'autres termes, ''l'importance de la centralisation politique''. Selon certains chercheurs, ''la lente émergence de la société civile'' peut expliquer l'inégal développement régional et local. En effet, l'État central, dans une société dépendante, est loin d'être l'émanation de la société civile. Cette tendance ne favorise guère la régionalisation, au contraire. Or, la région est une vie, une vie se définit par le pouvoir, ce qui implique la délégation du pouvoir à l'autorité régionale et locale ; dans le cas de la Tunisie, et dans la plupart des pays sous-développés, l'État, souvent centralisé, a contribué à évacuer la question régionale, à la réduire à un problème d'optimisation, de localisation ou à une simple question d'équité sociale. La question régionale peut-elle être dissociée de la nature du pouvoir et de la formation sociale ? Dans quelle mesure peut-on parler de région dans le cadre d'un pouvoir très centralisé qui en nie même l'existence comme il nie celle des classes et de la société civile[174].

Ces obstacles reflètent la négligence de la dimension locale et du rôle des acteurs sociaux, alors qu'en réalité le développement endogène doit être une dynamique qui met en évidence des relations et de la coordination non exclusivement marchande entre les hommes pour valoriser les richesses dont ils disposent. À cet effet, la centralisation politique et administrative a donné un rôle secondaire à ces acteurs sociaux, et *en l'absence de représentation réelle des populations concernées, toute décentralisation conduit à renforcer l'autorité centrale par une médiation régionale ou locale.* La déconcentration a conduit certes à rapprocher les services, limiter les déplacements, alléger les charges de l'administration centrale et à renforcer certaines villes, mais a abouti aussi à renforcer davantage l'emprise du pouvoir central, ce qui pose le problème de fond : celui de la démocratisation. Cette question se trouve liée à l'évolution de la société civile[175].

Mais cette démocratisation et cette décentralisation ne sont pas si simples à réaliser, de nombreuses conditions sont nécessaires. Selon Riadh Zghal, l'espoir de la décentralisation risque d'être déçu rapidement si les modes d'exercice du pouvoir ne changent pas de modèle. L'exercice du pouvoir suivra davantage des lignes horizontales entre partenaires complémentaires plutôt qu'une ligne verticale reliant un sommet détenteur du pouvoir et une base supposée s'y soumettre. Les relations horizontales dans l'exercice du pouvoir impliquent échange, négociation, débats contradictoires et conflictualités, le tout conduisant à des décisions collectivement conçues. Si notre pays n'était pas bien préparé à l'instauration de la démocratie, il faudrait qu'il en tire les leçons et se prépare à la gouvernance décentralisée en commençant par reconnaître les conditions de sa réussite. Parmi ces conditions, il y a, à notre avis, d'abord la nécessité qu'elle serve un développement économique inclusif. L'inclusion amène à circonscrire un sens partagé de l'intérêt

---

[174] A. Belhedi, 1996, *Op.cit*, p.101.
[175] Ibid, p.99.

du plus grand nombre, à court et long termes, à veiller à ce que les différentes institutions et composantes de la société reconnaissent dans le mode de gouvernance pratiqué une prise en compte de leurs besoins, qu'ils ont voix au chapitre des décisions qui touchent à la vie quotidienne. Cela nécessite des capacités de leadership, des leaders qui incarnent une légitimité leur permettant d'amener les divers participants à se détacher de leurs intérêts égoïstes et de prendre conscience des exigences incontournables du vivre-ensemble et d'œuvrer pour l'intérêt général[176].

Ainsi, les enjeux de la décentralisation sont multiples, et malgré un dispositif légal développé, les ressources propres des communes restent limitées, et sont assez différentes d'une commune à une autre. Les transferts de l'État, même s'ils augmentent, restent insuffisants par rapport aux charges des communes. Les questions relatives aux finances des nouveaux territoires qui seront érigés en communes se poseront aussi avec insistance. Il semble important de mettre l'accent sur quatre aspects fondamentaux qui représentent *les principaux enjeux* de la phase de transition. Le premier enjeu correspond au passage de la sphère politique (définition des principes directeurs dans la constitution) au niveau administratif (préparation des textes législatifs et des instruments). Le second enjeu est relatif à la territorialisation du débat sur la réforme de la décentralisation. Le troisième enjeu est également territorial, et concerne les prédispositions différentes des villes et des régions pour prendre le train de la réforme. Un des risques majeurs réside dans la probable amplification des disparités, avec des villes qui réussiront plus que d'autres à « comprendre » les nouvelles logiques et à mieux se prendre en charge et assurer les services urbains. Le quatrième enjeu est relatif aux compétences nécessaires pour accompagner ce processus, tant sur le plan national que local. Au-delà des questions techniques et financières, l'animation des territoires, la conduite des processus participatifs et la conduite des partenariats locaux (public/public) appellent un savoir-faire que peu de professionnels et personnels de l'administration développent[177].

---

[176] Zghal Riadh, 2018, La décentralisation en Tunisie, transfert ou transformation du pouvoir, *Revue Leaders n°80*, Janvier 2018, pp.20-21.
[177] Turki Sami Yessine et Verdeil E., 2013, *La décentralisation en Tunisie*, Lebanese Center for Policy Studies 22-07-2013, pp.24-25.

Par ailleurs, et en dépit de tous ces obstacles, l'impact de la décentralisation sur le développement régional et local est indubitable, plus de 90 % de la population enquêtée estime que cette décentralisation peut favoriser le développement, et ce comme le montre le tableau suivant :

Tableau n° 41. Impact de la décentralisation sur le développement

Question : La décentralisation peut-elle favoriser le développement local et régional ?		
	Effectif	%
Oui	384	90,8
Non	39	9,2
Ensemble	423	100

Source : Enquête personnelle 2018

L'impact positif de la décentralisation sur le développement local et régional est expliqué par plusieurs interrelations selon de nombreux enquêtés :

- la planification locale devient plus efficace et plus précise. De plus, un budget local spécifique peut aider à résoudre les problèmes régionaux et locaux
- la planification va renforcer le rôle de l'intervention aussi bien au niveau régional que local
- les différentes régions et délégations n'ont pas les mêmes problèmes de développement
- la décentralisation crée une certaine égalité de la distribution des opportunités et des ressources
- il faut que toutes les régions aient le droit d'une planification d'une bonne stratégie de développement qui leur permet de mieux évoluer
- ceci va certainement aider à transférer les fonds en faveur des régions et des délégations périphériques et à contribuer à la bonne distribution des biens nationaux
- la décentralisation peut favoriser le développement local et régional parce que les responsables régionaux et locaux connaissent les projets prioritaires mieux que les planificateurs centraux
- elle peut favoriser le développement local et régional parce qu'elle valorise les ressources locales, ce qui peut améliorer le bien-être. Il s'agit de mettre les stratégies de développement au niveau local tout en respectant les spécificités du territoire

- la décentralisation favorise le développement local et régional par le transfert des compétences et l'allocation des richesses nationales sur le territoire régional, ce qui en résulte un aménagement du territoire et la mutation économique notamment industrielle

- ce lien entre décentralisation et développement est positif, grâce à la diminution des difficultés liées à la gestion nationale et grâce à la connaissance plus approfondie des problèmes de chaque région par ses citoyens ; en outre, la décentralisation favorise le développement local et régional puisque toute la région et les citoyens de la localité participent au diagnostic et à la prise de décision.

Tableau n° 42. La décentralisation et les déséquilibres régionaux et locaux

Question : La décentralisation peut-elle corriger les déséquilibres régionaux et locaux ? Peut-elle être un facteur de développement égalitaire ?		
	Effectif	%
Oui	372	87,9
Non	51	12,1
Ensemble	423	100

Source : Enquête personnelle 2018

Grâce à l'impact positif de la décentralisation sur le développement régional et local, une part importante des enquêtés pense que cette décentralisation peut corriger les déséquilibres régionaux et locaux et peut être un facteur de développement égalitaire. Les explications de cette relation positive sont multiples selon la population interrogée :

- la décentralisation élimine la plupart des causes de discrimination et facilite la réalisation d'un développement moins centralisé, plus global et local

- la décentralisation peut corriger les déséquilibres régionaux et locaux si elle est suivie par l'autonomie budgétaire, c'est un facteur de développement durable et égalitaire puisque chaque délégation (ou région) peut se développer selon ses propres besoins

- parce que la décentralisation accorde aux différentes délégations et communes l'indépendance financière et administrative, afin de combler leurs lacunes et de déterminer leurs besoins avec précision. En outre, on trouve une interaction entre le secteur public, le secteur privé et la société civile

- selon les termes d'un responsable interrogé, la décentralisation peut corriger les déséquilibres régionaux et locaux et représente aussi un facteur de développement égalitaire. Auparavant, les liens des collectivités locales avec les citoyens étaient presque inexistants. La décentralisation, ou plutôt les réformes de la décentralisation favorisent le développement et les stratégies de croissance économique urbaine et rurale. Mais, il faut aussi d'autres programmes de développement régional et local en Tunisie, permettant de mieux intégrer la dimension géographique et territoriale du développement dans les politiques nationales et sectorielles

- la décentralisation peut corriger les déséquilibres régionaux et elle peut être un facteur de développement égalitaire s'il y a une bonne gouvernance, s'il y a un accompagnement de l'État, et à condition de trouver la bonne formulation et le meilleur choix des projets, un choix basé sur des études de chaque délégation et de chaque région et sur les points forts de ces régions et de ces communes.

IV.3. Les programmes de développement

Dans une recherche antérieure[178], nous avons essayé d'analyser l'évolution et les caractéristiques de quelques fonds (le FSN ou le Fonds de Solidarité Nationale), de quelques programmes régionaux de développement (notamment le PRD, le Programme Régional de Développement et le Programme de Développement Rural Intégré PDRI) et de quelques instruments de promotion de l'emploi indépendant (le Fonds National de Promotion de l'Artisanat et des Petits Métiers FONAPRA, la Banque Tunisienne de Solidarité BTS et le Fonds National de l'Emploi 21-21). Dans ce paragraphe, l'objectif est d'étudier la perception de ces différents programmes. À cet égard, une part importante de la population interrogée (près de 63 %) estime que les prestations des programmes de développement sont ''relativement inefficaces'' ou ''inefficaces''.

Tableau n° 43. L'efficacité des programmes de développement

Question : Selon vous les prestations des programmes de développement sont-elles ?		
	Effectif	
Efficaces	38	9,0
Relativement efficaces	119	28,1
Relativement inefficaces	192	45,4
Inefficaces	74	17,5
Ensemble	423	100

Source : Enquête personnelle 2018

[178] Cf. A. Bousnina, 2012, *Op.cit*, pp 237-239.

Cette inefficacité est due à de nombreuses raisons. En effet, certaines analyses ont lié ces programmes à *une recherche de « la confirmation de la légitimité politique*, ce qui a poussé beaucoup d'États à manipuler l'économique dans une logique redistributive qui a fini par créer une culture d'assistance chez les acteurs sociaux (cette *culture d'assistance* expliquerait en grande partie les réticences et les oppositions qui se manifestent au cours de la phase de transition vers une économie de marché) »[179].

À ce titre, cette culture d'assistance a reflété un esprit de « misérabilisme », et la formation politique tunisienne, en cherchant la légitimité, « a toujours cherché à se déculpabiliser par ces programmes de la persistance des déséquilibres qui pressent ses choix socio-économiques ; en conséquence, *il y a un émiettement important de capitaux, sans aucune rentabilité*, une absence totale de complémentarité entre les programmes et une absence de coordination entre les structures spécialisées, ce qui explique en partie la passivité et l'esprit de clocher avec lesquels ces programmes ont été accueillis par une partie importante des intéressés »[180].

Tableau n° 44. Les programmes de développement et les déséquilibres régionaux et locaux

Question : Ces programmes de développement sont-ils le meilleur remède aux déséquilibres régionaux et locaux ?		
	Effectif	
Oui	54	12,8
Non	369	87,2
Ensemble	423	100

Source : Enquête personnelle 2018

L'inefficacité de ces programmes de développement, selon la population enquêtée, explique la perception de plusieurs interviewés qui pensent que ces programmes de développement ne peuvent pas corriger le déséquilibre régional et local, et ce, pour de nombreuses raisons :

- ces programmes ne comprennent pas les besoins réels des régions et des délégations
- il faut chercher ou créer de nouveaux programmes adaptés aux nouveaux besoins des communautés

---

179 A. Bedoui, 1999, *Op.cit,* p.112.
180 A. Sahbani, 1988, *Op. cit,* p.501.

- le budget alloué à la mise en œuvre des projets est incapable d'absorber tous les problèmes locaux

- ces programmes ne peuvent pas être le meilleur remède aux déséquilibres régionaux et locaux car ils n'apportent pas des solutions performantes et de nouvelles stratégies de travail pour améliorer la situation actuelle (qui se caractérise par la mauvaise gestion territoriale et des systèmes politiques inefficaces), surtout au niveau de l'exploitation des richesses naturelles et de l'employabilité des ressources humaines

- ces programmes de développement ne sont pas le meilleur remède aux déséquilibres régionaux et locaux car ils ne prennent pas en considération les facteurs de succès du développement local et surtout les spécificités locales.

V. Quelques aspects de la gouvernance du développement local

V.1. La participation de la population

Comme le montre le tableau ci-dessous, la participation des enquêtés aux élections municipales a été très faible et n'a concerné que moins du tiers de la population enquêtée. Les résultats de notre enquête sont très proches du vote du 6 mai 2018 : l'abstention a largement remporté les élections locales qui se sont tenues en Tunisie. L'Instance des élections (Isie) a indiqué que 1 797 154 Tunisiens avaient voté, sur plus de 5,3 millions d'électeurs inscrits dans le pays. Selon les résultats officiels, le taux de participation a été de 33,7 %[181].

Tableau n° 45. La participation de la population enquêtée aux élections municipales

Question : Avez-vous participé aux élections municipales ?		
	Effectif	
Oui	130	30,7
Non	293	69,3
Ensemble	423	100

Source : Enquête personnelle 2018

[181] https://www.jeuneafrique.com/557942/politique/tunisie-seulement-337-de-participation-pour-les-premieres-municipales-de-lapres-revolution/ (Article publié le 7 mai 2018).

Les explications de ces attitudes sont diamétralement opposées :

- pour les optimistes, la participation est nécessaire car c'est un droit dans la nouvelle constitution tunisienne et aussi pour contribuer à la sélection de nouvelles politiques afin de faire avancer le développement au sein de la région et améliorer les conditions de vie. En outre, la participation est expliquée par l'espoir d'avoir un changement positif et une amélioration dans le développement local et dans la qualité de vie des citoyens

- pour les pessimistes, l'abstention est due à de nombreux facteurs. Selon les termes de certains enquêtés, ''les propos énoncés dans les élections ne sont que des promesses et des "paroles" difficilement réalisables''. De plus, il y a un ''manque de confiance dans toutes les institutions du pouvoir'', ce qui explique la réponse évoquée par plusieurs enquêtés : ''On n'a plus confiance dans les responsables''.

Comme le souligne Habib Touhami, dans plusieurs pays, la démocratie représentative est chahutée et sérieusement remise en cause. Au vu de ce qui se passe en Tunisie et ailleurs, le moins que l'on puisse dire est qu'elle devient de moins en moins représentative et de plus en plus indifférente aux problèmes vitaux du plus grand nombre. Jugement abrupt peut-être, mais qui exprime un ressenti largement partagé. *L'augmentation de l'abstention* là où le vote n'est pas obligatoire est un signe qui ne trompe pas. La démocratie tunisienne souffre d'une dégénérescence avancée, le comble pour une jeune démocratie. Depuis huit ans, l'exécutif patauge dans la gadoue, l'incohérence et l'incurie. C'est aussi le cas d'une ARP, produit d'un mode de scrutin aux législatives qui favorise l'élection de représentants, ou agités et inféconds ou rapaces et serviles. Quant au débat d'idées censé tirer la vie politique par le haut, il est absent dans les partis politiques, les médias et l'opinion publique elle-même. Finalement, la mort annoncée de l'idéologie pourrait bien annoncer la mort de la démocratie[182].

Pour sauver cette démocratie et pour ne pas ''annoncer la mort'' de l'expérience tunisienne, plusieurs enquêtés citent certains moyens et

---

[182] Touhami Habib, 2019, La crise de la démocratie représentative et la montée de l'abstention, *Revue Leaders n°93*, février 2019, pp. 59-60.

outils nécessaires, à mettre en œuvre pour améliorer l'implication de la population dans la politique municipale et pour responsabiliser cette population sur les questions de développement. Parmi ces outils et ces moyens, on peut évoquer, entre autres :

- l'honnêteté des hommes politiques pour que la population puisse avoir confiance dans les élus, et surtout lutter contre la corruption
- restaurer la confiance des citoyens vis-à-vis de leur administration et les sensibiliser aux problématiques de l'environnement et de développement
- diffuser la culture de travail et l'esprit de la responsabilité du citoyen (le développement "intellectuel" de la population)
- le rôle des associations, la prise en considération des suggestions et des propositions de la population
- le respect des droits de l'homme et l'existence d'une mentalité innovante
- réaliser des campagnes de sensibilisation qui visent à encourager la population à s'intégrer dans la vie politique
- il faut sensibiliser les citoyens à travers les campagnes de sensibilisation sur les questions de développement et de l'environnement. Il doit y avoir lieu une communication entre les citoyens et les responsables municipaux, la décision doit être commune ainsi que l'évaluation des objectifs et des buts à atteindre
- la sensibilisation à travers les associations, les mass media et les formations spécialisées surtout pour les nouvelles générations
- des réunions pour la sensibilisation, l'écoute directe, et faire des enquêtes chaque période pour étudier la perception de la population
- la responsabilisation du citoyen, les campagnes de sensibilisation et l'application stricte de la loi
- engager toute la population et les acteurs locaux et mener des campagnes de sensibilisation, établir la démocratie et éliminer la discrimination
- il faut sensibiliser les citoyens à participer, faire participer les citoyens par des institutions
- la population doit pratiquer la démocratie par la liberté de choix ; les liens entre les collectivités locales et les citoyens doivent être très forts, et aussi les municipalités doivent avoir un pouvoir décisionnel fort
- l'organisation des journées d'information par rapport aux projets et programmes annuels d'action prévus dans la commune et la participation des citoyens

- le contact direct avec la population pour mieux comprendre ses besoins, la confiance, la solidarité et surtout la transparence des élections

- pour renforcer la participation de la population à la vie démocratique, il faut concrétiser la liberté, la transparence des élections, l'égalité entre tous les citoyens dans la société, encourager les activités au sein des composantes de la société civile et participer à la prise de décision.

V.2. Les caractéristiques de l'environnement local

Les lacunes et les défaillances sus-citées (relatives au manque de confiance de la population et sa méfiance vis-à-vis du pouvoir et des responsables) peuvent expliquer l'importance de l'insatisfaction des enquêtés concernant la situation des collectivités locales. En effet, plus de 63 % des enquêtés pensent que cette situation est préoccupante (ou très préoccupante) et 17 % estiment qu'elle est grave. Ainsi, la satisfaction ne concerne que moins de 19 % des interviewés, et ce comme le montre le tableau suivant :

Tableau n° 46. La situation des collectivités locales selon les enquêtés

Question : Pensez-vous que la situation des collectivités locales est ?		
	Effectif	%
Satisfaisante	08	1,9
Normale	72	17,0
Préoccupante	171	40,4
Très préoccupante	98	23,2
Grave	74	17,5
Ensemble	423	100

Source : Enquête personnelle 2018

Les explications de cette insatisfaction sont multiples, selon les termes de certains enquêtés :

- cette situation est grave car ''la saleté est partout, la gestion des ressources est mauvaise, on trouve l'éclairage pendant le jour et l'obscurité la nuit, la route est parfois impraticable''

- la situation des collectivités locales est grave parce qu'elle ne peut pas réaliser les objectifs des citoyens, vu qu'elle n'a pas des leaders qui connaissent la politique locale, en plus il n'y a pas des fonds propres suffisants pour créer des projets de développement

- la situation des collectivités locales est très préoccupante car elles manquent de compétence, de transparence et de volonté pour améliorer les conditions de vie des régions et des municipalités. En outre, cette situation est grave à cause de l'absence de décisions de réforme et l'importance de la corruption essentiellement.

Outre ces lacunes et ces limites, la population enquêtée insiste sur l'existence de plusieurs contraintes environnementales locales, notamment :

- la pollution qui menace les espaces verts de la ville et les déchets de constructions qui sont en train de polluer les forêts
- la non-protection adéquate des ressources en eau et des systèmes écologiques
- la faible implication des acteurs clés (comme les ministères concernés) dans l'élaboration d'une stratégie nationale de développement durable et de protection de l'environnement local
- parmi les contraintes environnementales locales le manque des ressources locales, la focalisation sur des objectifs ayant un effet secondaire, les problèmes de coordination entre les acteurs et la mauvaise gestion des richesses naturelles.

Avec toutes ces contraintes environnementales, il y a d'autres facteurs qui sont cités par les enquêtés et qui peuvent être considérés comme des points faibles (de l'environnement local) susceptibles de défavoriser les investissements, entre autres :

- *la culture de la paresse et du laisser-aller*, la bureaucratie étouffante, la corruption…
- la méfiance des jeunes à l'égard des promesses des décideurs, ce qui diminue leur participation dans les différents domaines
- la pollution et la faiblesse de l'infrastructure
- la délinquance juvénile, le manque de sécurité (braquages et vols), le commerce parallèle et l'accroissement considérable du secteur informel
- le manque de fonds et de financement, les problèmes immobiliers, la faiblesse de l'infrastructure, l'absence de la Sécurité sociale, le manque de main-d'œuvre qualifiée et l'absence de la volonté politique.

Cependant, et en dépit de toutes ces limites, les points forts et les spécificités de plusieurs localités ne manquent pas. Selon plusieurs enquêtés, les spécificités du patrimoine naturel local (nature, richesse, diversité, valeur patrimoniale) sont multiples :

- la région est au cœur de la Méditerranée, elle regroupe la mer, la montagne et la forêt
- l'existence de surfaces agricoles étendues et de diverses formes d'agricultures (olivier, raisin, orange…), les conditions climatiques assez favorables
- une carrière de pierre, une cimenterie, la forêt, le tissu industriel…
- selon les termes d'un interviewé, ''le patrimoine naturel est un outil de développement local. Il se caractérise par la beauté de la nature et la diversité. Il existe par exemple le patrimoine culturel qui constitue la mémoire historique et qui joue un rôle dans l'identité de la région et de la commune''
- la situation géographique, la faune et la flore (par exemple, le chêne vert, le pin d'Alep et le caroubier sont les principales espèces de la flore locale, tandis que l'aigle royal, le faucon pèlerin, le percnoptère, le sanglier, le chacal, la mangouste, le lièvre… sont les principales espèces de la faune)
- les différentes richesses, notamment les sources d'eaux minérales, les grands jardins d'églantier. La ville est connue pour ses roses (notamment l'églantier) qui étaient cultivées par les musulmans andalous.

De même, les enquêtés ont souligné l'importance de plusieurs points forts de l'environnement local susceptibles de favoriser des investissements, entre autres :

- le patrimoine naturel local et l'importance des matières premières
- la position stratégique et l'existence d'une zone de développement régional
- la disponibilité d'une main-d'œuvre abondante et d'une forte demande sur le marché
- les zones industrielles et la population locale active, la proximité du port et des services administratifs
- l'abondance des terrains pour la création des projets et l'investissement dans le domaine du tourisme écologique
- la présence des avantages socio-économiques, l'importance des ressources naturelles et la présence de la volonté politique.

Enfin, on doit noter l'importance de la problématique du développement durable dans la plupart des communes et des délégations. Selon les termes des enquêtés, les enjeux du D.D sont nombreux, on peut évoquer notamment :

- lutter contre la pollution et contre l'accumulation des ordures ménagères
- l'importance et la primauté de l'investissement dans les délégations et les régions rurales et le développement du secteur agricole
- les mutations des structures économiques, juridiques, sociales, institutionnelles et une meilleure satisfaction des besoins fondamentaux de la population
- l'éradication de la pauvreté et l'amélioration de la qualité de vie et la nécessité de préserver le patrimoine culturel
- au niveau social, éliminer l'inégalité sociale, satisfaire les besoins essentiels de la population en réduisant les inégalités sociales
- au niveau économique, fournir des emplois, encourager la création de la petite entreprise, l'efficacité et la rentabilité des investissements
- un développement durable qui satisfait les besoins d'aujourd'hui et qui cherche la satisfaction des générations futures.

V.3. Les problèmes sectoriels du développement au niveau local

Sur le plan sectoriel, plusieurs problématiques développementistes subsistent encore au niveau local et nécessitent une intervention urgente et des réformes structurelles importantes.

Pour le secteur de *la santé* par exemple, certains enquêtés qualifient la situation de ''catastrophique'' à cause de la grande faiblesse des ressources humaines et matérielles :

- le manque d'infrastructure sanitaire en termes de structure hospitalière
- la situation n'est pas satisfaisante dans les établissements publics, sans laboratoires ni médecins spécialistes (et tout le monde se dirige vers les hôpitaux de Tunis)
- les dispensaires sont surchargés et il y a une absence totale des médecins spécialistes et du matériel médical.

En ce qui concerne le *secteur touristique*, la situation dépend de la région ou de la délégation concernée, mais les enquêtés estiment qu'il y a des initiatives ou des investissements (publics ou privés) qui permettraient d'augmenter la fréquentation touristique dans la délégation :

- la création de parcs, de réserves naturelles, l'entretien des monuments historiques, la création de maison d'hôtes pour un tourisme écologique
- l'amélioration de l'infrastructure, faire des projets touristiques (par exemple des hôtels et des parcs d'attractions) et développer les services touristiques et le secteur de l'artisanat
- la publicité et le marketing territorial
- l'investissement dans le tourisme historique et archéologique, l'aménagement des zones et des monuments historiques et archéologiques
- la création des zones touristiques locales, l'amélioration des services hôteliers et la valorisation de l'environnement naturel (la montagne et la campagne).

D'autre part, et concernant la problématique du *chômage*, la totalité des enquêtés pensent que la situation est très grave car le taux de chômage est très élevé et surtout pour les diplômés de l'enseignement supérieur. Les facteurs et les explications du chômage, selon la population enquêtée, sont multiples :

- pour les diplômés, l'inadéquation des diplômes avec les besoins du marché de l'emploi ; pour les non diplômés, le manque d'entreprises offrant des postes d'emploi
– la corruption et les relations interpersonnelles
- l'absence totale des offres d'emploi, l'absence quasi totale des sociétés privées, la très grande faiblesse des investissements privés
- le ''déficit'' de l'investissement dans la région, la faible croissance économique, la faiblesse des postes d'emploi et des investissements
- il y a plusieurs diplômés qui souhaitent travailler selon leur formation et leurs diplômes, donc ils cherchent un travail dans la Capitale (et souvent dans le District de Tunis)
- il y a des zones défavorisées où la plupart de la population n'a pas de niveau d'instruction supérieur
- l'inadéquation entre la formation et l'emploi et l'absence des postes adéquats

- la délégation est basée essentiellement sur l'agriculture, donc soit il y a un projet familial ou bien les jeunes restent en chômage

- le niveau de formation relativement bas et les salaires souvent très faibles dans les entreprises

- la faiblesse des secteurs de l'agriculture et de l'industrie dans la commune, l'absence des postes de travail et la faiblesse des compétences professionnelles

- les emplois ne correspondent pas au niveau scientifique, de plus, les salaires sont très faibles (ces emplois sont souvent incompatibles avec la compétence scientifique et la formation)

- il n'y a pas de planification stratégique selon les données démographiques ; de plus, on remarque une absence quasi totale des recrutements dans le secteur public

- selon les termes d'un interviewé, ''le nombre des diplômés est très élevé car l'enseignement supérieur en Tunisie se dirige vers la massification, il y a aussi un facteur démographique important relatif au poids des jeunes. En outre, on note la faiblesse de la croissance du PIB qui diminue la richesse et génère la détérioration des postes de travail et l'inadéquation entre l'offre et la demande''.

En dépit de toutes ces difficultés, la population enquêtée estime qu'il y a de nombreuses ressources locales susceptibles de générer des emplois, entre autres :

- l'investissement dans de nouvelles structures capables de générer de l'emploi, la formation des non diplômés, l'octroi d'un crédit pour la création d'un projet personnel

- l'initiative privée et le recrutement dans la fonction publique

- les ressources locales susceptibles de générer des emplois sont les industries traditionnelles et la production agricole (par exemple celle d'huile d'olive)

- l'investissement dans le domaine agricole et touristique et l'encouragement de l'investissement privé, en particulier pour les jeunes diplômés du supérieur.

Enfin, et en ce qui concerne *l'éducation*, les enquêtés estiment souvent que la situation du secteur est difficile et grave dans la plupart des cas, et ce pour de nombreuses raisons :

- elle est compliquée à cause du manque de sensibilisation et de l'importance de la rupture scolaire

- il y a un faible nombre d'élèves qui arrivent à obtenir le bac, les autres quittent le lycée ; le système éducatif ne permet pas la créativité des élèves

- la situation du système éducatif est grave à cause notamment de l'absence de professeurs et de l'accroissement de la violence

- la situation est très difficile car il y a un important abandon des élèves à un âge précoce, un manque de l'effectif des enseignants, le nombre des établissements est très réduit, la moyenne élève par classe est très élevée, un manque du nombre des établissements scolaires...

Pour améliorer les conditions de la scolarisation et l'éducation, de nombreuses mesures sont nécessaires et différentes propositions sont évoquées par les enquêtés :

- afin d'améliorer les conditions éducatives, la commune doit dispenser les moyens nécessaires comme l'infrastructure (les écoles, les collèges, les lycées), l'allocation des aides et des cotisations financières pour aider les familles pauvres, améliorer les ressources humaines (les professeurs, les psychologues...)

- l'amélioration de la situation des écoles, par exemple par des collectes pour acheter le matériel et les équipements nécessaires ; de plus, il faut faire des sessions de formation pour les élèves en langue et des séances d'encadrement surtout pour les bacheliers

- vu la situation catastrophique, la commune doit recruter des enseignants, dispenser les moyens nécessaires aux élèves pour mieux éduquer (par exemple les moyens de transport), améliorer l'infrastructure et la maintenance des établissements scolaires, prendre soin des élèves psychologiquement...

Le capital humain est, subséquemment, l'une des composantes primordiales de la politique tunisienne de développement. *Mais il se trouve que ce capital humain n'est pas suffisamment mis à profit pour un véritable développement durable, inclusif et équitable.* C'est que les stratégies aussi bien celles de l'État que celles des entreprises sont restées à la marge des tendances fortes qui commandent l'économie du monde actuel. Notre pays n'a pas à réinventer la roue mais seulement *suivre l'exemple des pays* qui ont réussi leur décollage économique, et *celui des pays développés qui ne cessent de miser sur la science et l'innovation* pour la création de richesse. À cet égard, le rôle de l'État est primordial. Comme dans certains pays, l'État tunisien gagnerait à créer une agence autonome et un fonds d'investissement pour le financement de l'innovation sur appels d'offres déterminés par les besoins de la nation. Une telle institution s'impose car la recherche et l'innovation dans une économie de la connaissance sont transversales et touchent à tous les secteurs L'État peut également jouer un rôle décisif dans la commercialisation des produits de la recherche. L'Allemagne par exemple dispose à cet effet du programme Exist renfermant trois composantes : le développement de l'esprit d'entreprise, le financement de start-up et le transfert des connaissances. La Suède a créé des ''bureaux d'innovation'' destinés à soutenir et conseiller les chercheurs en vue de la commercialisation des innovations. Les États-Unis d'Amérique disposent depuis 1982 d'une structure pour l'encouragement de la R & D à haut risque associée à la création d'une nouvelle entreprise le Small Business Innovation Research[183].

V.4. L'aménagement du territoire et la politique territoriale

On ne peut pas analyser les problématiques du développement local sans étudier les différents éléments inhérents à l'aménagement du territoire et à la politique territoriale. À ce titre, nous avons posé une question relative aux problèmes de l'aménagement du territoire dans la délégation, les problèmes identifiés par les enquêtés sont multiples, à titre d'exemple, on peut citer :

- l'infrastructure, la propreté (la beauté de la ville), la pollution et l'environnement (le goudronnage des routes, le traitement des déchets, l'évacuation, l'assainissement…)
- le manque de continuité au niveau de la planification, cette planification qui est incontrôlée et inadéquate avec la croissance et les spécificités démographiques et socio-économiques
- les problèmes au niveau de l'infrastructure et du plan d'aménagement (urbain et rural)
- selon les termes d'un responsable interviewé, les problèmes de l'aménagement du territoire qui se posent dans la délégation sont nombreux : l'infrastructure routière archaïque, l'éclairage public dans les rues, la maintenance des jardins et des espaces verts…
- l'absence d'un plan stratégique de développement et de la planification, l'absence de perspectives et le déséquilibre entre les ressources allouées et la réalité socio-économique.

---

[183] Zghal Riadh, 2018, Sommes-nous condamnés au sous-développement ? , *Revue Leaders n°81*, Février 2018, pp. 18-19.

Afin de corriger ces différentes défaillances et pour dépasser les principaux problèmes de l'aménagement du territoire, certaines initiatives (passées ou en préparation) peuvent faciliter la réalisation du rééquilibrage spatial. Selon l'un des responsables interviewés, une restructuration du développement régional et local a démarré en 1984 avec les programmes spécifiques de développement, à savoir :

- le PRD : Programme Régional de Développement lancé par le Ministère du Plan et exécuté par le Ministère de l'Intérieur pour soutenir les plans de développement sectoriel
- le PDRI (1984-1995 première et deuxième générations) visant un développement intégré au niveau des localités rurales peu développées
- le PDUI (1995-2000) initié par le Ministère du Développement Régional et mis en œuvre par le CGDR visant les quartiers urbains les plus défavorisés en matière d'emploi essentiellement
- le programme présidentiel 26-26 initié en 1992 avec des interventions dans des petites localités rurales et urbaines visant une amélioration des conditions de vie et d'infrastructure
- le programme PDI, initié par le Ministère du Développement Régional et exécuté par le CGDR. C'est le programme rassemblant les interventions du PDRI et du PDUI au niveau des délégations avec des interventions plus ciblées, en infrastructures et équipements collectifs et en créations d'emplois stables et permanents
- de grands projets autoroutiers et d'infrastructures sont en cours d'installation pour donner plus de rééquilibrages entre les régions pour attirer l'investissement et dynamiser le développement local
- le code d'investissement comporte aussi des mesures pour rééquilibrer le développement régional et local.

D'autres mesures peuvent favoriser le rééquilibrage spatial, entre autres :

- la révision du schéma national de l'aménagement du territoire vers l'adoption des pôles urbains dans les gouvernorats de l'intérieur
- un réseau routier (surtout les autoroutes) reliant les gouvernorats de l'intérieur aux gouvernorats côtiers
- des avantages et des subventions pour les investissements dans les régions de l'intérieur
- la création de nouvelles municipalités et le redécoupage territorial
- l'allocation des ressources humaines et matérielles par les équipements, répartir équitablement les pouvoirs et les ressources
- développer l'infrastructure de base, le progrès technique et l'investissement dans le domaine productif.

Concernant cette infrastructure justement, elle est souvent considérée comme l'un des obstacles majeurs au développement régional et local : certaines difficultés persistent encore et la compétitivité de l'économie exige leur élimination, car elles contribuent à alourdir la charge et les coûts de l'entreprise et partant à amputer sa force compétitive. Tout d'abord les coûts des facteurs (main-d'œuvre et capital financier), et l'insuffisance adéquate du *capital humain* en termes de qualifications supérieures. Ensuite *l'insuffisance de l'infrastructure* notamment de transport, de télécom, de santé, et de loisirs. *L'aménagement de Z.I. intégrées et aménagées selon les standards internationaux est requis pour une meilleure régionalisation de l'investissement.* La réduction des disparités entre régions passe par une meilleure préparation des structures d'accueil de l'investissement au niveau de ces régions, comme l'idée de concevoir des parrainages voire des jumelages entre nos Z.I. tunisiennes et celles étrangères qui conduiraient à une orientation des IDE vers notre pays. Cette stratégie, visant à constituer nos Z.I. comme étant un prolongement des Z.I. étrangères, pourrait générer des flux d'investissement importants[184].

Enfin, certains enquêtés ont insisté sur l'importance de la nouvelle mesure citée dans la nouvelle constitution tunisienne, en l'occurrence la **discrimination positive**. On parle ainsi d'une approche intégrative qui relève plutôt de la rupture. Elle consiste à s'attaquer aux racines du mal et non seulement à ses manifestations, en intégrant ces espaces au territoire national et à l'économie nationale selon une posture de rupture du cercle vicieux des mécanismes du marché qui sont forcément en défaveur des régions marginalisées au profit des espaces et des foyers dynamiques. Le développement régional, comme une stratégie d'intégration territoriale, est susceptible de corriger les déséquilibres[185].

---

[184] Fredj Abdelmajid, 2018, Le modèle de développement vécu : forces, faiblesses, nécessite d'ajustement, *Revue Leaders* (15.01.2018), http://www.leaders.com.tn/article/23883-le-modele-de-developpement-vecu-forces-faiblesses-necessite-d-ajustement

[185] Belhedi Amor, 2017, La discrimination positive comme instrument d'intégration et d'équité territoriale. Représentations, défis et enjeux, Journée d'études Parlementaires *« Principe de la discrimination positive : Concepts et mécanismes de mise en œuvre »,* Salle Radhia Haddad, juillet 2017, p.9.

L'adoption de cette approche intégrative est de nature à réduire la fracture territoriale tout en s'accommodant aussi d'une grille normative critériologique qui fait fonction d'un tableau de bord de l'action régionale. Elle s'exprime, dans sa forme optimale, dans les politiques et les stratégies de développement territorial (régional et local). Différentes mesures peuvent être proposées et combinées dans le cadre d'une politique de discrimination positive selon l'approche adoptée : création de quotas à l'embauche, à l'inscription universitaire, au niveau du revenu des richesses locales ; actions fiscales pour privilégier l'emploi et encourager l'implantation des entreprises dans certaines régions ; des enveloppes financières plus importantes réservées aux régions défavorisées dans le cadre du budget de l'État et des différents programmes sociaux et de développement ; des programmes spécifiques aux régions défavorisées de nature à amorcer le développement local et régional[186].

V.5. La gouvernance locale

En analysant la gouvernance locale, la population enquêtée souligne de nombreuses lacunes et plusieurs difficultés, notamment en ce qui concerne "la gouvernance spatiale" et les problèmes de réalisation de l'équilibre spatial :

- la faiblesse du contrôle au niveau de la réalisation des prestations (jardinage, réparation, collecte des déchets...)
- le faible intérêt et la très faible implication de la population locale
- la gouvernance locale : un nouveau concept mal compris par les responsables locaux
- selon un responsable interrogé, les principales lacunes de la gouvernance locale sont : l'absence de la gouvernance démocratique qui est indispensable au développement humain, l'absence des programmes d'aide au développement et de la réduction de la pauvreté, l'absence des visites et des enquêtes sur le terrain dans la commune pour collecter des données
- les difficultés d'installation de la décentralisation totale et de la gouvernance locale

[186] *Ibid*, pp.8-9.

- le manque des ressources financières et humaines pour réaliser des projets d'infrastructure

- l'absence de vision claire et partagée pour le modèle de développement et les choix stratégiques à adopter à l'échelle nationale et au niveau de chaque région et délégation

- le découpage administratif qui permet un potentiel minimum à valoriser pour chaque région économique

- l'intervention des bailleurs de fonds dans les petits détails, les prêts sont conditionnés (avec le lobbying des hommes d'affaires)

- selon les termes d'un directeur enquêté, les difficultés et les limites sont observées lors de la préparation du plan de développement 2016-2020 en matière de rééquilibrage entre les régions. On est obligé de revenir aux solutions des projets spécifiques et les conseils ministériels pour des régions qui n'ont pas bien bénéficié d'une vision de rééquilibrage lors de la préparation du plan. Le désengagement de l'État et la libre pratique du secteur privé n'ont pas conduit à un développement régional souhaité. Ceci a abouti au contraire à l'extension du marché parallèle et au chômage excessif dans les régions défavorisées. Les grandes entreprises nationales ont été privatisées et ne sont plus contrôlables par l'État. Les autres entreprises publiques restantes sont en état de vétusté et de dégradation et elles sont peu compétitives pour être libéralisées.

En prenant en considération toutes ces difficultés de la gouvernance locale et spatiale, plusieurs priorités de la politique de « gouvernance territoriale » doivent être soulignées :

- l'amélioration de la participation des citoyens, l'équité, l'amélioration des pratiques relatives aux principes de la bonne gouvernance

- installer une infrastructure (routière et de chemin de fer) selon les normes internationales et dans toutes les régions pour une meilleure intégration du territoire des différentes régions

- munir les régions d'une capacité de se doter d'une banque de donnée de projets d'investissement à travers des études stratégiques

- développer une stratégie de marketing territorial pour attirer les investissements et mettre en œuvre les projets identifiés

- assurer le lien entre les régions (infrastructure) et améliorer les conditions de vie des citoyens

- la réforme de l'administration vers une administration décentralisée et numérique

- une transition d'une économie à faible coût à un modèle à forte valeur ajoutée (ainsi que le développement humain et l'inclusion sociale)

- l'amélioration de l'infrastructure et des réseaux routiers, le développement durable qui satisfait les besoins d'aujourd'hui et qui cherche la satisfaction des générations futures

- l'amélioration de la gouvernance démocratique, car cette dernière est indispensable au développement participatif et à la réalisation des objectifs, l'amélioration de la participation des citoyens dans la vie politique et dans la prise de décision, la réduction de la pauvreté et la promotion du développement humain.

Comme l'a souligné Radhi Meddeb, la gouvernance de la commande publique devra être profondément remaniée. Elle devra être au service du développement régional et local et du tissu entrepreneurial, par l'orientation de certains investissements directs étrangers vers les zones de développement prioritaire et la réservation d'une quote-part des marchés publics aux petites et moyennes entreprises nationales. La pertinence des commissions nationales doit être mise en cause, leurs attributions revues et leur gouvernance profondément remaniée[187].

Le rôle des acteurs locaux est primordial à plus d'un titre. Selon A. Belloussaief, ces acteurs locaux sont appelés à assumer leurs rôles, dans le cadre de la gouvernance locale, ils représentent à la fois, un potentiel à exploiter et une faiblesse à remédier pour réussir ce passage transitoire vers une démocratie au quotidien. D'autre part, les bonnes pratiques observables sur le plan local, la culture citoyenne et l'activisme civique représentent des atouts à mettre en valeur dans le nouveau schéma de gouvernance locale. Dans ce contexte, les villes tunisiennes sont aujourd'hui appelées à bâtir leurs développements sur des bases solides de participation citoyenne, de consultation et de négociation entre les différents acteurs locaux. À cet effet, il est primordial de valoriser les initiatives locales et citoyennes émergentes dans le contexte de la transition démocratique et d'encourager davantage la participation des jeunes et des femmes dans la vie politique et dans la gestion des affaires locales[188].

---

[187] R. Meddeb, 2018, *Op.it,* p.231.

[188] Belloussaief Mohamed Amine, *2016, La Gouvernance locale à l'épreuve de la transition démocratique en Tunisie,* http://www.atbir.info/gouvernance-locale-a-lepreuve-de-transition-democratique-tunisie/

V.6. Les propositions et les suggestions pour favoriser le développement local

Afin de dépasser les différentes limites de la gouvernance locale et de la politique de développement local, les enquêtés ont cité plusieurs *propositions* et de nombreuses suggestions visant l'amélioration du niveau de développement local et régional en Tunisie. Parmi ces suggestions, on peut citer :

- le changement des mentalités, la communication et la sensibilisation et l'apport de la société civile
- il faut avoir un développement local qui englobe tous les domaines : santé, économie, éducation, culture, tourisme...
- comprendre les attentes de la population, faire participer les jeunes notamment les diplômés du supérieur (essayer de s'inspirer de leurs idées), essayer de trouver des solutions efficaces et en adéquation avec les ressources disponibles
- on trouve plusieurs terrains qui appartiennent au Ministère de l'Agriculture et qui peuvent être exploités ; avec un partenariat avec le secteur privé, on peut réaliser plusieurs projets qui peuvent embaucher les chômeurs, créer une dynamique locale et changer le niveau de vie des citoyens
- l'importance des réunions collectives afin de mettre en place un bon programme de développement local dans la région et de concrétiser le programme électoral municipal
- créer des projets en particulier dans le domaine industriel et accorder plus d'attention au secteur agricole
- la primauté de l'autogestion locale, de l'autonomie régionale et de la décentralisation
- accélérer les procédures administratives et définir les défauts et les lacunes des expériences antérieures avec précision
- la continuité, la surveillance et le contrôle continu des projets de développement local
- le développement des investissements pour les jeunes diplômés et encourager l'initiative privée
- prendre en considération et ''s'appuyer'' sur les caractéristiques et les données économiques et sociodémographiques de chaque commune et de chaque délégation dans l'élaboration des stratégies
- l'allocation des ressources humaines et matérielles, améliorer l'infrastructure, mettre des programmes et une vision à moyen et à long terme, c'est-à-dire une planification bien organisée

- une meilleure organisation de l'administration, la sensibilisation du citoyen, la participation des investisseurs au développement local

- concrétiser le programme électoral municipal et travailler sur les points forts de la délégation

- la bonne gestion des ressources humaines et naturelles et la définition claire des stratégies et des plans

- l'existence d'une législation claire et favorable au développement local et le développement de l'infrastructure de base (avec l'amélioration du progrès technique)

- l'augmentation des investissements, la création des universités (peu nombreuses dans les régions intérieures), l'équipement des administrations, l'encouragement des jeunes diplômés à investir

- donner plus d'attention aux espaces verts et aux zones touristiques et consacrer plus d'efforts au développement de l'agriculture et à l'autosuffisance alimentaire

- la nécessité de la communication avec la population, de sa participation à la planification et à la prise de décision

- l'application de la loi sur tous les citoyens et instaurer l'égalité et la justice entre les Tunisiens

- une meilleure allocation des ressources de l'État qui seraient dirigées vers l'investissement et la création d'emploi et de richesses.

Parmi les propositions les plus approfondies et les plus complètes des interviewés, on peut citer les suggestions suivantes d'un directeur au CGDR :

- avoir une vision sur les orientations stratégiques de la localité, voir si l'on continue à considérer les localités environnantes à la cité de Tunis comme des cités-dortoirs seulement ou des localités qui peuvent développer des activités industrielles et de services autonomes

- attirer l'habitat résidentiel pour une catégorie de population qui peut dynamiser les secteurs économiques de services et d'équipements collectifs correspondants

- bénéficier des opportunités des équipements sociaux d'envergure nationale pour développer des services allant avec et pouvant s'intégrer dans l'économie sociale et solidaire

- profiter de la position de la délégation pour développer des activités de transformation des produits agricoles

- le développement local passe impérativement par le développement de l'entreprenariat à l'échelle locale. Les efforts de l'État, en matière de réalisation des infrastructures et d'amélioration des conditions de vie, sont des conditions nécessaires mais pas suffisantes pour la création d'une dynamique économique dans les régions

- le développement du potentiel entrepreneurial à l'échelle locale nécessite un travail rigoureux, afin de créer des traditions entrepreneuriales au sein des régions et de bien définir les opportunités d'investissement et les marchés cibles. Ces orientations doivent être accompagnées par une politique d'État visant l'instauration de mécanismes de financement adéquats pour le financement des initiatives privées.

Conclusion générale

Si, dans des recherches antérieures, nous avons montré l'existence de deux Tunisies développée et sous-développée (ou du littoral et du désert tunisiens), cette étude a essayé de montrer **l'existence de plusieurs pays, dont une Tunisie périphérique, oubliée, marginalisée, enclavée et laissée pour compte.**

En premier lieu, dans notre revue théorique, nous avons procédé, tout d'abord, à une synthèse des principaux concepts et des principales approches du développement local ; nous avons essayé d'analyser l'importance de l'espace et du territoire et les concepts du développement endogène et territorial, et ce, avant d'étudier le développement local et ses différentes définitions, ses caractéristiques, ses dimensions, ses enjeux, ses conditions…

En second lieu, et pour le cas de la Tunisie, nous avons analysé, dans le deuxième chapitre, les indicateurs du développement local par délégation et nous avons étudié les disparités locales en Tunisie, en procédant à l'analyse des indices sectoriels de développement dans toutes les délégations du pays, en particulier les indicateurs relatifs à l'emploi (et au chômage), à l'éducation, à la santé et à l'équipement. Ce chapitre a montré la véritable marginalisation et le sous-développement indubitable de nombreuses délégations, même dans les régions littorales les plus développées, mais aussi et surtout dans les gouvernorats intérieurs sous-développés, où il y a une véritable exclusion et une réelle paupérisation (certains indicateurs élémentaires de l'équipement ne sont pas même disponibles) et où l'on trouve des délégations et des localités oubliées et laissées pour compte.

En troisième lieu, nous avons essayé de calculer et d'analyser les indicateurs synthétiques de développement local par délégation, en utilisant notamment deux méthodes : l'analyse factorielle (l'ACP ou l'Analyse en Composantes Principales) et surtout l'indice du *BIN* ou l'indice du Bonheur Intérieur Net par délégation. Le score enregistré dans un nombre important de délégations (telles que Hassi Ferid, Menzel Bouzaiene, Goubellat, Saouef, Oued Mliz, Djedeliane …), avec un indice qui est inférieur au seuil de 350 et parfois même *au-dessous de 310 (El Ayoun, Majel Bel Abbas, Fernana…),* ce score confirme cette marginalisation et cet enclavement, et ce d'autant plus que certains indices d'infrastructure ou d'emploi sont parfois proches de zéro.

Le quatrième chapitre a été focalisé sur l'analyse des indices synthétiques de développement humain, ou les *IDH synthétiques*, dans les différentes délégations de la Tunisie. À l'instar du BIN, le calcul montre un IDH très faible dans plusieurs délégations ayant un score inférieur à 350 (telles que Hassi Ferid, Majel Bel Abbas, Sidi Ali Ben Aoun, Souk Jedid, Gafsa Nord, Bouhajla, Bir Ali Ben Khlifa, Oued Mliz...), et d'autres localités encore plus marginalisées avec un IDH inférieur au seuil de 300 (El Ayoun, Menzel Bouzaiene, Fernana...), ce qui confirme l'état d'enclavement, d'oubli et de sous-développement de ces délégations.

Ensuite, on a procédé à l'analyse des principaux facteurs et des différentes explications des inégalités locales, notamment la position géographique, les ressources humaines, les facteurs naturels, la politique de développement et les choix socio-économiques, l'état de l'infrastructure et de l'équipement, l'importance des investissements publics et privés, le développement du secteur industriel et du tourisme, la culture entrepreneuriale...[189]

Le dernier chapitre était centré sur l'enquête et sur l'analyse des représentations et des perceptions de la population et des acteurs développementistes sur divers aspects relatifs à la problématique du développement local en Tunisie ; ces représentations concernent plusieurs éléments dont notamment : les conditions du développement local égalitaire, les atouts et les "handicaps" de la délégation, l'inégal développement local : ses explications et ses répercussions, la planification et la décentralisation, la gouvernance locale, la participation de la population, les caractéristiques de l'environnement local, l'aménagement du territoire et la politique territoriale, les propositions pour favoriser le développement local...

[189] Pour les les analyses en termes d'économie politique (sur le modèle de développement tunisien) qui traitent à la fois du rôle des élites politiques et économiques dans le maintien de ces disparités régionales et/ou locales, et aussi le rôle de bailleurs de fonds (FMI, BM et Union Européenne avec les accords de libre échange) dans le maintien de ces disparités ... Ces analyses ont été citées et étudiées dans des recherches précédentes, c'est pourquoi on a préféré ne pas refaire l'analyse dans cet ouvrage. Cf. pour plus de détails, A. Bousnina, 2012, *Op.cit*, pp.195-208.

Par ailleurs, on doit noter l'impact de la centralisation politique (ou de l'absence de la décentralisation) sur les inégalités locales et régionales, car cette centralisation ne valorise pas l'apport des responsables locaux et régionaux et néglige la participation de la population à la prise de décision.

Mais, il semble que les défaillances juridiques (inhérentes à la problématique du développement local et à la décentralisation) sont en train d'être corrigées progressivement, notamment dans la nouvelle constitution. Dans le chapitre VII relatif au pouvoir local, l'article 131 stipule que : « Le pouvoir local est fondé sur *la décentralisation.* La décentralisation est concrétisée par des collectivités locales comprenant des municipalités, des régions et des départements. » En outre, l'article 139 stipule que : « Les collectivités locales adoptent les instruments de la *démocratie participative* et les principes de la gouvernance ouverte afin d'assurer la plus large participation des citoyens et de la société civile dans la préparation de projets de développement et d'aménagement du territoire et le suivi de leur exécution. »

Avec l'adoption du code des collectivités locales (le CCL dont l'objet est de mettre en œuvre ce chapitre VII de la constitution), cette loi a mis en place les mécanismes pour garantir le fonctionnement démocratique des conseils locaux qui auront la charge de gérer les affaires locales. Le code tente de traduire au concret le principe de libre administration posé par la constitution en garantissant l'autonomie administrative et financière, même si cette autonomie a besoin de temps pour se réaliser. Le code a mis en place les outils de participation pour assurer le suivi et le contrôle par les citoyens et la société civile de la gestion des affaires. Ce code a intégré le développement et le bien-être collectif comme finalité de la décentralisation. À cet effet, la planification, l'aménagement du territoire et le développement durable, les entreprises de développement local, les services publics locaux et les contrats publics locaux ont fait l'objet de dispositions spécifiques qui facilitent leur gestion en coordination avec les politiques nationales[190].

---

[190] Baccouche Neji, 2018, Le code des collectivités locales : un texte fondateur, *Revue Leaders* n°85, juin 2018, pp.29-30.

Avec la problématique locale et celle de la décentralisation, la question du renouvellement du modèle de développement est inéluctable, avec toutes les limites et les lacunes enregistrées au cours des dernières décennies[191]. *Le nouveau modèle de développement* doit prendre en considération plusieurs points essentiels :

- ce modèle doit s'inscrire dans le cadre d'une économie sociale et solidaire
- dans ce modèle, la croissance doit être tirée par les secteurs à forte valeur ajoutée et doit avoir comme mobile essentiel la satisfaction des besoins aussi bien du marché interne que du marché externe
- la croissance économique doit être au service du développement, c'est-à-dire génératrice d'une réelle amélioration des conditions de vie de la population
- *la dimension régionale doit être une composante essentielle dans ce modèle. Le développement régional doit être l'œuvre des régions dans le cadre d'une décentralisation démocratique*

- le rôle de l'État doit être très actif dans la régulation des activités économiques
- les réformes doivent être conformes aux orientations du modèle et répondre aux besoins du développement économique et social.

[191] Dans un ouvrage qui vient d'être publié très récemment, l'économiste et l'ancien ministre Hakim Ben Hamouda confirme cette analyse. Notre hypothèse centrale dans cet essai, écrit-il en présentation, est que la crise économique que nous traversons aujourd'hui est le signe d'un mal plus profond qui concerne l'éclatement du modèle de développement et du contrat social post-national hérité de l'État de l'indépendance. Et, c'est là que se situe toute la difficulté de la transition en cours car derrière le désenchantement et la désillusion il y a la crise d'un ordre qui, en dépit de son autoritarisme, a pu rassurer pendant près de cinq décennies des populations en quête de modernité et de développement. L'ampleur de la crise s'explique également par le fait que nous n'avons pas besoin d'une simple relance de l'économie pour sortir de la récession mais de l'invention *d'un nouveau modèle de développement et d'un nouveau contrat social.* Notre hypothèse dans cet essai c'est que la véritable réponse au désenchantement tunisien et à la désillusion c'est l'enchantement d'un nouveau projet et d'un nouveau modèle de développement. Cf. pour plus de détails, Ben Hammouda Hakim, 2019, *Sortir du désenchantement. Des voies pour renouveler le contrat social tunisien*, Editions Nirvana, Tunis, mars 2019.

Elles doivent émaner de la dynamique interne et ne doivent pas être imposées par les institutions financières internationales[192].

Outre ces propositions macroéconomiques et politiques, le secteur industriel revêt une importance majeure et capitale. Comme le souligne Hamadi Tizaoui, l'État, via une politique industrielle régionale, doit instituer *« un Plan Marshall industrie »* pour les régions et les délégations intérieures. L'orientation de l'économie de la région vers l'industrialisation, comme alternative stratégique à la crise du secteur agricole et comme réponse aux nouvelles attentes de la nouvelle génération des demandeurs d'emploi, est aujourd'hui la solution salutaire pour consolider et diversifier la base économique de ces régions. Dans cette politique industrielle, l'aménagement du territoire, par le redéploiement des activités industrielles vers les régions et les délégations reculées du pays, doit être une option centrale[193].

Subséquemment, c'est tout le modèle développementiste tunisien qui est à revoir : « Usé, vieilli, dépravé, inique, devenu caduc par son incapacité à engendrer une croissance créatrice d'emplois et, désormais dépourvu de l'ossature étatique qui contrôle plus de deux-tiers de l'activité économique et tenait la société sous haute surveillance, le modèle tunisien a besoin d'être repensé et rebâti sur des bases entièrement nouvelles. »[194]

Comme le stipule Hachemi Alaya, *ce nouveau modèle doit être disruptif*[195] : il doit rompre radicalement avec l'ancien, car les défis et les aspirations de la société tunisienne aujourd'hui sont totalement différents avec ceux qu'elle endurait il y a plus d'une soixantaine d'années. L'économie tunisienne aussi s'est radicalement transformée. En somme, plus rien ne peut être pensé avec les idées et les mythes du passé avec lesquels doit rompre complètement le nouveau modèle tunisien.

---

[192] Mokadem Mongi, 2015, Quel modèle de développement économique faut-il pour la Tunisie ?, *Revue leaders*, 15.10.2015
[193] H.Tizaoui, 2018, *Op.cit*, p.293.
[194] Alaya Hachemi, 2018, *Le modèle Tunisien. Refonder l'économie pour consolider la démocratie*, Arabesques éditions, Tunis, décembre 2018, p.213.
[195] *Ibid*, p.234.

Bibliographie

-Alaya Hachemi, 2018, *Le modèle Tunisien. Refonder l'économie pour consolider la démocratie*, Arabesques éditions, Tunis, décembre 2018

-Amara Mohamed, 2010, *Inégalités spatiales et développement local en Tunisie,* Thèse de doctorat, Université de Paris I, Paris, Juillet 2010

-Amri Laroussi, 2002, *La femme rurale dans l'exploitation familiale. Nord-Ouest de la Tunisie*, Ed. L'Harmattan, Paris, 2002

-Arfaoui Souhail et Saadaoui Karim, 2016, Femme rurale et empowerment à Oued Sbayhia, in, Najar Sihem (dir), *Développement local, acteurs sociaux et genre. Enjeux et stratégies après la révolution,* ouvrage collectif, Cahiers du CERES, Série Sociologie n°30, CERES, Tunis, 2016

-Assidon Elsa, 2002, *Les théories économiques du développement,* Éditions La Découverte, Paris, 2002

-Ayari Chedly, 2011, *Perspectives du Développement Régional dans La Tunisie Post-révolutionnaire,* Centre de Réflexion Stratégique Pour Le Développement du Nord-Ouest, Premier Forum Annuel (23 Juillet 2011, Tunis)

-Aydalot Philippe, 1976, *Dynamique spatiale et développement régional,* Economica, Paris 1976

-Aydalot Philippe, 1985, *Économie régionale et urbaine*, Economica, Paris 1985

-Baccouche Neji, 2018, Le code des collectivités locales : un texte fondateur, *Revue Leaders* n°85, juin 2018

-Banque Africaine de Développement, 2014, *Politique industrielle au service d'un développement territorial équilibré en Tunisie,* BAD note économique, 2014

-Banque Mondiale, 2001, *Renforcement des municipalités en Tunisie et promotion du développement local,* Département de l'évaluation des opérations de la Banque Mondiale, Automne 2001, numéro 211

-Bchir Mongi, 1986, *La population tunisienne. Caractéristiques et évolution récente,* Institut Supérieur de l'Éducation et de la Formation Continue, Université de Tunis, FNUAP, Tunis, 1986

-Bedoui Abdeljelil, 1999, La place du développement local endogène dans l'économie du développement, *Revue Tunisienne de Sciences Sociales RTSS* n °119, CERES, Tunis, 1999
-Belhedi Amor, 1996, *Développement régional, rural, local*, Cahiers du CERES, Série Géographique n °17, CERES, Tunis, 1996
-Belhedi Amor (dir), 1998, *Quelques aspects du développement régional et local en Tunisie*, ouvrage collectif, Cahiers du CERES, Série Géographique n°20, CERES, Tunis, 1998
-Belhedi Amor, 1999, Problématiques du local. Développement et aménagement, Actes du VII Colloque maghrébin de Géographie, mars 1996, publié dans la revue de l'AGT, *Géographie & Développement*, 15-16, pp.69-84, 1999.
-Belhedi Amor, 2011, Décentralisation, aménagement du territoire et démocratie locale en Tunisie, Communication au Colloque International *"La décentralisation et la démocratie locale en Tunisie: Enjeux et perspectives"*. Ministère de l'Intérieur, CFAD. Hammamet, 30 juin, 1 et 2 juillet 2011.
-Belhedi Amor, 2012, *La fracture territoriale. Dimension spatiale de la révolution tunisienne*, Wassiti éditions, Tunis, 2012
-Belhedi Amor, 2015, La dimension géo-stratégique de la région, Échos, *Revue trimestrielle du Centre de Formation et d'Appui à la Décentralisation (CFAD)*, 12, pp.1-18
-Belhedi Amor, 2015, Re-penser la rupture territoriale, *Séminaire : Sciences sociales en révolution*, Bibliothèque Nationale, avril 2015
-Belhedi Amor, 2016, Territoire, développement territorial, géogouvernance, *Revue des Régions Arides n°40 (2/2016)* – Numéro spécial : Actes des travaux du colloque international LOTH 2016 « Gouvernance et communication territoriales » Mahdia (Tunisie) 7, 8, 9 avril 2016
-Belhedi Amor, 2016, Maillage administratif régional et régionalisation en Tunisie : Continuité et rupture, *Revue Tunisienne de Géographie RTG n°44-45*, pp 51-88, Tunis 2016
-Belhedi Amor, 2017, Développement des régions intérieures. Spécificités, contraintes et potentialités, Séminaire *« Pour un développement spécifique aux régions intérieures »,* U.R. BiCade, 15-17 mars 2017, FLHA, Université Manouba
-Belhedi Amor, 2017, La discrimination positive comme instrument d'intégration et d'équité territoriale. Représentations, défis et enjeux, Journée d'études Parlementaires *« Principe de la discrimination*

positive : Concepts et mécanismes de mise en œuvre », Salle Radhia Haddad, juillet 2017
-Belhedi Amor, 2017, *Disparités spatiales et développement régional en Tunisie. Défis et enjeux,* Conférence à Beit Al-Hikma, 7 décembre 2017
-Belhedi Amor, 2018, Le développement régional et local en Tunisie. Défis et enjeux, Colloque international « Développement socio-économique et dynamique des sociétés rurales. Pluralité d'acteurs, gestion des ressources et développement Territorial », LESOR, IRA, Zarzis 3-5 mai 2016 ; Texte publié in : *Les Echos, Revue du CFAD, n°25,* pp.1-9, 2018
-Belhedi Amor, 2018, *Les disparités spatiales en Tunisie. Défis et enjeux,* Conférence à la Faculté des Sciences Economiques & Gestion de Tunis- Université de Tunis Al-Manar, 31 octobre 2018 (Texte polycopié)
-Belhedi Amor, 2018, *Les Le développement socio-économique de Nefzaoua. Quelques éléments de réflexion,* http://amorbelhedi.m.a.f.unblog.fr/files/2018/10/nefzaoua.pdf
-Belhedi Amor, 2018, Dimensions et enjeux territoriaux du modèle de développement en Tunisie, colloque : *Diversité des modèles de développement en Afrique du Nord au prisme de l'expérience tunisienne.* « Political and socio-institutional change in North Africa : competition of models and diversity of national trajectories » ; ERC TARICA, *11-12 octobre 2018, Sidi Dhrif, Tunis*
-Belkaid Akram, 2018, Les voix oubliées de Kasserine, *Revue Manière de voir : Le défi tunisien,* numéro 160, Aout-Septembre 2018 (Le monde diplomatique)
-Belloussaief Mohamed Amine, 2016, *La Gouvernance locale à l'épreuve de la transition démocratique en Tunisie,* http://www.atbir.info/gouvernance-locale-a-lepreuve-de-transition-democratique-tunisie/
-Beltaifa Mounir, 2014, Décentralisation & Développement Régional, deux priorités, *Revue Leaders,* 11.01.2014 ; http://www.leaders.com.tn/article/13028-decentralisation-developpement-regional-deux-priorites
-Ben Amor Ridha et Moussa Hayet, 2016, La représentation du travail et sa place dans la vie des jeunes, in, Lamloum Olfa et Ben Zina Mohamed Ali (dir), 2016, *Les jeunes de Douar Hicher et d'Ettadhamen : une enquête sociologique*, Edition Arabesques, Tunis, 2016

-Ben Daadouch Imen, 2016, De la dissonance au conflit dans les projets de développement local : le cas de Oued Sbayhia, in, Najar Sihem (dir), *Développement local, acteurs sociaux et genre. Enjeux et stratégies après la révolution*, ouvrage collectif, Cahiers du CERES, Série Sociologie n°30, CERES, Tunis, 2016

- Ben Hammouda Hakim, 2019, *Sortir du désenchantement. Des voies pour renouveler le contrat social tunisien*, Editions Nirvana, Tunis, mars 2019

-Ben Hassine Adel, 2005, Développement économique local et nouvelles technologies : le cas de Sfax, *Networks and Communication Studies, NETCOM,* Vol. 19, n °1-2, pp. 67-78

-Ben Jelili Riadh, 2016, *Les réformes économiques en Tunisie, une urgence en quête de leadership,* Sud Éditions, Tunis 2016

-Ben Romdhane Mahmoud, 2011, *Tunisie. État, économie et société. Ressources politiques, légitimation et régulations sociales,* Sud Éditions, Tunis 2011

-Ben Romdhane Mahmoud, 2018, *Tunisie. La démocratie en quête d'État. Ou comment reprendre la voie de la prospérité partagée*, Sud Éditions, Tunis 2018

-Ben Slymen Syrine et Meyer Vincent, 2014, Sentiment d'appartenance, communication et développement territorial en Tunisie, *Synergies Monde Méditerranéen* n°4 - 2014 pp. 39-53

-Ben Zina Mohamed Ali, Abelbaki Meryem et Lamloum Olfa (dir), 2018, *Sociologie des périphériques en Tunisie, études dans les zones frontalières et les cités populaires,* Éditions Mohamed Ali, Alert international, mars 2018 (en arabe)

-Beyna Jean-Michel & Moalla Khadija T., 2017, La décentralisation en Tunisie: entre espoirs et réalité, *Revue Leaders*, Aout 2017, http://www.leaders.com.tn/article/22943-la-decentralisation-en-tunisie-entre-espoirs-et-realite

-Bourgou Mongi (dir), 2017, *La péninsule du Cap Bon entre crises et mutations*, ouvrage collectif, Académie Tunisienne des Sciences, des lettres et des arts (Beit El Hikma), Tunis, 2017

-Bousnina Adel, 2006, Le développement humain en Tunisie : spécificités et performances économiques et sociales, *Revue Tunisienne de Sciences Sociales R.T.S.S* n°130, CERES 2006

-Bousnina Adel, 2007, Les disparités régionales du développement humain en Tunisie, *Revue Tunisienne de Sciences Sociales R.T.S.S* n°134, CERES 2007

-Bousnina Adel, 2008, Les causes et les répercussions de l'inégal développement régional en Tunisie : résultats d'une enquête, *Revue Tunisienne de Sciences Sociales R.T.S.S* n°136, CERES 2008
-Bousnina Adel, 2012, *Le littoral et le désert tunisiens. Développement humain et disparités régionales en Tunisie,* Edition l'Harmattan, Paris, 2012
-Bousnina Adel, 2013, *Le chômage des diplômés en Tunisie,* Éditions L'Harmattan, Paris, 2013
-Bousnina Adel, 2014, Les inégalités sociales du développement en Tunisie, *Revue Tunisienne de Sciences Sociales R.T.S.S* n°142, CERES 2014
-Bousnina Adel, 2015, *Population et développement en Tunisie,* Edition l'Harmattan, Paris, 2015
-Bousnina Adel, 2015, *Quelques aspects du développement en Tunisie,* Edilivre, Paris, 2015
-Boutin-Kuhlmann Raphaël, 2013, *qu'est-ce que le développement local ? Synthèse bibliographique sur la définition du concept de développement local,* Synthèse réalisée dans le cadre du mémoire de recherche sur le thème de la contribution de l'agriculture biologique au développement local (Master 2 recherche Études rurales, Lyon 2) sous la direction de Philippe Fleury, Lyon, 2013
-Buda Rodolphe, 1992, *Dynamique urbaine et développement économique local : une revue de la littérature*, November 1992, Online at http://mpra.ub.uni-muenchen.de/3774/MPRA Paper No. 3774, posted 2. July 2007
-CGDR, 2017, *Élaboration d'une étude stratégique pour le développement du gouvernorat de Zaghouan à l'horizon 2030.* Troisième phase : Rapport de Synthèse et moyens de mise en œuvre, CGDR, Ministère de Développement, de l'Investissement et de Coopération Internationale, novembre 2017
-CGDR, 2018, *Étude stratégique pour le développement du gouvernorat de Mahdia à l'horizon 2030,* Rapport de synthèse de la phase III : Synthèse et Tableau de Bord de la Stratégie de développement du gouvernorat de Mahdia, Horizon 2030, CGDR, Ministère du développement de l'investissement et de la coopération internationale, Février 2018
-CGDR, 2018, *Une étude stratégique sur le développement du gouvernorat de Bizerte à l'horizon 2030. Phase III : Résumé du rapport de synthèse*, CGDR, Ministère de Développement, de

l'Investissement et de Coopération Internationale, février 2018, Tunis (En arabe)
-CGDR, 2018, *Le gouvernorat de Ben Arous en chiffres,* CGDR, Tunis, 2018
-Cohen Daniel, 2012, *Homo economicus, prophète (égaré) des temps nouveaux,* Edition Albin Michel, Paris, 2012
-Denieuil Pierre Noël et Laroussi Houda, 2005, *Le développement social local et la question des territoires*, Ed. L'Harmattan, Paris, 2005
-Denieuil Pierre Noël, 2005, *Introduction aux théories et à quelques pratiques du développement local et territorial*, Genève, Bureau international du Travail, 2005
-Dhaher Najem, 2013, L'université, un outil de développement local ? Le cas de Jendouba en Tunisie, *JHEA/RESA*, *Journal of Higher Education in Africa / Revue de l'enseignement supérieur en Afrique,* Vol. 10, No. 2 (2012), pp. 63-80, Conseil pour le développement et la recherche en sciences sociales en Afrique 2013
-Dimassi Hassine et Zaiem M.Hedi, 1982, *La dynamique socio-économique de population d'une région. L'exemple du nord-ouest-tunisien,* Actes du 5ème colloque de démographie maghrébine. AMEP. Rabat, 1982
-Dlala Habib, 1993, *Structuration et fonctionnement de l'espace industriel tunisien. Approche macroscopique,* Publication de l'Université de Tunis, Tunis, 1993
-Elloumi Mohamed, Mongi Sghaier, Boubaker Dhehibi et Kaouthar Kadhkadhi, 2007, Changement institutionnel et développement durable : Vers une nouvelle gouvernance du développement locale et de la gestion des ressources naturelles, African Economic Conference 2007, *Opportunities and Challenges of Development for Africa in the Global Arena,* 15-17 November 2007, Addis Ababa, Ethiopia
-El Moujadidi Noufissa, 2007, IDE, Croissance économique et développement local durable : quelles relations et quelles perspectives ? Colloque international : *Enjeux économiques, sociaux et environnementaux de la libéralisation commerciale des pays du Maghreb et du Proche–Orient,* 19-20 octobre 2007 Rabat – Maroc
-Fontan Jean-Marc et Lévesque Andrée, 1992, *Initiation au développement économique local et au développement économique communautaire. Expériences pertinentes Et Études de cas*, Institut de formation en développement économique communautaire (IFDÉC), Montréal, 1992

-Fredj Abdelmajid, 2018, Le modèle de développement vécu : forces, faiblesses, nécessite d'ajustement, *Revue Leaders* (15.01.2018), http://www.leaders.com.tn/article/23883-le-modele-de-developpement-vecu-forces-faiblesses-necessite-d-ajustement
-Gagnon Chritiane, 1995, Développement local viable : approches, stratégies et défis pour les communautes, *Coopératives et développement,* Vol.26, n°2, 1994-1995
-Gilly J.-P. et Perrat J., 2002, Développement local et coopération décentralisée. Entre gouvernance locale et régulation globale, Colloque *Economie Méditerranée Monde Arabe*, Sousse 20-21 septembre 2002
-Ghozzi-Nekhili Chiraz et Gana-Oueslati Emna, 2010, Mobilisation des entreprises et Gouvernance du Développement durable. Étude exploratoire de l'agenda 21 d'Hammam Sousse (Tunisie), *Les Cahiers de la CRSDD,* Collection recherche. No 10-2010, Montréal 2010
-Greffe Xavier, 1984, *Territoires en France. Les enjeux économiques de la décentralisation,* Economica, Paris 1984
-Greffe Xavier, 2002, *Le développement local*, Edition de l'aube, Paris 2002
-Haddad Mohamed et Bouzaida Mohamed Amir, 2013, Développement local et gouvernance territoriale : Enjeux et perspectives post-révolution, *Journal of Academic Finance (J.A.F.)*, Vol. 1, 2013
-Hamdi Mohamed Tlili et Omri Ibtissem, Tunisie, 2012, *L'équité territoriale en matière d'investissement public : un vecteur du développement économique de la nouvelle Tunisie* (Texte polycopié)
-Hammami Mokhtar, 2011, Décentralisation, gouvernance locale et lutte contre la pauvreté Cas de la Tunisie, Séminaire, *La décentralisation, la gouvernance locale et la lutte contre la pauvreté,* Tanger, 27 septembre 2011
-Hayder Adnane, 1995, Les régions sahariennes dans les politiques d'aménagement du territoire, *Revue Tunisienne de Géographie* n°27, Faculté des Sciences Humaines et Sociales de Tunis, Tunis, 1995
-Hayder Adnane, 1998, Industrie et développement régional à Médenine, in, Belhedi Amor (dir), *Quelques aspects du développement régional et local en Tunisie,* ouvrage collectif, Cahiers du CERES, Série Géographique n°20, CERES, Tunis, 1998
-Hayder Adnane, 2006, Les dynamiques régionales en Tunisie : de la régionalisation à la métropolisation, *Revue Tunisienne de Géographie*

n°37, Faculté des Sciences Humaines et Sociales de Tunis, Tunis, 2006
-INS, 2015, *Résultats du Recensement Général de la Population et de l'Habitat 2014,* Institut National de la Statistique, Tunis, décembre 2015
-INS, 2016, *Statistiques Tunisie. Flash consommation et niveau de vie,* Institut National de la Statistique, Tunis, décembre 2016
-INS, 2016, *Tunis à travers le Recensement Général de la Population et de l'Habitat 2014,* Institut National de la Statistique, Tunis, Avril 2016
-INS, 2016, *Ariana à travers le Recensement Général de la Population et de l'Habitat 2014,* Institut National de la Statistique, Tunis, Avril 2016
-INS, 2018, *Indicateurs de l'emploi et du chômage, premier trimestre 2018,* Institut National de la Statistique, Tunis, Mai 2018
-INS, 2018, *Annuaire statistique de la Tunisie 2012-2016,* Institut National de la Statistique, Tunis, Mai 2018
INS, 2018, *Enquête nationale sur la perception des citoyens sur la sécurité, les libertés et la gouvernance locale en 2017,* Institut National de la Statistique, Tunis, Juin 2018 (en arabe)
-Jedidi Mohamed, 1986, *Croissance économique et espace urbain dans le Sahel tunisien depuis l'indépendance,* Publication de l'Université de Tunis, Tunis, 1986
-Jelassi Hechmi, 2011, *Le peuplement de Sidi Thabet au 20ème siècle*, Les éditions Sahar, Tunis, 2011
-Jouini Elyes (dir), 2013, *Tunisie l'espoir : mode d'emploi pour une reprise,* Cérès éditions, Tunis, décembre 2013
-Kahloun Hatem, 2013, L'agenda 21 local en Tunisie : des tentatives de démocratisation de la planification du développement durable, *Revue Environnement urbain*, volume 7, 2013, pp.62-82
-Kassé Moustapha, 2009, *Economie du développement, références africaines*, Tome 1, Édition Panafrika, Dakar, 2009
-Kengue Mayamou, Pascal, 2012, *La micro finance en Tunisie et en Égypte : un outil au service du développement local,* Thèse de Doctorat, Discipline : Économie, Université Rennes 2, Soutenue le 25 Juin 2012
-Kolosy Katalyn, 2006, Le développement local : réflexion pour une définition théorique du concept, http://www.globenet.org/archives/web/2006/www.globenet.org/horizon-local/perso/defloc.html

-Koop Kirsten, Landel Pierre-Antoine et Pecqueur Bernard, 2010, Pourquoi croire au modèle du développement territorial au Maghreb ? Une approche critique, *EchoGéo* [En ligne], 13 | 2010, mis en ligne le 20 septembre 2010, consulté le 04 décembre 2018. URL http://journals.openedition.org/
-Krugman Paul, 1995, Rendements croissants et géographie économique, in, A.Rallet et A.Torre (ed.), *Economie industrielle et économie spatiale,* éd. Economica, Paris, 1995
-Krugman Paul, 2000, *L'Âge des rendements décroissants*, éd. Economica, 2000
-Labiadh Ines, 2016, *Décentralisation et renforcement du pouvoir local : La Tunisie à l'épreuve des reformes institutionnelles, Maillages territoriaux, démocratie et élection*, Janvier 2016, Monastir, Tunisie https://halshs.archives-ouvertes.fr/halshs-01293413
-Labiadh Ines, 2017, *Le développement territorial et la valorisation des ressources spécifiques dans les zones difficiles : acteurs et gouvernance. Cas de la région Nord Ouest de la Tunisie,* thèse de doctorat, Sous direction de Bernard Pecqueur, Université Pierre Mendès, Grenoble
-Lamarche Thomas, 2003, *Territoire : développement exogène, développement endogène et hétéronomie*, Forum de la régulation, 2003 (Texte polycopié)
-Lamloum Olfa et Ben Zina Mohamed Ali (dir), 2016, *Les jeunes de Douar Hicher et d'Ettadhamen : une enquête sociologique*, Edition Arabesques, Tunis, 2016
-Lapèze Jean, El Kadiri Nacer et Lamrani Nouzha (dir.), 2007, *Eléments d'analyse sur le développement territorial. Aspects théoriques et empiriques*, Edition l'Harmattan, Paris, 2007
-Latouche Serge, 1991, *La planète des naufragés. Essai sur l'après-développement,* Éditions La Découverte, Paris, 1991
-Lazarev Grigori et Arab Mouloud, 2002, *Développement local et communautés rurales. Approches et instruments pour une dynamique de concertation*, Éditions Kharthala, Paris 2002
-Loungou Elyès, 2015, GAFSA : La bénédiction de l'histoire et la malédiction du phosphate - Une feuille de route pour sauver le bassin minier, *Revue Leaders*, 27/04/2015
-Marjorie Jouen, 2011, Le développement local en Europe. Bilan et perspectives après la crise, *Les Brefs de notre Europe n°21*, janvier 2011

-Meddeb Radhi, 2018, *Le désenchantement du jasmin*, Imp.Simpact, Tunis, avril 2018
-Medinilla Alfonso et El Fassi Sahra, 2016, *Réduire les inégalités régionales en Tunisie*, note d'information No. 84 – avril 2016, ECDPM, European Center For Development Policy Management
-Mhidhi Noureddine, 1998, Le rôle des nouvelles communes des montagnes du Nord Ouest de la Tunisie dans le développement local. Le cas de Nebber, Menzel Salem et Bni Mtir, in, Belhedi Amor (dir), *Quelques aspects du développement régional et local en Tunisie*, ouvrage collectif, Cahiers du CERES, Série Géographique n°20, CERES, Tunis, 1998
-Ministère de l'Industrie, de la Petite et Moyenne Entreprise et de la Promotion de l'Investissement, 2011, *Développement local : concepts, stratégies et Benchmarking,* Série Politique économique et développement, Rapport n°1, Alger, Septembre 2011
-Ministère du Développement Régional et de la Planification, 2012, *Stratégie d'amélioration de la gouvernance et du développement local en Tunisie,* Novembre 2012
-Ministère du Développement Régional et de la Planification, 2012, *l'indicateur de développement régional,* Tunis, Septembre 2012
-Ministère du Développement Régional et de la Planification, 2012, *Stratégie d'amélioration de la gouvernance et du développement local en Tunisie*, MDRP Tunis, Novembre 2012
-Ministère de Développement Régional et de la Planification, 2012, *Vers une nouvelle carte des zones de développement,* MDRP Tunis, Octobre 2012
-Ministère du Développement, de l'Investissement et de la Coopération Internationale, 2015, Développement de l'investissement local et gouvernance territoriale : état des lieux en Tunisie, Colloque : *La Gouvernance territoriale au service de l'investissement inclusif*, 22 Octobre 2015 à Tunis
-Mokadem Mongi, 2015, Quel modèle de développement économique faut-il pour la Tunisie?, *Revue leaders*, 15.10.2015
-Mzabi Hassouna, 1993, *La Tunisie du sud Est. Géographie d'une région fragile, marginale et dépendante,* Publication de l'Université de Tunis, Tunis, 1993
-Nabli Rabah, 2008, *Les entrepreneurs Tunisiens. La difficile émergence d'un nouvel acteur »,* Edition l'Harmattan, Paris 2008

-Najar Sihem (dir), 2016, *Développement local, acteurs sociaux et genre. Enjeux et stratégies après la révolution*, ouvrage collectif, Cahiers du CERES, Série Sociologie n °30, CERES, Tunis, 2016
-Observatoire social sur la gouvernance efficace et le développement économique local, *Développement local et communautaire. Des multiples voies pour les communautés d'apprentissage*, La Paz, Avril 2008
-Office de Développement du Sud, 2017, *Gouvernorat de Tataouine en chiffres*, Tunis, Ministère du Développement, d'investissement et de la coopération Internationale, juillet 2017
-Parodi Maurice, 2005, Économie sociale et solidaire et développement local, *RECMA, Revue Internationale de l'Économie sociale* n°296, Paris, 2005
-Pecqueur Bernard, 1989, *Le développement local : mode ou modèle,* Syros, Paris 1989
-Pecqueur Bernard (dir.), 1996, *Dynamiques territoriales et mutations économiques,* L'Harmattan, Paris, 1996
-Perret Cécile, 2011, Des modèles de croissance aux théories du développement territorial endogène : vers une prise en compte du capital social, *Note de Recherche n° 11-05*, Mars 2011 http://hal.univ-grenoble-alpes.fr/hal-00995429
-PNUD, 2016, *Rapport mondial sur le développement humain 2016. Le développement humain pour tous,* New York, Programme des Nations Unies pour le Développement 2016
-Rist, Gilbert, 1996, *Le développement : histoire d'une croyance occidentale,* Presses de la Fondation nationale des sciences politiques, Paris, 1996
-Sen Amartya, 2001, *Ethique et économie, et autres essais*, PUF, Paris, 2001
-Sen Amartya, 2003, *Un nouveau modèle économique. Développement, justice, liberté,* Éditions Odile Jacob, Paris 2003
-Sethom Hafedh, 1992, *Pouvoir urbain et paysannerie en Tunisie,* Cérès éditions, Tunis 1992
-Sethom Noureddine, 1992, *l'industrie et le tourisme en Tunisie : étude de géographie du développement,* Publication de l'Université de Tunis, 1992
-Smati Abdelbaki, Nature du développement local et rôle des collectivités locales dans son financement, *Revue Recherches économiques et managériale* – N° 5/ Juin 2008

-Stiglitz Joseph, 2003, *Quand le capitalisme perd la tête*, Paris, Fayard, 2003
-Stiglitz Joseph, 2012, *Le Prix de l'inégalité*, Éditions Les liens qui libèrent, Paris, 2012
-Tayachi Hassen, 1988, *Les cités populaires programmées : solution à l'habitat spontané à Tunis,* Publication de l'Université de Tunis, 1988
-Tizaoui Hamadi, 2013, *Le décrochage industriel des régions intérieures en Tunisie*, Arabesques éditions, Tunis, 2013
-Tizaoui Hamadi, 2018, *Pour un nouveau paradigme du développement régional en Tunisie. Pas de développement régional sans industrie*, Arabesques éditions, Tunis, 2018
-Touensa association et Organisation internationale pour les migrations, 2013, *Rapport de diagnostic des gouvernorats de Kairouan, Siliana, Kef et Jendouba*, Association Touensa et Organisation internationale pour les migrations (OIM), Juillet 2013
-Tremblay Suzanne, 1999, *Du concept de développement au concept de l'après développement : trajectoires et repères théoriques*, Université du Québec à Chicoutimi, Décembre 1999
-Tremblay Marielle, Tremblay Pierre-André et Tremblay Suzanne (dir), 2002, *Développement local, économie sociale et démocratie*, Presses de l'Université du Québec (Collection Pratiques et politiques sociales et économiques), 2002
-Touhami Habib, 2019, La crise de la démocratie représentative et la montée de l'abstention, *Revue Leaders n°93*, février 2019
-Turki Sami Yessine, 2012, *Territoires et développement. Quel système d'aménagement du territoire pour un meilleur développement socioéconomique ?,* Institut Arabe des Chefs d'Entreprises, Tunis 2012
-Turki Sami Yessine et Verdeil E., 2013, *La décentralisation en Tunisie*, Lebanese Center for Policy Studies 22-07-2013
-Zghal Riadh, 2018, La décentralisation en Tunisie, transfert ou transformation du pouvoir, *Revue Leaders n°80*, Janvier 2018
-Zghal Riadh, 2018, Sommes-nous condamnés au sous-développement ? , *Revue Leaders n°81*, Février 2018

Liste des tableaux

Liste des encadrés

Index des abréviations

- ACP : Analyse en Composantes Principales
- API : Agence de Promotion de l'Industrie
- BIN : Bonheur Intérieur Net
- CCL : Code des Collectivités Locales
- CERES : Centre d'Études et de Recherches Économiques et Sociales
- CGDR : Commissariat Général au Développement Régional
- CPG : Compagnie de Phosphate de Gafsa
- CPU : Centre de Publication Universitaire
- DH : Développement Humain
- DD : Développement durable
- IDE : Investissements Directs Etrangers
- IDH : Indicateur du Développement Humain
- IDR : Indice du Développement Régional
- IMH : Indicateur de Manque Humain
- INS : Institut National de la Statistique
- IPH : Indicateur de la Pauvreté Humaine
- MDE : Ministère du Développement Économique
- MDCI : Ministère du Développement et de la Coopération Internationale
- ONAS : Office National de l'Assainissement
- PDRI : Programme de Développement Rural Intégré
- PDUI : Programme de Développement Urbain Intégré
- PIB : Produit Intérieur Brut
- PNUD : Programme des Nations Unies pour le Développement
- PRD : Programme Régional de Développement
- PUT : Publication de l'Université de Tunis
- R&D : Recherche et Développement
- RGPH : Recensement Général de la Population et de l'Habitat
- RTG : Revue Tunisienne de Géographie
- RTSS : Revue Tunisienne de Sciences Sociales
- SB : Salle de Bain

- SONEDE : Société Nationale d'Exploitation et de Distribution des Eaux
- TAAM : Taux d'Accroissement Annuel Moyen
- TIC : Technologies d'Information et de Communication
- ZI : Zone industrielle

Abréviations des régions :

- DT : District de Tunis[196]
- NEAT : Nord-Est (y compris le District de Tunis)
- NE : Nord-Est[197]
- NO : Nord-Ouest[198]
- CO : Centre-Ouest[199]
- CE : Centre-Est[200]
- SE : Sud-Est[201]
- SO : Sud-Ouest[202]

[196] Il comprend les gouvernorats suivants : Tunis, Ariana, Ben Arous et Manouba
[197] Il comprend : Bizerte, Nabeul et Zaghouan
[198] Il comprend : Beja, Jendouba, Le Kef et Siliana
[199] Il comprend : Kairouan, Sidi Bouzid et Kasserine
[200] Il comprend : Sousse, Monastir, Mahdia et Sfax
[201] Il comprend : Gabes, Medenine et Tattaouine
[202] Il comprend : Gafsa, Tozeur et Kebili

Annexes

Annexe n°1 : L'Indice du Bonheur Intérieur Net (BIN) par délégation

Tableau n°1- Le BIN dans les délégations du gouvernorat de Tunis

Délégation	I. de l'emploi[203]	I. de l'emploi supérieur[204]	T. d'alphab[205]	SCOL. SUP[206]	Pauvreté[207]	Internet[208]	SB[209]	Voiture[210]	**BIN**[211]
Carthage	782	798	913	689	918	586	978	443	763
Medina	719	651	863	503	880	389	747	154	613
Bab El Bhar	806	824	941	683	960	581	951	250	749
Bab Souika	701	684	870	576	880	418	815	178	640
El Omrane	673	750	857	521	840	415	875	288	652
El Omrane supérieur	677	656	894	599	918	466	944	345	687
Ettahrir	705	698	914	606	940	547	976	423	726
El Menzah	875	891	956	759	980	810	991	772	**880**
Cité El Khadra	846	865	927	700	960	685	982	507	**809**
Le Bardo	745	761	910	663	940	564	968	443	749
Sijoumi	560	380	806	387	720	239	745	116	**494**
Ezzouhour	725	627	873	533	876	405	938	288	658
Elhrairia	660	582	873	464	810	352	890	264	612
Sidi Hassine	671	455	844	342	640	190	791	201	**517**
El Ourdia	679	697	887	531	880	436	895	300	663
El Kabaria	632	619	877	494	840	421	887	277	631
Sidi El Béchir	694	704	873	586	900	453	860	236	663
Djebel Jelloud	553	492	814	391	800	240	842	137	533
La Goulette	826	865	948	658	920	696	970	597	810
Le Kram	768	823	910	540	918	549	970	409	736
La Marsa	820	836	907	547	916	555	960	466	751
Total (Gouvernorat)	722	750	888	543	930	469	911	347	695
Total (Tunisie)	704	599	807	409	696	287	809	272	573

Source: Élaborés par nos calculs, à partir des données de l'INS

Tableau n°2- Le BIN dans les délégations du gouvernorat d'Ariana

Délégation	I. de l'emploi	I. de l'emploi supérieur	T. d'alphab	SCOL. SUP	Pauvreté	Internet	SB	Voiture	**BIN**
Ariana ville	851	878	956	731	964	758	982	688	**851**
Soukra	793	795	895	486	878	485	939	424	712
Raoued	795	792	897	523	876	473	917	464	717
Kalaat El Andalous	835	675	869	305	972	222	862	261	625
Sidi Thabet	746	653	838	352	838	238	866	263	599
Cité Ettadhamen	653	442	827	399	836	252	819	189	**552**
El Mnihla	723	715	849	425	802	281	868	302	621
Total (Gouvernorat)	775	790	887	504	892	456	911	422	705
Total (Tunisie)	704	599	807	409	696	287	809	272	573

Source: Élaborés par nos calculs, à partir des données de l'INS

[203] Indice de l'emploi global (intégrant le taux de chômage général).
[204] Indice de l'emploi supérieur (intégrant le taux de chômage des diplômés du supérieur).
[205] Taux d'alphabétisme de la population (10 ans et plus).
[206] Taux de scolarisation au supérieur de la population (19-24 ans).
[207] 1- Indice de pauvreté : 1- (Taux de pauvreté/50) ; 50 étant la valeur maximale.
[208] Proportion des ménages connectés à internet.
[209] Pourcentage des logements équipés d'une salle de bain.
[210] Proportion des ménages possédant une voiture.
[211] La moyenne des 8 indicateurs (Référence 1000, pour le BIN et les autres indices).

Tableau n°3- Le BIN dans les délégations du gouvernorat de Ben Arous

Délégation	I. de l'emploi	I. de l'emploi supérieur	T. d'alphab	SCOL. SUP	Pauvreté	Internet	SB	Voiture	BIN
Ben Arous	729	682	905	516	880	487	937	339	684
La Nouvelle Medina	735	731	911	536	840	511	917	408	699
El Mourouj	752	741	945	617	880	613	960	477	748
Hammam Lif	717	703	899	552	880	477	914	298	680
Hammam Chott	715	697	910	539	840	536	937	349	690
Boumhel El Bassatine	771	794	910	530	810	519	943	468	718
Ezzahra	787	817	927	633	912	610	968	489	**768**
Rades	762	771	924	561	872	554	938	414	724
Megrine	759	773	912	614	912	533	938	446	736
Mohamdia	694	582	855	390	760	290	906	218	587
Fouchana	708	624	868	385	840	260	855	239	597
Mornag	737	684	812	350	740	261	852	267	**588**
Total (Gouvernorat)	738	728	897	506	914	464	920	365	691
Total (Tunisie)	704	599	807	409	696	287	809	272	573

Source: Élaborés par nos calculs, à partir des données de l'INS

Tableau n°4- Le BIN dans les délégations du gouvernorat de Manouba

Délégation	I. de l'emploi	I. de l'emploi supérieur	T. d'alphab	SCOL. SUP	Pauvreté	Internet	SB	Voiture	BIN
Manouba	697	715	924	659	920	580	934	454	735
Douar Hicher	617	374	804	404	680	229	843	163	514
Oued Elil	669	567	857	453	820	320	870	244	600
Mornaguia	741	660	847	441	790	307	859	301	618
Borj Amri	554	435	800	353	730	203	716	234	503
Jedeida	654	473	803	372	720	186	843	206	532
Tebourba	597	437	788	381	690	225	694	172	498
El Battane	644	312	771	335	700	140	747	195	**480**
Total (Gouvernorat)	654	570	834	446	758	305	840	254	583
Total (Tunisie)	704	599	807	409	696	287	809	272	573

Source: Élaborés par nos calculs, à partir des données de l'INS

Tableau n°5- Le BIN dans les délégations du gouvernorat de Nabeul

Délégation	I. de l'emploi	I. de l'emploi supérieur	T. d'alphab	SCOL. SUP	Pauvreté	Internet	SB	Voiture	BIN
Nabeul	795	709	882	514	940	437	932	323	**691**
Dar Chaabane	822	646	886	397	920	347	896	288	650
Beni Khiar	859	642	890	376	920	330	898	325	655
Korba	836	618	859	327	900	258	912	215	616
Menzel Temime	839	442	818	303	880	198	812	207	562
El Mida	847	491	759	273	880	092	818	138	537
Kelibia	763	489	854	403	880	260	855	193	587
Hammam El Guezaz	836	514	831	390	820	227	770	160	568
El Houaria	785	292	760	345	860	107	728	145	**503**
Takelsa	819	554	777	290	820	087	659	201	526
Sliman	774	712	866	377	880	313	829	263	527
Menzel Bouzelfa	837	658	816	290	880	239	762	251	592
Beni Khaled	823	636	854	359	900	242	814	254	610
Grombalia	776	675	847	331	900	282	808	241	607
Bouargoub	769	594	811	300	880	175	785	234	568
Hammamet	740	659	854	358	920	367	923	282	638
Total (Gouvernorat)	801	616	844	363	852	275	854	244	606
Total (Tunisie)	704	599	807	409	696	287	809	272	573

Source: Élaborés par nos calculs, à partir des données de l'INS

Tableau n°6- Le BIN dans les délégations du gouvernorat de Zaghouan

Délégation	I. de l'emploi	I. de l'emploi supérieur	T. d'alphab	SCOL. SUP	Pauvreté	Internet	SB	Voiture	**BIN**
Zaghouan	762	714	800	418	720	272	778	275	592
Ezzeriba	790	805	714	251	650	222	564	181	522
Bir Mchergua	604	583	787	262	650	152	688	186	489
Elfahs	640	531	742	282	650	137	653	178	477
Ennadhour	584	604	636	251	400	048	407	**121**	**381**
Saouef	497	417	647	247	480	018	330	**091**	**341**
Total (Gouvernorat)	668	645	733	294	650	160	613	186	494
Total (Tunisie)	704	599	807	409	696	287	809	272	573

Source: Élaborés par nos calculs, à partir des données de l'INS

Tableau n°7- Le BIN dans les délégations du gouvernorat de Bizerte

Délégation	I. de l'emploi	I. de l'emploi supérieur	T. d'alphab	SCOL. SUP	Pauvreté	Internet	SB	Voiture	**BIN**
Bizerte Nord	737	687	905	595	800	460	953	332	684
Zarzouna	695	588	884	552	780	310	89.0	149	495
Bizerte Sud	726	572	785	321	680	169	884	158	537
Sedjnene	646	468	575	245	480	047	427	101	**374**
Djoumine	743	374	572	309	400	006	335	084	**353**
Mateur	683	460	776	379	680	185	759	157	510
Ghezalla	680	381	607	254	660	039	362	084	**383**
Menzel Bourguiba	662	516	820	434	780	263	854	195	565
Tinja	619	522	857	484	800	328	861	247	590
Utique	859	603	665	268	680	085	858	215	529
Ghar El Meleh	867	587	844	272	680	176	871	162	557
Menzel Djmil	739	581	884	405	740	342	929	188	601
El Alia	838	620	818	321	660	201	819	167	555
Ras Djbel	884	685	866	381	740	267	927	214	620
Total (Gouvernorat)	738	598	795	396	758	242	819	194	567
Total (Tunisie)	704	599	807	409	696	287	809	272	573

Source: Élaborés par nos calculs, à partir des données de l'INS

Tableau n°8- Le BIN dans les délégations du gouvernorat de Béja

Délégation	I. de l'emploi	I. de l'emploi supérieur	T. d'alphab	SCOL. SUP	Pauvreté	Internet	SB	Voiture	BIN
Béja Nord	640	497	775	387	520	239	605	177	480
Béja Sud	660	512	753	412	560	227	660	222	501
Amdoun	646	374	608	359	240	072	340	109	**343**
Nefza	639	411	603	370	320	069	324	114	**356**
Teboursouk	554	371	695	360	400	124	545	159	401
Tibar	566	363	742	312	480	101	397	130	386
Testour	630	493	688	334	300	113	497	151	401
Goubellat	537	326	653	299	200	038	532	164	**344**
Mdjez Elbeb	736	569	760	378	560	197	564	235	500
Total (Gouvernorat)	644	479	708	369	360	156	343	170	404
Total (Tunisie)	704	599	807	409	696	287	809	272	573

Source: Élaborés par nos calculs, à partir des données de l'INS

Tableau n°9- Le BIN dans les délégations du gouvernorat de Jendouba

Délégation	I. de l'emploi	I. de l'emploi supérieur	T. d'alphab	SCOL. SUP	Pauvreté	Internet	SB	Voiture	BIN
Jendouba	552	423	790	473	720	272	713	233	522
Jendouba Nord	460	115	698	448	600	133	543	122	390
Bousalem	553	294	728	437	600	139	592	163	438
Tabarka	422	401	727	389	640	189	718	147	454
Ain Drahem	453	317	638	392	500	104	450	091	**368**
Fernana	563	298	553	297	440	030	225	080	**311**
Ghardimaou	487	239	590	292	500	103	533	138	**360**
Oued Mliz	355	065	644	388	560	092	462	149	**339**
Balta Bou Aouane	436	207	615	434	520	093	400	110	**352**
Total (Gouvernorat)	489	313	671	389	552	140	539	143	404
Total (Tunisie)	704	599	807	409	696	287	809	272	573

Source: Élaborés par nos calculs, à partir des données de l'INS

Tableau n°10- Le BIN dans les délégations du gouvernorat du Kef

Délégation	I. de l'emploi	I. de l'emploi supérieur	T. d'alphab	SCOL. SUP	Pauvreté	Internet	SB	Voiture	BIN
Kef Ouest	599	482	826	519	680	361	694	239	550
Kef Est	641	560	810	509	560	330	683	255	543
Nebeur	707	417	640	372	280	057	464	**127**	**383**
Sakiet Sidi Youssef	777	479	660	362	400	075	306	149	401
Tajerouine	599	341	729	432	400	176	586	190	432
Kalaat Snan	535	389	725	388	560	133	486	212	428
Kalaat Khesba	425	312	707	429	600	113	385	174	**393**
Djerissa	513	336	772	456	360	225	555	188	426
Elksour	685	475	681	370	200	108	477	164	**395**
Dahmani	556	267	698	366	360	112	490	176	**378**
Essers	677	357	745	387	360	152	481	188	418
Total (Gouvernorat)	629	441	737	428	316	193	544	196	435
Total (Tunisie)	704	599	807	409	696	287	809	272	573

Source: Élaborés par nos calculs, à partir des données de l'INS

Tableau n°11- Le BIN dans les délégations du gouvernorat de Siliana

Délégation	I. de l'emploi	I. de l'emploi supérieur	T. d'alphab	SCOL. SUP	Pauvreté	Internet	SB	Voiture	BIN
Siliana Nord	694	605	786	414	520	302	679	194	524
Siliana Sud	689	550	737	383	360	179	526	171	449
Bouarada	527	499	675	361	400	120	623	142	418
Gaafour	592	404	697	403	440	175	536	165	426
Elkrib	613	456	661	402	400	234	608	147	440
Bourouis	399	359	660	361	400	135	569	**147**	**379**
Makthar	557	376	654	369	320	100	517	**159**	**381**
Errouhia	810	675	582	270	000	054	346	**119**	**357**
Kesra	853	593	603	335	120	045	457	119	**391**
Bargou	677	523	662	389	400	093	471	132	418
Elaroussa	489	441	682	376	400	103	513	133	**392**
Total (Gouvernorat)	647	517	679	368	444	168	538	152	439
Total (Tunisie)	704	599	807	409	696	287	809	272	573

Source: Élaborés par nos calculs, à partir des données de l'INS

Tableau n°12- Le BIN dans les délégations du gouvernorat de Sousse

Délégation	I. de l'emploi	I. de l'emploi supérieur	T. d'alphab	SCOL. SUP	Pauvreté	Internet	SB	Voiture	BIN
Sousse Medina	809	789	916	609	900	541	976	364	**738**
Sousse Riadh	720	631	931	473	800	422	962	271	651
Sousse Jawhra	795	793	925	596	840	588	981	429	**743**
Sidi Abdelhamid	699	557	860	368	600	268	907	162	553
Hammam Sousse	835	764	916	535	820	542	967	399	722
Akouda	846	760	897	519	900	424	970	333	706
Kalaa Kebira	801	580	823	411	760	222	924	226	593
Sidi Bouali	796	625	809	365	720	212	841	200	571
Hergla	733	559	829	411	760	288	946	264	599
Enfidha	634	530	789	298	600	134	781	170	492
Bouficha	726	616	781	249	680	144	806	177	522
Kondar	704	588	718	209	520	055	800	198	**474**
Sidi Elheni	782	553	725	238	600	051	670	236	**482**
Msaken	805	647	861	391	820	411	939	306	647
Kalaa Sghira	760	636	871	471	800	352	861	281	629
Zaouia Ksiba Thrayet	822	645	851	358	520	243	869	221	566
Total (Gouvernorat)	771	689	866	438	674	371	922	289	627
Total (Tunisie)	704	599	807	409	696	287	809	272	573

Source: Élaborés par nos calculs, à partir des données de l'INS

Tableau n°13- Le BIN dans les délégations du gouvernorat de Monastir

Délégation	I. de l'emploi	I. de l'emploi supérieur	T. d'alphab	SCOL. SUP	Pauvreté	Internet	SB	Voiture	BIN
Monastir	801	733	935	672	920	518	966	345	**736**
Werdanine	784	548	871	315	800	273	847	253	586
Sahline	820	701	891	402	840	327	919	318	652
Zarmdine	718	419	837	353	680	190	847	261	538
Beni Hassen	803	446	837	367	760	208	793	232	556
Jammel	841	546	873	354	800	251	886	274	603
Benbla	863	665	856	410	800	257	932	251	629
Moknine	816	590	851	339	760	218	852	257	585
Bekalta	868	594	837	392	800	302	953	319	633
Teboulba	855	606	910	394	840	333	957	275	646
Ksar Helal	816	645	890	380	840	310	929	313	640
Ksibet Elmediouni	808	590	902	461	800	361	934	327	648
Sayada Lamta Bouhjar	856	698	894	460	840	391	952	319	676
Total (Gouvernorat)	819	640	884	450	834	331	914	296	646
Total (Tunisie)	704	599	807	409	696	287	809	272	573

Source: Élaborés par nos calculs, à partir des données de l'INS

Tableau n°14- Le BIN dans les délégations du gouvernorat de Mahdia

Délégation	I. de l'emploi	I. de l'emploi supérieur	T. d'alphab	SCOL. SUP	Pauvreté	Internet	SB	Voiture	BIN
Mahdia	788	667	867	442	840	343	950	243	642
Boumerdes	729	518	807	252	600	109	849	191	507
Ouled Chamekh	642	416	662	257	520	073	659	286	**439**
Chorbene	610	437	714	272	520	056	632	208	**431**
Hebira	797	664	687	312	640	056	664	212	504
Essouassi	758	474	712	193	560	058	835	284	484
Eldjem	745	531	775	260	680	128	822	254	524
Chebba	818	667	832	411	840	290	922	239	627
Meloulech	745	358	739	310	680	196	764	181	497
Sidi Alouane	760	545	736	211	700	103	817	196	508
Ksour Essef	803	566	813	341	760	190	909	267	581
Total (Gouvernorat)	759	578	779	304	578	177	851	240	533
Total (Tunisie)	704	599	807	409	696	287	809	272	573

Source: Élaborés par nos calculs, à partir des données de l'INS

Tableau n°15- Le BIN dans les délégations du gouvernorat de Sfax

Délégation	I. de l'emploi	I. de l'emploi supérieur	T. d'alphab	SCOL. SUP	Pauvreté	Internet	SB	Voiture	BIN
Sfax Ville	820	737	884	540	920	436	982	394	**714**
Sfax Ouest	796	702	907	571	900	428	980	389	709
Sakiet Ezzit	831	706	904	539	900	408	972	487	718
Sakiet Eddair	837	708	892	457	880	340	977	395	686
Sfax Sud	842	725	891	474	900	387	969	497	711
Tina	763	558	861	331	840	237	930	244	595
Agareb	594	399	762	263	780	142	743	186	484
Djbeniana	675	456	775	313	800	120	847	221	526
El Amra	687	465	756	254	880	095	870	173	522
El Hancha	751	525	738	222	780	063	791	205	509
Menzel Chaker	763	543	649	172	760	041	757	239	490
Ghraiba	491	251	731	278	680	042	531	147	**394**
Bir Ali Ben Khlifa	603	257	638	291	660	060	756	298	445
Skhira	472	172	707	286	580	132	708	225	**410**
Mahres	596	523	776	302	820	221	861	241	542
Kerkenah	801	492	819	467	820	292	977	161	604
Total (Gouvernorat)	762	650	831	412	894	291	911	347	637
Total (Tunisie)	704	599	807	409	696	287	809	272	573

Source: Élaborés par nos calculs, à partir des données de l'INS

Tableau n°16- Le BIN dans les délégations du gouvernorat de Kairouan

Délégation	I. de l'emploi	I. de l'emploi supérieur	T. d'alphab	SCOL. SUP	Pauvreté	Internet	SB	Voiture	**BIN**
Kairouan Nord	645	447	785	433	320	254	821	221	491
Kairouan Sud	670	512	734	380	320	236	739	218	476
Echbika	734	321	632	293	320	039	576	138	**382**
Sebikha	694	391	599	222	320	035	483	163	**364**
El Oueslatia	627	503	589	307	340	025	448	125	**370**
Haffouz	701	462	602	324	340	042	518	136	**391**
El Alaa	764	530	567	264	280	031	381	152	**371**
Hajeb El Ayoun	636	517	602	291	300	037	535	130	**381**
Nasrallah	539	428	635	372	340	033	544	127	**377**
Echrarda	640	475	639	204	326	019	669	223	**399**
Bouhajla	624	449	537	206	280	021	533	196	**356**
Total (Gouvernorat)	661	467	650	314	300	104	611	179	411
Total (Tunisie)	704	599	807	409	696	287	809	272	573

Source: Élaborés par nos calculs, à partir des données de l'INS

Tableau n°17- Le BIN dans les délégations du gouvernorat de Kasserine

Délégation	I. de l'emploi	I. de l'emploi supérieur	T. d'alphab	SCOL. SUP	Pauvreté	Internet	SB	Voiture	BIN
Kasserine Nord	441	358	815	450	720	291	711	238	503
Kasserine Sud	638	306	678	297	380	085	427	177	**373**
Ezzouhour	351	239	716	405	680	215	638	168	426
Hassi Ferid	817	673	443	227	180	006	224	176	**343**
Sebeitla	582	384	697	293	400	089	535	181	**395**
Sebiba	722	289	616	240	280	046	457	185	**354**
Djedeliane	686	283	645	374	300	043	262	099	**336**
El Ayoun	531	389	551	292	240	007	266	088	**295**
Thalla	438	148	695	407	500	105	418	125	**354**
Hidra	558	299	585	347	500	094	395	146	**365**
Foussana	668	337	659	278	440	045	378	179	**373**
Feriana	535	289	652	281	480	086	542	164	**379**
Majel Bel Abbes	503	093	628	299	300	041	459	151	**309**
Total (Gouvernorat)	553	305	674	323	344	112	495	174	**372**
Total (Tunisie)	704	599	807	409	696	287	809	272	573

Tableau n°18- Le BIN dans les délégations du gouvernorat de Sidi Bouzid

Délégation	I. de l'emploi	I. de l'emploi supérieur	T. d'alphab	SCOL. SUP	Pauvreté	Internet	SB	Voiture	BIN
Sidi Bouzid Ouest	673	435	786	367	600	234	692	295	510
Sidi Bouzid Est	611	241	706	313	460	126	543	213	402
Jilma	737	458	634	221	280	071	502	146	**381**
Cebalit Ouled Asker	609	271	649	225	420	083	522	169	**368**
Bir Elhfey	729	376	689	262	420	098	572	174	415
Sidi Ali Ben Aoun	600	206	649	243	420	071	546	164	**362**
Menzel Bouzaine	464	096	662	371	380	091	337	123	**315**
Meknassy	377	104	739	484	600	144	606	184	405
Souk Jdid	679	337	654	266	380	024	446	196	**373**
Mezzouna	628	452	628	288	340	066	539	159	**387**
Rgueb	817	409	728	241	420	062	632	301	451
Ouled Haffouz	678	394	695	340	580	053	625	239	450
Total (Gouvernorat)	660	329	700	298	538	110	572	218	428
Total (Tunisie)	704	599	807	409	696	287	809	272	573

Tableau n°19- Le BIN dans les délégations du gouvernorat de Gabes

Délégation	I. de l'emploi	I. de l'emploi supérieur	T. d'alphab	SCOL. SUP	Pauvreté	Internet	SB	Voiture	BIN
Gabes Medina	625	354	875	497	800	363	974	247	592
Gabes Ouest	637	274	839	405	700	294	924	268	543
Gabes Sud	618	440	908	645	800	460	963	379	652
Ghannouch	833	378	845	282	520	193	973	220	530
El Metouia	649	322	868	466	720	307	889	280	563
Menzel El Habib	787	197	702	298	400	044	413	**220**	**383**
El Hamma	501	108	776	441	600	191	682	201	437
Matmata	684	186	675	310	680	056	490	**147**	403
La nouvelle Matmata	576	188	705	395	660	125	657	**180**	436
Mareth	619	204	758	340	680	168	786	237	474
Total (Gouvernorat)	619	301	823	458	682	279	838	264	533
Total (Tunisie)	704	599	807	409	696	287	809	272	573

Source: Élaborés par nos calculs, à partir des données de l'INS

Tableau n°20- Le BIN dans les délégations du gouvernorat de Médenine

Délégation	I. de l'emploi	I. de l'emploi supérieur	T. d'alphab	SCOL. SUP	Pauvreté	Internet	SB	Voiture	**BIN**
Médenine Nord	624	340	845	348	640	281	906	318	538
Médenine Sud	579	309	845	383	560	276	885	364	525
Beni Khadech	562	214	725	370	600	055	793	211	441
Ben Guerdane	628	243	810	260	480	235	924	419	500
Zarzis	719	514	834	262	720	317	941	323	579
Djerba Houmet Souk	802	681	905	350	760	385	973	419	659
Djerba Midoun	816	636	894	300	680	326	971	327	619
Djerba Ajim	800	565	843	325	640	256	965	308	588
Sidi Makhlouf	625	026	707	283	360	067	788	246	**388**
Total (Gouvernorat)	698	438	839	314	566	280	924	347	551
Total (Tunisie)	704	599	807	409	696	287	809	272	573

Source: Élaborés par nos calculs, à partir des données de l'INS

Tableau n°21- Le BIN dans les délégations du gouvernorat de Tataouine

Délégation	I. de l'emploi	I. de l'emploi supérieur	T. d'alphab	SCOL. SUP	Pauvreté	Internet	SB	Voiture	BIN
Tataouine Nord	536	317	816	314	620	239	841	392	509
Tataouine Sud	408	181	846	397	700	275	819	313	492
Smar	439	303	741	224	500	137	971	424	467
Bir Lahmar	448	188	820	499	700	269	884	320	516
Ghomrassen	579	385	842	452	780	297	881	367	573
Dhehiba	152	143	822	212	560	193	865	281	403
Remada	237	236	801	264	520	095	659	296	**388**
Total (Gouvernorat)	459	270	818	339	700	238	836	359	502
Total (Tunisie)	704	599	807	409	696	287	809	272	573

Source: Élaborés par nos calculs, à partir des données de l'INS

Tableau n°22- Le BIN dans les délégations du gouvernorat de Gafsa

Délégation	I. de l'emploi	I. de l'emploi supérieur	T. d'alphab	SCOL. SUP	Pauvreté	Internet	SB	Voiture	**BIN**
Gafsa Nord	784	032	646	292	480	053	391	180	**357**
Sidi Aich	555	206	729	306	580	083	442	169	**384**
El Ksar	475	219	827	486	820	293	779	192	511
Gafsa Sud	533	327	846	475	800	352	809	244	548
Om Elaraies	260	**000**	743	378	760	116	774	118	**394**
Redeyef	214	**000**	795	378	800	188	935	094	425
Metlaoui	283	**000**	864	485	840	267	897	173	476
Mdhila	503	091	765	418	760	228	712	178	457
El Gtar	560	167	787	397	680	234	732	156	464
Belkhir	749	319	636	365	460	044	521	164	407
Sned	567	152	663	375	500	089	488	140	**372**
Total (Gouvernorat)	475	170	789	428	640	238	746	183	459
Total (Tunisie)	704	599	807	409	696	287	809	272	573

Source: Élaborés par nos calculs, à partir des données de l'INS

Tableau n°23- Le BIN dans les délégations du gouvernorat de Tozeur

Délégation	I. de l'emploi	I. de l'emploi supérieur	T. d'alphab	SCOL. SUP	Pauvreté	Internet	SB	Voiture	BIN
Tozeur	678	491	877	439	800	319	897	177	585
Degach	660	429	826	384	720	134	809	164	516
Tameghza	615	291	763	319	660	087	759	162	457
Nafta	774	458	851	403	700	215	837	150	548
Hazoua	723	396	761	315	540	067	862	158	478
Total (Gouvernorat)	691	461	846	401	706	227	853	162	543
Total (Tunisie)	704	599	807	409	696	287	809	272	573

Source : Élaborés par nos calculs, à partir des données de l'INS

Tableau n°24- Le BIN dans les délégations du gouvernorat de Kebili

Délégation	I. de l'emploi	I. de l'emploi supérieur	T. d'alphab	SCOL. SUP	Internet	SB	Voiture	**BIN**
Kebili Sud	596	072	844	389	262	942	286	484
Kebili Nord	563	262	834	425	314	927	261	512
Souk El Ahad	597	101	790	379	228	919	246	466
Douz Nord	611	314	830	359	322	968	206	516
Douz Sud	635	203	816	345	263	907	217	484
Faouar	432	118	735	266	099	914	186	**393**
Total (Gouvernorat)	579	189	813	363	260	931	241	482
Total (Tunisie)	704	599	807	409	287	809	272	573[212]

Source : Élaborés par nos calculs, à partir des données de l'INS

Tableau n°25- BIN par gouvernorat en 2014/2015

Gouvernorat	I. de l'emploi	I. de l'emploi supérieur	T. d'alphab	SCOL. SUP	Pauvreté	Internet	SB	Voiture	**BIN**
Tunis	722	750	888	543	930	469	911	347	695
Ariana	775	790	887	504	892	456	911	422	705
Ben Arous	738	728	897	506	914	464	920	365	691
Manouba	654	570	834	446	758	305	840	254	583
Nabeul	801	616	844	363	852	275	854	244	606
Zaghouan	668	645	733	294	650	160	613	186	494
Bizerte	738	598	795	396	758	242	819	194	567
Beja	644	479	708	369	360	156	343	170	**404**
Jendouba	489	313	671	389	552	140	539	143	**404**
Le Kef	629	441	737	428	316	193	544	196	**435**
Siliana	647	517	679	368	444	168	538	152	**439**
Sousse	771	689	866	438	674	371	922	289	627
Monastir	819	640	884	450	834	331	914	296	646
Mahdia	759	578	779	304	578	177	851	240	533
Sfax	762	650	831	412	894	291	911	347	637
Kairouan	661	467	650	314	300	104	611	179	**411**
Kasserine	553	305	674	323	344	112	495	174	**372**
Sidi Bouzid	660	329	700	298	538	110	572	218	**428**
Gabes	619	301	823	458	682	279	838	264	533
Medenine	698	438	839	314	566	280	924	347	551
Tataouine	459	270	818	339	700	238	836	359	502
Gafsa	475	170	789	428	640	238	746	183	459
Tozeur	691	461	846	401	706	227	853	162	543
Kébili	579	189	813	363	630	260	931	241	501
Ensemble	704	599	807	409	696	287	809	272	573

Source: Élaborés par nos calculs, à partir des données de l'INS

212 BIN en intégrant l'indice de pauvreté (contrairement aux différentes délégations de Kebili, où cet indice de pauvreté n'est pas disponible). Sans la pauvreté, le BIN national serait égal à 555.

Annexe n°2 : Le score factoriel régional (ACP) par délégation

Tableau n°1- Le score factoriel régional (ACP) dans le District de Tunis

Délégation	**ACP**	Délégation	**ACP**	Délégation	**ACP**	Délégation	**ACP**
Carthage	1,945	Ariana ville	**2,431**	Ben Arous	1,401	Manouba	1,724
Medina	1,152	Soukra	1,424	La Nouvelle Medina	1,518	Douar Hicher	0,365
Bab El Bhar	**2,020**	Raoued	1,332	El Mourouj	1,845	Oued Elil	0,779
Bab Souika	1,318	Kalaat El Andalous	0,514	Hammam Lif	1,434	Mornaguia	0,650
El Omrane	1,252	Sidi Thabet	**0,299**	Hammam Chott	1,480	Borj Amri	**- 0,349**
El Omrane supérieur	1,416	Cité Ettadhamen	0,535	Boumhel El Bassatine	1,505	Jedeida	0,140
Ettahrir	1,626	El Mnihla	0,836	Ezzahra	1,945	Tebourba	0,104
El Menzah	**2,563**	Total (Gouvernorat)	1,354	Rades	1,680	El Battane	**- 0,402**
Cité El Khadra	**2,222**			Megrine	1,729	Total (Gouvernorat)	0,631
Le Bardo	1,809			Mohamdia	0,699	**Total Tunisie**	**0,382**
Sijoumi	**0,338**			Fouchana	0,719		
Ezzouhour	1,226			Mornag	0,355		
Elhrairia	0,955			Total (Gouvernorat)	1,337		
Sidi Hassine	**0,342**						
El Ourdia	1,306						
El Kabaria	1,100						
Sidi El Béchir	1,399						
Djebel Jelloud	0,420						
La Goulette	2,196						
Le Kram	1,682						
La Marsa	1,742						
Total (Gouvernorat)	1,437						

Source : Élaborés par nos calculs, à partir des données de l'INS

Tableau n°2- Le score factoriel régional (ACP) dans le Nord-Est

Délégation	**ACP**	Délégation	**ACP**	Délégation	**ACP**
Nabeul	1,373	Bizerte Nord	1,457	Zaghouan	0,527
Dar Chaabane	1,004	Zarzouna	1,052	Ezzeriba	0,134
Beni Khiar	0,904	Bizerte Sud	0,043	Bir Mchergua	-0,228
Korba	0,524	Sedjnene	**-1,512**	Elfahs	-0,290
Menzel Temime	0,068	Djoumine	**-1,421**	Ennadhour	**-1,163**
El Mida	-0,329	Mateur	0,096	Saouef	**-1,390**
Kelibia	0,530	Ghezalla	**-1,248**	Total (Gouvernorat)	-0,232
Hammam El Guezaz	0,265	Menzel Bourguiba	0,529		
El Houaria	**-0,479**	Tinja	0,682		
Takelsa	**-0,418**	Utique	-0,537		
Sliman	0,815	Ghar El Meleh	0,221		
Menzel Bouzelfa	0,282	Menzel Djmil	0,885		
Beni Khaled	0,534	El Alia	0,453		
Grombalia	0,604	Ras Djbel	0,803		
Bouargoub	-0,034	Total (Gouvernorat)	0,366		
Hammamet	0,705	**Total Tunisie**	**0,382**		
Total (Gouvernorat)	0,550				

Source : Élaborés par nos calculs, à partir des données de l'INS

Tableau n°3- Le score factoriel régional (ACP) dans le Nord-Ouest

Délégation	**ACP**	Délégation	ACP	Délégation	**ACP**	Délégation	**ACP**
Béja Nord	0,143	Jendouba	0,180	Kef Ouest	0,692	Siliana Nord	0,374
Béja Sud	0,141	Jendouba Nord	- 0,957	Kef Est	0,614	Siliana Sud	- 0,258
Amdoun	- 0,989	Bousalem	- 0,401	Nebeur	- **1,003**	Bouarada	- 0,484
Nefza	- **1,136**	Tabarka	- 0,559	Sakiet Sidi Youssef	- 0,765	Gaafour	- 0,280
Teboursouk	- 0,493	Ain Drahem	- 1,169	Tajerouine	- 0,367	Elkrib	- 0,301
Tibar	- 0,837	Fernana	- **1,849**	Kalaat Snan	- 0,558	Bourouis	- **1,115**
Testour	- 0,386	Ghardimaou	- **1,338**	Kalaat Khesba	- 0,572	Makthar	- 0,807
Goubellat	- **1,154**	Oued Mliz	- **1,485**	Djerissa	- 0,260	Errouhia	- **1,054**
Mdjez Elbeb	0,201	Balta Bou Aouane	- **1,304**	Elksour	- 0,643	Kesra	- 0,671
Total (Gouvernorat)	- 0,320	Total (Gouvernorat)	- 0,878	Dahmani	- 0,801	Bargou	- 0,630
Total Tunisie	**0,382**			Essers	- 0,392	Elaroussa	- 0,792
				Total (Gouvernorat)	- 0,205	Total (Gouvernorat)	- 0,440

Source : Élaborés par nos calculs, à partir des données de l'INS

Tableau n°4- Le score factoriel régional (ACP) dans le Centre-Est

Délégation	ACP	Délégation	ACP	Délégation	ACP	Délégation	
Sousse Medina	**1,779**	Monastir	**1,817**	Mahdia	0,953	Sfax Ville	1,464
Sousse Riadh	1,239	Werdanine	0,624	Boumerdes	-0,279	Sfax Ouest	1,457
Sousse Jawhra	**1,828**	Sahline	1,068	Ouled Chamekh	**-0,915**	Sakiet Ezzit	1,136
Sidi Abdelhamid	0,677	Zarmdine	0,171	Chorbene	**-0,937**	Sakiet Eddair	0,999
Hammam Sousse	1,658	Beni Hassen	0,264	Hebira	-0,650	Sfax Sud	0,837
Akouda	1,245	Jammel	0,694	Essouassi	-0,605	Tina	0,264
Kalaa Kebira	0,617	Benbla	0,956	Eldjem	-0,136	Agareb	-0,672
Sidi Bouali	0,352	Moknine	0,486	Chebba	0,529	Djbeniana	-0,474
Hergla	0,543	Bekalta	0,742	Meloulech	-0,518	El Amra	-0,630
Enfidha	-0,227	Teboulba	0,921	Sidi Alouane	-0,561	El Hancha	-0,650
Bouficha	-0,071	Ksar Helal	0,912	Ksour Essef	0,167	Menzel Chaker	-0,926
Kondar	**-0,670**	Ksibet Elmediouni	1,091	Total (Gouvernorat)	-0,017	Ghraiba	**-1,356**
Sidi Elheni	**-0,567**	Sayada Lamta Bouhjar	1,244			Bir Ali Ben Khlifa	**-1,665**
Msaken	0,997	Total (Gouvernorat)	1,012			Skhira	**-1,483**
Kalaa Sghira	0,890					Mahres	-0,182
Zaouia Ksiba Thrayet	0,621					Kerkenah	0,419
Total (Gouvernorat)	1,101					Total (Gouvernorat)	0,465
Total Tunisie	**0,382**						

Source : Élaborés par nos calculs, à partir des données de l'INS

Tableau n°5- Le score factoriel régional (ACP) dans le Centre-Ouest

Délégation	ACP	Délégation	ACP	Délégation	ACP
Kairouan Nord	0,370	Kasserine Nord	0,237	Sidi Bouzid Ouest	-0,029
Kairouan Sud	0,004	Kasserine Sud	-1,332	Sidi Bouzid Est	-1,241
Echbika	-1,127	Ezzouhour	-0,242	Jilma	-1,248
Sebikha	-1,501	Hassi Ferid	**-1,664**	Cebalit Ouled Asker	-1,515
El Oueslatia	-1,286	Sebeitla	-1,073	Bir Elhfey	-1,187
Haffouz	-0,998	Sebiba	**-1,423**	Sidi Ali Ben Aoun	-1,529
El Alaa	-1,097	Djedeliane	-1,231	Menzel Bouzaine	**-1,641**
Hajeb El Ayoun	-1,082	El Ayoun	**-1,857**	Meknassy	-0,706
Nasrallah	**-1,355**	Thalla	-0,954	Souk Jdid	-1,585
Echrarda	**-1,321**	Hidra	-1,457	Mezzouna	-1,333
Bouhajla	**-1,634**	Foussana	-1,291	Rgueb	-1,221
Total (Gouvernorat)	-0,802	Feriana	-1,053	Ouled Haffouz	-1,004
Total Tunisie	0,382	Majel Bel Abbes	**-1,549**	Total (Gouvernorat)	**-1,073**
		Total (Gouvernorat)	-0,996		

Source : Élaborés par nos calculs, à partir des données de l'INS

Tableau n°6- Le score factoriel régional (ACP) dans le Sud-Est

Délégation	ACP	Délégation	ACP	Délégation	ACP
Gabes Medina	0,782	Médenine Nord	0,006	Tataouine Nord	-0,176
Gabes Ouest	0,262	Médenine Sud	-0,224	Tataouine Sud	-0,267
Gabes Sud	1,168	Beni Khadech	**-1,151**	Smar	**-1,089**
Ghannouch	0,116	Ben Guerdane	-0,652	Bir Lahmar	-0,397
El Metouia	0,450	Zarzis	-0,011	Ghomrassen	0,169
Menzel El Habib	**-1,193**	Djerba Houmet Souk	0,645	Dhehiba	**-1,176**
El Hamma	-0,236	Djerba Midoun	0,319	Remada	**-1,266**
Matmata	**-1,086**	Djerba Ajim	0,006	Total (Gouvernorat)	-0,373
La nouvelle Matmata	**-1,028**	Sidi Makhlouf	**-1,385**	**Total Tunisie**	**0,382**
Mareth	-0,664	Total (Gouvernorat)	-0,104		
Total (Gouvernorat)	0,176				

Source : Élaborés par nos calculs, à partir des données de l'INS

Tableau n°7- Le score factoriel régional (ACP) dans le Sud-Ouest

Délégation	ACP	Délégation	ACP	Délégation	ACP
Gafsa Nord	**-1,651**	Tozeur	0,727	Kebili Sud	-0,240
Sidi Aich	**-1,341**	Degach	-0,120	Kebili Nord	0,122
El Ksar	0,150	Tameghza	-0,955	Souk El Ahad	-0,536
Gafsa Sud	0,436	Nafta	0,559	Douz Nord	0,053
Om Elaraies	**-1,171**	Hazoua	-0,520	Douz Sud	-0,291
Redeyef	-0,680	Total (Gouvernorat)	0,334	Faouar	**-1,283**
Metlaoui	-0,222			Total (Gouvernorat)	-0,294
Mdhila	-0,558			Total (Tunisie)	**0,382**
El Gtar	-0,518				
Belkhir	**-1,312**				
Sned	**-1,286**				
Total (Gouvernorat)	-0,347				

Source : Élaborés par nos calculs, à partir des données de l'INS

Annexe n°3 : L'Indice de Développement Régional (IDR) par délégation

Tableau n°1- L'IDR du gouvernorat de Tunis

Délégation	IDR	Rang
Carthage	588	22
Medina	594	18
Bab El Bhar	**744**	**1**
Bab Souika	591	20
El Omrane	565	42
El Omrane supérieur	534	82
Ettahrir	599	14
El Menzah	664	3
Cité El Khadra	701	2
Le Bardo	586	25
Sijoumi	**504**	**131**
Ezzouhour	549	66
Elhrairia	505	129
Sidi Hassine	**500**	**137**
El Ourdia	551	62
El Kabaria	512	117
Sidi El Béchir	601	12
Djebel Jelloud	549	68
La Goulette	641	4
Le Kram	595	16
La Marsa	609	9
Total (Gouvernorat)	762	1[213]

Source: CGDR 2018

Tableau n°2- L'IDR du gouvernorat d'Ariana

Délégation	IDR	Rang
Ariana ville	**629**	**5**
Soukra	573	30
Raoued	552	60
Kalaat El Andalous	535	81
Sidi Thabet	534	83
Cité Ettadhamen	**496**	**147**
El Mnihla	514	110
Total (Gouvernorat)	751	2

Source: CGDR 2018

[213] Ce rang concerne le gouvernorat par rapport aux 24 gouvernorats de la Tunisie. Il en est de même pour les autres gouvernorats.

Tableau n°3- L'IDR du gouvernorat de Ben Arous

Délégation	IDR	Rang
Ben Arous	598	15
La Nouvelle Medina	557	52
El Mourouj	565	41
Hammam Lif	559	49
Hammam Chott	568	38
Boumhel El Bassatine	585	26
Ezzahra	600	13
Rades	587	24
Megrine	609	10
Mohamdia	517	105
Fouchana	561	45
Mornag	526	94
Total (Gouvernorat)	714	4

Source: CGDR 2018

Tableau n°4- L'IDR du gouvernorat de Manouba

Délégation	IDR	Rang
Manouba	593	19
Douar Hicher	504	132
Oued Elil	513	112
Mornaguia	524	96
Borj Amri	518	104
Jedeida	512	115
Tebourba	**491**	**150**
El Battane	**496**	**145**
Total (Gouvernorat)	567	8

Source: CGDR 2018

Tableau n°5- L'IDR du gouvernorat de Nabeul

Délégation	IDR	Rang
Nabeul	590	21
Dar Chaabane	567	39
Beni Khiar	573	31
Korba	551	64
Menzel Temime	534	84
El Mida	523	98
Kelibia	553	58
Hammam El Guezaz	566	40
El Houaria	**499**	**141**
Takelsa	**491**	**152**
Sliman	559	51
Menzel Bouzelfa	532	87
Beni Khaled	562	44
Grombalia	559	50
Bouargoub	515	108
Hammamet	569	37
Total (Gouvernorat)	615	6

Source: CGDR 2018

Tableau n°6- L'IDR du gouvernorat de Zaghouan

Délégation	IDR	Rang
Zaghouan	537	78
Ezzeriba	513	113
Bir Mchergua	544	74
Elfahs	472	178
Ennadhour	**437**	**225**
Saouef	**451**	**210**
Total (Gouvernorat)	483	11

Source: CGDR 2018

Tableau n°7- L'IDR du gouvernorat de Bizerte

Délégation	IDR	Rang
Bizerte Nord	548	72
Zarzouna	541	75
Bizerte Sud	486	159
Sedjnene	**398**	**253**
Djoumine	**378**	**262**
Mateur	490	153
Ghezalla	430	236
Menzel Bourguiba	521	102
Tinja	522	99
Utique	489	155
Ghar El Meleh	548	70
Menzel Djmil	550	65
El Alia	548	69
Ras Djbel	544	73
Total (Gouvernorat)	541	9

Source: CGDR 2018

Tableau n°8- L'IDR du gouvernorat de Béja

Délégation	IDR	Rang
Béja Nord	468	184
Béja Sud	486	160
Amdoun	**433**	**230**
Nefza	**391**	**257**
Teboursouk	467	187
Tibar	455	202
Testour	451	213
Goubellat	456	201
Mdjez Elbeb	498	143
Total (Gouvernorat)	354	17

Source: CGDR 2018

Tableau n°9- L'IDR du gouvernorat de Jendouba

Délégation	IDR	Rang
Jendouba	451	214
Jendouba Nord	432	234
Bousalem	480	167
Tabarka	457	200
Ain Drahem	397	254
Fernana	**358**	**264**
Ghardimaou	**384**	**260**
Oued Mliz	444	220
Balta Bou Aouane	404	252
Total (Gouvernorat)	231	24

Source: CGDR 2018

Tableau n°10- L'IDR du gouvernorat du Kef

Délégation	IDR	Rang
Kef Ouest	467	186
Kef Est	536	80
Nebeur	436	227
Sakiet Sidi Youssef	464	191
Tajerouine	470	181
Kalaat Snan	482	163
Kalaat Khesba	509	121
Djerissa	528	93
Elksour	493	149
Dahmani	**393**	**256**
Essers	474	176
Total (Gouvernorat)	284	19

Source: CGDR 2018

Tableau n°11- L'IDR du gouvernorat de Siliana

Délégation	IDR	Rang
Siliana Nord	517	106
Siliana Sud	476	172
Bouarada	460	194
Gaafour	467	185
Elkrib	458	198
Bourouis	451	212
Makthar	447	218
Errouhia	**417**	**244**
Kesra	454	205
Bargou	458	197
Elaroussa	461	193
Total (Gouvernorat)	262	21

Source: CGDR 2018

L'IDR du gouvernorat de Sousse

Délégation	IDR	Rang
Sousse Medina	616	6
Sousse Riadh	539	77
Sousse Jawhra	594	17
Sidi Abdelhamid	572	32
Hammam Sousse	606	11
Akouda	570	35
Kalaa Kebira	524	97
Sidi Bouali	531	90
Hergla	555	54
Enfidha	**499**	**140**
Bouficha	512	116
Kondar	506	126
Sidi Elheni	513	111
Msaken	570	36
Kalaa Sghira	520	103
Zaouia Ksiba Thrayet	552	59
Total (Gouvernorat)	670	5

Source: CGDR 2018

Tableau n°13- IDR du gouvernorat de Monastir

Délégation	IDR	Rang
Monastir	612	8
Werdanine	553	55
Sahline	571	33
Zarmdine	531	89
Beni Hassen	577	28
Jammel	551	63
Benbla	560	47
Moknine	540	76
Bekalta	549	67
Teboulba	570	34
Ksar Helal	563	43
Ksibet Elmediouni	581	27
Sayada Lamta Bouhjar	576	29
Total (Gouvernorat)	730	3

Source: CGDR 2018

Tableau n°14- L'IDR du gouvernorat de Mahdia

Délégation	IDR	Rang
Mahdia	560	48
Boumerdes	503	133
Ouled Chamekh	**451**	**211**
Chorbene	460	195
Hebira	474	175
Essouassi	479	168
Eldjem	505	128
Chebba	530	91
Meloulech	476	173
Sidi Alouane	483	162
Ksour Essef	514	109
Total (Gouvernorat)	402	14

Source: CGDR 2018

Tableau n°15- L'IDR du gouvernorat de Sfax

Délégation	IDR	Rang
Sfax Ville	615	7
Sfax Ouest	553	56
Sakiet Ezzit	556	53
Sakiet Eddair	510	120
Sfax Sud	537	79
Tina	516	107
Agareb	502	134
Djbeniana	487	158
El Amra	498	144
El Hancha	493	148
Menzel Chaker	469	182
Ghraiba	478	170
Bir Ali Ben Khlifa	**453**	**207**
Skhira	**466**	**188**
Mahres	507	123
Kerkenah	587	23
Total (Gouvernorat)	603	7

Source: CGDR 2018

Tableau n°16- L'IDR du gouvernorat de Kairouan

Délégation	IDR	Rang
Kairouan Nord	477	171
Kairouan Sud	465	190
Echbika	433	229
Sebikha	422	239
El Oueslatia	414	246
Haffouz	419	240
El Alaa	**394**	**255**
Hajeb El Ayoun	432	232
Nasrallah	431	235
Echrarda	438	224
Bouhajla	**382**	**261**
Total (Gouvernorat)	250	22

Source: CGDR 2018

Tableau n°17- L'IDR du gouvernorat de Kasserine

Délégation	IDR	Rang
Kasserine Nord	454	204
Kasserine Sud	453	206
Ezzouhour	470	180
Hassi Ferid	**376**	**263**
Sebeitla	406	249
Sebiba	418	241
Djedeliane	429	237
El Ayoun	**385**	**259**
Thalla	436	226
Hidra	452	208
Foussana	405	250
Feriana	417	243
Majel Bel Abbes	417	242
Total (Gouvernorat)	234	23

Source: CGDR 2018

Tableau n°18- L'IDR du gouvernorat de Sidi Bouzid

Délégation	IDR	Rang
Sidi Bouzid Ouest	465	189
Sidi Bouzid Est	443	221
Jilma	432	231
Cebalit Ouled Asker	432	231
Bir Elhfey	442	222
Sidi Ali Ben Aoun	416	245
Menzel Bouzaine	408	248
Meknassy	448	217
Souk Jdid	411	247
Mezzouna	**385**	**258**
Rgueb	404	251
Ouled Haffouz	496	146
Total (Gouvernorat)	271	20

Source: CGDR 2018

Tableau n°19- L'IDR du gouvernorat de Gabes

Délégation	IDR	Rang
Gabes Medina	561	46
Gabes Ouest	513	114
Gabes Sud	533	86
Ghannouch	522	100
El Metouia	534	85
Menzel El Habib	488	156
El Hamma	457	199
Matmata	487	157
La nouvelle Matmata	480	165
Mareth	459	196
Total (Gouvernorat)	426	13

Source: CGDR 2018

Tableau n°20- L'IDR du gouvernorat de Médenine

Délégation	IDR	Rang
Médenine Nord	500	136
Médenine Sud	506	125
Beni Khadech	448	216
Ben Guerdane	480	166
Zarzis	525	95
Djerba Houmet Souk	551	61
Djerba Midoun	548	71
Djerba Ajim	500	138
Sidi Makhlouf	468	183
Total (Gouvernorat)	397	15

Source: CGDR 2018

Tableau n°21- L'IDR du gouvernorat de Tataouine

Délégation	IDR	Rang
Tataouine Nord	442	223
Tataouine Sud	451	209
Smar	461	192
Bir Lahmar	506	124
Ghomrassen	505	127
Dhehiba	490	154
Remada	474	174
Total (Gouvernorat)	301	18

Source: CGDR 2018

Tableau n°22- L'IDR du gouvernorat de Gafsa

Délégation	IDR	Rang
Gafsa Nord	436	228
Sidi Aich	471	179
El Ksar	491	151
Gafsa Sud	478	169
Om Elaraies	481	164
Redeyef	510	119
Metlaoui	498	142
Mdhila	511	118
El Gtar	500	139
Belkhir	444	219
Sned	423	238
Total (Gouvernorat)	388	16

Source: CGDR 2018

Tableau n°23- L'IDR du gouvernorat de Tozeur

Délégation	IDR	Rang
Tozeur	486	161
Degach	474	177
Tameghza	528	92
Nafta	531	88
Hazoua	553	57
Total (Gouvernorat)	495	10

Source: CGDR 2018

Tableau n°24- L'IDR du gouvernorat de Kebili

Délégation	IDR	Rang
Kebili Sud	508	122
Kebili Nord	501	135
Souk El Ahad	449	215
Douz Nord	505	130
Douz Sud	521	101
Faouar	455	203
Total (Gouvernorat)	445	12

Source: CGDR 2018

Table des matières

TUNISIE

AUX ÉDITIONS L'HARMATTAN

Dernières parutions

MORPHOLOGIE STRUCTURALE ET SYSTÉMIQUE DE LA MÉDINA DE TUNIS

Un modèle topologique de re-connaissance

Senda Fendri

Cette recherche propose un modèle cognitif baptisé modèle topologique de lecture-interprétation du système urbain des médinas en genéral et de la médina de Tunis en particulier. Ce modèle combine les deux catégories de savoirs morpho-spatiologique d'un côté et socio-anthropologique de l'autre. Ce travail cherche à comprendre l'organisation cachée derrière le désordre apparent de la structure urbaine et architecturale de la médina de Tunis, démontrant qu'elle répond à des principes régulateurs.

(282 p., 30 euros)

ISBN : 978-2-343-18302-2, EAN EBOOK : 9782140131363

TUNISIE : DEUX CHEIKHS ET UN DISCOURS HALAL

Maaroufi Salem

Dans cet ouvrage, l'auteur montre comment au coeur d'un monde arabe secoué par l'islam politique après ledit "printemps arabe", la Tunisie a pu résister et faire exception. Mais le discours politique tunisien, au lieu de répondre à une situation économique et sociale inouïe, continue à diviser le pays entre les nahdhaouistes (Ennahdha) et les bourguibistes (Bourguiba).

(Coll. Histoire et perspectives méditerranéennes, 322 p., 33 euros)

ISBN : 978-2-343-17148-7, EAN EBOOK : 9782140129193

L'HISTOIRE AU PÉRIL DE LA FICTION DANS LA NOUVELLE

Rached Chaabene

L'auteur réalise une étude comparée en confrontant Joseph Kessel, Albert Camus et Mohammed Dib autour de l'Histoire et de la fiction. L'écriture de la nouvelle interroge la subjectivité des auteurs face à l'objectivité des faits historiques. En proposant une réflexion sur la condition humaine, la nouvelle « historique » vient rompre avec les codes d'une tradition littéraire. Ce nouveau genre participe à un nouveau phénomène, la "réverbération" de l'Histoire.

(Coll. LitArtCie, 222 p., 22,5 euros)

ISBN : 978-2-343-17870-7, EAN EBOOK : 9782140125119

LES QUATRE MURS

Abderrazak Letaief

Assoiffée de lumière à l'orée du savoir, la pensée enfantine n'a pas besoin d'être exilée aux quatre murs d'une salle de classe, mais de voler de ses propres ailes à l'infi ni du monde, en quête de ses mystères et d'elle-même. Fadhel, professeur de collège, préfère ainsi mener ses cours en forêt. Malheureusement, ses méthodes d'enseignement, pleines de liberté, ne sont pas du goût des parents.

(Coll. Lettres du monde arabe, 250 p., 22 euros)

ISBN : 978-2-343-16159-4, EAN EBOOK : 9782140121364

NARCISSIME, CORPS ET CRÉATION

L'artiste à l'épreuve de la projection

Salma Derouiche-El Kamel

L'intérêt grandissant que portent les spécialistes des différents domaines à la créativité et à l'acte créateur est assez révélateur de l'importance de ce phénomène. S'étayant sur des paroles d'artistes tunisiens, cet ouvrage, qui s'inscrit principalement dans une approche psychodynamique, est un essai de compréhension des processus psychiques archaïques qui sous-tendent l'acte créateur. L'utilisation de l'épreuve projective du test de Rorschach fournit des indices sur le fonctionnement narcissique des artistes, indéfectiblement lié à la question du corps en tant que point d'ancrage et d'étayage de la pensée.

(Coll. Socio-anthropologie des mondes méditerranéens, 340 p., 35 euros)

ISBN : 978-2-343-17164-7, EAN EBOOK : 9782140117336

JEUNES DE TUNISIE

SOFIANE BOUHDIBA

En 2019, la Tunisie compte 1,7 millions de jeunes, représentant environ 15% de la population. Méthodique et fondamentalement critique, l'auteur décrypte ici le comportement démographique des jeunes Tunisiens, au travers d'un examen approfondi des grandes étapes qui marquent leur vie : l'éducation, la sexualité, l'entrée sur le marché de l'emploi, la migration pour les plus aventureux, la mort prématurée pour les plus malchanceux. Cette étude, appuyée sur des statistiques nationales récentes, est avant tout le fruit de plusieurs années de travail de terrain, la plupart ayant été vécues au plus près des jeunes ruraux, misérables, criminels, étudiants, chefs d'entreprises et pères de famille.

(Coll. Histoire et perspectives méditerranéennes, 216 p., 22 euros)

ISBN : 978-2-343-17014-5, EAN EBOOK : 9782140115448

TUNIS, PARIS, MA MÈRE

FRANKLIN BERREBI

1955, Benjamin quitte sa Tunisie natale et s'embarque avec ses parents et son jeune frère pour une France lointaine et inconnue. Du haut de ses douze ans, le jeune garçon observe sans bien comprendre une « révolution » dans sa famille, en écho à l'accession de la Tunisie à l'autonomie, prélude à une indépendance redoutée par la communauté des juifs tunisiens. Il doit dire adieu à la douceur de vivre du pays ensoleillé pour se retrouver dans une ville qui ne l'attend pas.

(Coll. Rue des écoles, 262 p., 20 euros)

ISBN : 978-2-343-16824-1, EAN EBOOK : 9782140113499

RÊVE AU GRÉ DES VOYAGES

Cherifa Arbaoui

Née en 1939 dans l'ouest de la Tunisie, l'auteure nous livre un récit autobiographique. Vivant dans un milieu fermé, laissant peu de liberté aux femmes, elle se bat avec acharnement, afin d'atteindre ses ambitions. La voilà qui se réveille, après des années rongées par les aléas de la vie, telle celle qui se baigne dans les méandres des illusions vers les ports lointains et les rivages inaccessibles au navigateur. La voilà voyageant, à son âge avancé, après son millième départ, ou plus, entre deux villes, Tunis et Paris, aller et retour plusieurs fois dans l'année. N'est-il pas temps pour cette valise d'être rangée dans un coin de la maison et de ne plus voyager en compagnie de sa propriétaire ?

(Coll. Le Scribe Harmattan, 114 p., 12 euros)

ISBN : 978-2-343-15585-2, EAN EBOOK : 9782140114427

CONTEXTUALISATION DE L'ENSEIGNEMENT DE LA GRAMMAIRE FRANÇAISE ET TUNISIE

Enjeux et limites

Lassaad Kalai

Comment le contexte interagit-il avec l'acte d'enseignement ? Comment identifier les paramètres qu'il convient d'intéger dans le processus didactique ? Comment concevoir cette nécessaire articulation entre prise en compte du contexte et situation didactique ? Ces questions sont au coeur de cet ouvrage qui examine le problème de la contextualisation et des notions qui l'entourent et s'intéresse aux modalités de l'enseignement du français dans le contexte tunisien en resserrant sur la question précise de la grammaire.

(280 p., 29 euros)

ISBN : 978-2-343-16440-3, EAN EBOOK : 9782140111402

QUAND LES JEUNES PARLENT D'INJUSTICE

Expériences, registres et mots en Tunisie

Sous la direction d'Imed Melliti et Hayet Moussa ; préface de Sihem Najar

Cette enquête a pour ambition de cerner les figures et les formes d'injustice qui suscitent le plus d'indignation et de frustration, et de déterminer les registres autour desquels se construit aujourd'hui en Tunisie, notamment chez les jeunes, la frontière entre «le juste» et «l'injuste». C'est cette «compétence» ordinaire, chez les jeunes en Tunisie, à dire «le juste» et à critiquer les formes d'injustice que cet ouvrage entend modestement explorer.

(Coll. Socio-anthropologie des mondes méditerranéens, 250 p., 25,5 euros)

ISBN : 978-2-343-15850-1, EAN EBOOK : 9782140101502

CHOISIR UN LYCÉE LAÏQUE EN TUNISIE

Stratégie de distinction sociale, culturelle et cultuelle

Emilie Pontanier

Quelles sont les stratégies et les attentes que révèle le choix d'un établissement laïque pour les familles tunisiennes et binationales en Tunisie ? La recherche présentée dans l'ouvrage étudie les formes de distinctions sociale, culturelle et cultuelle auxquelles ces familles aspirent et les stratégies qu'elles mettent en oeuvre dans ce dessein. La laïcité y est alors mobilisée pour légitimer le pluralisme des idées et des croyances, ce qui n'exclut pas des tensions entre le champ laïque et le champ religieux.

Academia (Coll. Thélème, 392 p., 38,5 euros)

ISBN : 978-2-8061-0326-0, EAN EBOOK : 9782806109781

SOUVENIRS D'UNE FRANÇAISE EN TUNISIE

Durant la Seconde Guerre mondiale

Denise Delsaux-Gindre

Denise Delsaux-Gindre a dû quitter la France pour la Tunisie où elle a pu découvrir la beauté de la nature, la douceur du climat, la gentillesse des habitants... qui allaient lui offrir une vie agréable et lui laisser des souvenirs inoubliables. Mais la guerre la rattrapa : combats, bombardements, privations, évacuations. Après les hostilités, trop jeune pour comprendre, elle fut étonnée quand elle apprit que l'on ne voulait plus des Français dans ce qu'on lui avait désigné être un Protectorat.

(Coll. Graveurs de Mémoire, 152 p., 18 euros)

ISBN : 978-2-343-14740-6, EAN EBOOK : 9782140095498

SIX MILLIONS DE FEMMES

Femmes et population en Tunisie

SOFIANE BOUHDIBA

En 2018, elles ne sont pas encore tout à fait six millions, mais cela ne saurait guère tarder. Elles, ce sont les Tunisiennes. Ce livre propose des réponses claires aux nombreuses interrogations que soulève la place de la femme dans la population. L'auteur décrypte ici le comportement démographique de la femme tunisienne, au travers d'un examen approfondi des différentes étapes de sa vie : sa naissance d'abord, son éducation, son entrée sur le marché de l'emploi, sa mobilité, sa nuptialité, sa divortialité, sa fécondité, son vieillissement, et finalement sa mort.

(Coll. Histoire et perspectives méditerranéennes, 232 p., 23,5 euros)

ISBN : 978-2-343-15151-9, EAN EBOOK : 9782140095689

PARCOURS MIGRATOIRE ET TRAJECTOIRES DE VIE DES PERSONNES ÂGÉES IMMIGRÉES

Sociologie de l'accompagnement social

Fatima Mezzouj

Cet ouvrage s'intéresse aux personnes immigrées en France âgées de 60 ans et plus, originaires du Maroc, de l'Algérie et de la Tunisie, et aux professionnels de l'action sociale et médico-sociale. À partir de l'analyse des parcours de vie de ces personnes âgées immigrées, il apporte un éclairage intéressant sur la souffrance et le bonheur de cette population.

(Coll. Espaces interculturels, 262 p., 27 euros)

ISBN : 978-2-343-14762-8, EAN EBOOK : 9782140092404

POÈMES POUR RAOUDHA
Préface de Khal Torabully
Ahmed Ben Dhiab
L'oeuvre poétique d'Ahmed Ben Dhiab s'affirme progressivement dans son rôle de médiatrice au sens intégral du terme. Poèmes pour Raoudha laisse pénétrer les effluves du réel, de l'incantation et du mystère d'exister. Conscience blessée par les atteintes à la dignité de l'être, le poète se rebelle mais apprend à maintenir l'équilibre entre exaltation et dissolution de l'univers.
(Coll. Levée d'ancre, 98 p., 12 euros)
ISBN : 978-2-343-15073-4, EAN EBOOK : 9782140094675

BLEU
Roman
Philippe Simermann
Normandie 1884. Gautier, 7 ans, dit le Bâtard du Bleu, est hanté par l'image d'un aristocrate qu'il soupçonne d'être son père. Ecorché vif par l'abandon, passant de la haine à l'admiration, partout, il cherchera sa trace dans une quête désespérée de reconnaissance. Des bas-fonds d'un Paris 1900, de la terreur des Bat'd'Af' tunisiens, du charnier de 14 jusqu'à l'effervescence des Années folles, Gautier nous emmène dans un monde où les héros meurtris combattent pour survivre, aimer et être aimés.
(Coll. Rue des écoles, 312 p., 25,5 euros)
ISBN : 978-2-343-14388-0, EAN EBOOK : 9782140089749

FÉMINISMES ARABES : UN SIÈCLE DE COMBAT
Les cas du Maroc et de la Tunisie
Leïla Tauil
Cet ouvrage nous plonge dans l'histoire passée et présente des mouvements féministes marocains et tunisiens, en mettant en avant ces femmes actrices du devenir de leurs sociétés respectives ; il déconstruit ainsi le stéréotype de la "femme arabe soumise". La description des grandes étapes historiques de ces mouvements féministes du Maghreb, et les questionnements actuels liés à la réislamisation des "droits des femmes", au voilement "généralisé" et à l'émergence d'actrices religieuses se qualifiant de féministes islamiques contribuent à l'originalité de cet ouvrage.
(186 p., 19,5 euros)
ISBN : 978-2-343-14643-0, EAN EBOOK : 9782140087660

UN CIEL POUR UN OISEAU ÉTRANGER
traduit de l'arabe par Mounir Serhani
illustration par Mohamed Nassralleh
Fethi Sassi
Le poète digne de ce nom scrute le futile et perce de mystère de l'évident. Quand le poète décide de vivre, un seul baiser onirique lui suffit et rien ne l'empêche de s'adonner à une métaphysique du néant. Il est urgent d'écrire et de poétiser le désespoir d'autant plus que le poème surgit in fine pour nous sauver au bord de l'abîme. Cette poésie est une véritable vocifération contre la cruauté de la banalité maléfique.
(Coll. Accent tonique - Poésie, 64 p., 10 euros)
ISBN : 978-2-343-12715-6, EAN EBOOK : 9782140086304

SÉCURITÉ, SÛRETÉ MARITIME ET FACTEUR HUMAIN
Le cas de la Tunisie
Syrine Ismaili
Préface de Philippe Boisson
Les conditions de vie et de travail des marins sont autant d'éléments déterminants dans la survenance de l'erreur humaine. Pourtant, à travers le monde, les mesures législatives les prenant en considération sont rares et souffrent d'une application partielle et d'un manque de contrôle. Même si cette constatation varie d'un Etat maritime à un autre, la Tunisie n'y déroge pas. Des lacunes en la matière existent aussi bien au niveau de l'adoption des lois, que de leur application effective ou du contrôle leur étant réservé. Il conviendra d'en déceler les causes et d'essayer de les combler.
(Coll. Affaires maritimes et Transports, 488 p., 39 euros)
ISBN : 978-2-343-13302-7, EAN EBOOK : 9782140077432

Structures éditoriales du groupe L'Harmattan

L'Harmattan Italie
Via degli Artisti, 15
10124 Torino
harmattan.italia@gmail.com

L'Harmattan Hongrie
Kossuth l. u. 14-16.
1053 Budapest
harmattan@harmattan.hu

L'Harmattan Sénégal
10 VDN en face Mermoz
BP 45034 Dakar-Fann
senharmattan@gmail.com

L'Harmattan Cameroun
TSINGA/FECAFOOT
BP 11486 Yaoundé
inkoukam@gmail.com

L'Harmattan Burkina Faso
Achille Somé – tengnule@hotmail.fr

L'Harmattan Guinée
Almamya, rue KA 028 OKB Agency
BP 3470 Conakry
harmattanguinee@yahoo.fr

L'Harmattan RDC
185, avenue Nyangwe
Commune de Lingwala – Kinshasa
matangilamusadila@yahoo.fr

L'Harmattan Congo
67, boulevard Denis-Sassou-N'Guesso
BP 2874 Brazzaville
harmattan.congo@yahoo.fr

L'Harmattan Mali
Sirakoro-Meguetana V31
Bamako
syllaka@yahoo.fr

L'Harmattan Togo
Djidjole – Lomé
Maison Amela
face EPP BATOME
ddamela@aol.com

L'Harmattan Côte d'Ivoire
Résidence Karl – Cité des Arts
Abidjan-Cocody
03 BP 1588 Abidjan
espace_harmattan.ci@hotmail.fr

L'Harmattan Algérie
22, rue Moulay-Mohamed
31000 Oran
info2@harmattan-algerie.com

L'Harmattan Maroc
5, rue Ferrane-Kouicha, Talaâ-Elkbira
Chrableyine, Fès-Médine
30000 Fès
harmattan.maroc@gmail.com

Nos librairies en France

Librairie internationale
16, rue des Écoles – 75005 Paris
librairie.internationale@harmattan.fr
01 40 46 79 11
www.librairieharmattan.com

Librairie l'Espace Harmattan
21 bis, rue des Écoles – 75005 Paris
librairie.espace@harmattan.fr
01 43 29 49 42

Lib. sciences humaines & histoire
21, rue des Écoles – 75005 Paris
librairie.sh@harmattan.fr
01 46 34 13 71
www.librairieharmattansh.com

Lib. Méditerranée & Moyen-Orient
7, rue des Carmes – 75005 Paris
librairie.mediterranee@harmattan.fr
01 43 29 71 15

Librairie Le Lucernaire
53, rue Notre-Dame-des-Champs – 75006 Paris
librairie@lucernaire.fr
01 42 22 67 13

www.ingramcontent.com/pod-product-compliance
Lightning Source LLC
LaVergne TN
LVHW011250061026
849535LV00005B/1211
* 9 7 8 2 3 4 3 1 8 8 8 4 3 *